Exklusiv und kostenlos für Buchkäufer!

Ihre Arbeitshilfen online:

- Assessment-Bögen zur Durchführung des Gender Diversity Capability-Assessments
- Best-Practice-Beispiele

Und so geht's:

- einfach unter www.haufe.de/arbeitshilfen den Buchcode eingeben
- oder direkt über Ihr Smartphone bzw. Tablet auf die Website gehen
- im Buch finden Sie weitere QR-Codes, die Sie direkt zur jeweiligen Arbeitshilfe führen

D1730850

Buchcode: RLS-4XF9

www.haufe.de/arbeitshilfen

Erfolgsfaktor Gender Diversity

Erfolgsfaktor Gender Diversity

Ein Praxisleitfaden für Unternehmen

Dr. Martine Herpers

1. Auflage

Haufe Gruppe
Freiburg · München

Bibliographische Information der Deutschen Nationalbibliothek

Die Deutsche Nationalbibliothek verzeichnet diese Publikation in der Deutschen Nationalbibliographie; detaillierte bibliographische Daten sind im Internet über http://www.dnb.de abrufbar.

Print: ISBN: 978-3-648-03704-1   Bestell-Nr.: 04191-0001
EPUB: ISBN: 978-3-648-03705-8   Bestell-Nr.: 04191-0100
EPDF: ISBN: 978-3-648-03706-5   Bestell-Nr.: 04191-0150

Dr. Martine Herpers
Erfolgsfaktor Gender Diversity
1. Auflage 2013
© 2013, Haufe-Lexware GmbH & Co. KG, Munzinger Straße 9, 79111 Freiburg

Redaktionsanschrift: Fraunhoferstraße 5, 82152 Planegg/München
Telefon: (089) 895 170
Telefax: (089) 895 17290
www.haufe.de
online@haufe.de
Produktmanagement: Ass. jur. Elvira Plitt
Lektorat: Christiane Engel-Haas M.A., Social Science & Publishing, München
Satz: Reemers Publishing Services GmbH, 47799 Krefeld
Umschlag: RED GmbH, 82152 Krailing
Druck: Bosch-Druck GmbH, 84030 Ergolding

Inhaltsverzeichnis

Geleitwort Renate Schmidt   13

Geleitwort Thomas Sattelberger   15

1   Frauen und Männer in der Arbeitswelt   **17**
1.1   Reif oder doch nur reif für die Insel?   18
1.2   Aktuelle Bestandsaufnahme   19
1.3   Ursachenforschung   20
1.4   Unternehmen im gesellschaftlichen Wandel   20
1.5   Warum dieses Buch?   22

2   Chancen und Grenzen von Gender Diversity für Unternehmen   **25**
2.1   Warum Gender Diversity?   27
2.2   Was leistet dieses Buch?   30
2.3   An wen richtet sich dieses Buch?   31
2.4   Was dieses Buch nicht leistet   32

3   Grundlagen zu Gender Diversity   **35**
3.1   Diversity und Managing Diversity   36
3.2   Gender Diversity   38
3.3   Gender-Wissen: Die Wirklichkeit, Wahrnehmung, Bilder und Sprache   42
3.3.1   Die Verzerrung der Wirklichkeit   42
3.3.2   Bilder werden Wirklichkeit   46
3.3.3   Gender-gerechte Sprache   47
3.4   Gender Diversity-Forschung   50
3.4.1   Der Effekt des Natürlichen   51
3.4.2   Rückgriff auf das vermeintlich Natürliche   51

4   Die Unternehmenssicht   **55**
4.1   Das Gender Diversity-Unternehmensmodell   60
4.2   Gender Diversity als Teil der Corporate Social Responsibility   62
4.3   Bisherige Zertifikate zur Gender-Thematik in Unternehmen   64
4.4   Qualität, Technologie und Gender Diversity   67
4.4.1   Qualitätsmanagement und Technologie   67
4.4.2   Gender Diversity und Qualitätsmanagement   70
4.4.3   Gender Diversity und Technologie   73

Inhaltsverzeichnis

5	**Gender Diversity-Management**	**79**
5.1	Gender Diversity-Strategie festlegen	83
5.1.1	Definition der Basispraktik	83
5.1.2	Umsetzung	84
5.1.3	Besonderheiten in technischen Unternehmen	87
5.2	Gender-Kompetenz aufbauen	89
5.2.1	Definition der Basispraktik	89
5.2.2	Umsetzung	90
5.2.3	Besonderheiten in technischen Unternehmen	91
5.3	Abbau von Rollenstereotypen vorantreiben	95
5.3.1	Definition der Basispraktik	95
5.3.2	Umsetzung	95
5.3.3	Veränderbarkeit von Rollenverhalten	98
5.3.4	Auswirkung auf die Berufswahl	100
5.3.5	Besonderheiten in technischen Unternehmen	102
5.4	Klare Datenlage erstellen	105
5.4.1	Definition der Basispraktik	105
5.4.2	Umsetzung in konkrete Messkriterien	105
5.5	Regelmäßige Berichterstattung durchführen	109
5.5.1	Definition der Basispraktik	109
5.5.2	Berichtswesen	109
5.6	Frauennetzwerke unterstützen	111
5.6.1	Zweck	111
5.6.2	Definition der Basispraktik	111
5.6.3	Umsetzung	112
5.6.4	Besonderheiten in technischen Unternehmen	113
5.7	Offenheit und Querdenken erlauben	114
5.7.1	Definition der Basispraktik	115
5.7.2	Umsetzung	115
5.7.3	Besonderheiten in technischen Unternehmen	117
5.8	Change-Management durchführen	118
5.8.1	Definition der Basispraktik	118
5.8.2	Umsetzung	119
5.9	Klare Verantwortung festlegen	121
5.9.1	Definition der Basispraktik	121
5.9.2	Umsetzung	121
6	**Personalmanagement**	**125**
6.1	Der Gesamtprozess	129
6.1.1	Personalmanagement-Strategie festlegen	129

6.1.1.1	Definition der Basispraktik	129
6.1.1.2	Umsetzung	129
6.1.1.3	Besonderheiten in technischen Unternehmen	132
6.1.2	Klare Datenlage herstellen	135
6.1.2.1	Definition der Basispraktik	135
6.1.2.2	Umsetzung	135
6.1.2.3	Besonderheiten in technischen Unternehmen	138
6.1.3	Entlassungsstrategien kritisch überprüfen	141
6.1.3.1	Definition der Basispraktik	141
6.1.3.2	Umsetzung	141
6.1.3.3	Besonderheiten in technischen Unternehmen	143
6.1.4	Familienfreundliche Unternehmensstrukturen und eine gesunde Work-Life-Balance herstellen	144
6.1.4.1	Definition der Basispraktik	145
6.1.4.2	Umsetzung	145
6.1.4.3	Besonderheiten in technischen Unternehmen	148
6.2	Der Einstellungsprozess	150
6.2.1	Einstellungsstrategie definieren	151
6.2.1.1	Definition der Basispraktik	151
6.2.1.2	Umsetzung	152
6.2.1.3	Besonderheiten in technischen Unternehmen	156
6.2.2	Auswahlgremium besetzen	157
6.2.2.1	Definition der Basispraktik	158
6.2.2.2	Umsetzung	158
6.2.2.3	Besonderheiten in technischen Unternehmen	158
6.2.3	Zielquoten festlegen	160
6.2.3.1	Definition der Basispraktik	160
6.2.3.2	Umsetzung	160
6.2.3.3	Besonderheiten in technischen Unternehmen	162
6.2.4	Frauen und Männer explizit ansprechen	164
6.2.4.1	Definition der Basispraktik	164
6.2.4.2	Umsetzung	164
6.2.4.3	Besonderheiten in technischen Unternehmen	166
6.2.5	Stereotype in der Bewertung überwinden	167
6.2.5.1	Definition der Basispraktik	167
6.2.5.2	Umsetzung	167
6.2.5.3	Besonderheiten in technischen Unternehmen	168
6.2.6	Stereotype in der Prozessdefinition überwinden	169
6.2.6.1	Definition der Basispraktik	169
6.2.6.2	Umsetzung	169
6.2.6.3	Besonderheiten in technischen Unternehmen	170
6.2.7	Zielerreichung regelmäßig überprüfen	171

6.2.7.1 Definition der Basispraktik 171
6.2.7.2 Umsetzung 171
6.2.7.3 Besonderheiten in technischen Unternehmen 173
6.3 Die Karriereplanung 174
6.3.1 Ziele und Strategie für die Karriereplanung festlegen 175
6.3.1.1 Definition der Basispraktik 175
6.3.1.2 Umsetzung 175
6.3.1.3 Besonderheiten in technischen Unternehmen 182
6.3.2 Karriere- und Ausbildungspläne erstellen 186
6.3.2.1 Definition der Basispraktik 186
6.3.2.2 Umsetzung 186
6.3.2.3 Besonderheiten in technischen Unternehmen 188
6.3.3 Stereotypfreies Skills-Management implementieren 189
6.3.3.1 Definition der Basispraktik 189
6.3.3.2 Umsetzung 189
6.3.3.3 Besonderheiten in technischen Unternehmen 191

7 Operationelle Prozesse **193**
7.1 Qualitätssicherung 195
7.1.1 Anforderungen an die Arbeitsprozesse 196
7.1.2 Umsetzung 196
7.1.3 Besonderheiten in technischen Unternehmen 203
7.2 Anforderungsmanagement 205
7.2.1 Anforderungen an die Arbeitsprozesse 205
7.2.2 Umsetzung 206
7.2.3 Besonderheiten in technischen Unternehmen 207
7.3 Risikomanagement 208
7.3.1 Anforderungen an die Arbeitsprozesse 209
7.3.2 Umsetzung 209
7.3.3 Besonderheiten in technischen Unternehmen 210
7.4 Projektmanagement 212
7.4.1 Anforderungen an die Arbeitsprozesse 213
7.4.2 Umsetzung 213
7.4.3 Besonderheiten in technischen Unternehmen 216
7.5 Kennzahlenermittlung 217
7.5.1 Anforderungen an die Arbeitsprozesse 218
7.5.2 Umsetzung 218
7.6 Auswahl von GeschäftspartnerInnen und Lieferfirmen 222
7.6.1 Anforderungen an die Arbeitsprozesse 223
7.6.2 Umsetzung 223
7.7 Marketing 225

7.7.1 Anforderungen an die Arbeitsprozesse 225
7.7.2 Umsetzung 225
7.7.3 Hinweise für technische Unternehmen 226

8 Das Gender Diversity-Capability-Assessment (GeDiCap) 231
8.1 Konzepte des GeDiCap-Assessments 234
8.1.1 Ziele eines GeDiCap-Assessments 234
8.1.2 Verständnis der Prozesse und ihrer Beziehung untereinander 236
8.2 Die Stufen des Reifegrads 238
8.2.1 Durchgeführt – Level 1 240
8.2.2 Gemanagt – Level 2 242
8.2.3 Etabliert – Level 3 248
8.2.4 Vorhersagbar – Level 4 253
8.2.5 Optimierend – Level 5 258
8.3 Das Assessment-Ergebnis 263
8.3.1 Ablauf eines GeDiCap-Assessments 265
8.3.2 Ausbildung der AssessorInnen 267

9 Erfolgsfaktor Gender Diversity 271
9.1 Fazit und Ausblick 277

10 Anhang 279
10.1 Nützliche Internetlinks 280
10.2 Glossar 288
10.3 Verzeichnis der Arbeitshilfen online 299
10.4 Literatur- und Quellenverzeichnis 301

Abbildungsverzeichnis 309

Stichwortverzeichnis 311

Zu guter Letzt - Danksagung 315

Geleitwort Renate Schmidt

Als Ministerin für Familie, Senioren, Frauen und Jugend hatte ich einen Preis ausgelobt für den- oder diejenige/n, die bzw. der mir einen knackigen, verständlichen, einprägsamen Ersatz für den Begriff „gender-mainstreaming" liefert. Leider konnte ich das Preisversprechen nie einlösen. Es bleibt der Begriff und leider auch das dahinterstehende Problem: die faktisch immer noch nicht verwirklichte Geschlechtergerechtigkeit. Dies betrifft Frauen und Männer gleichermaßen: Frauen sind, was Positionen und Bezahlung betrifft, im Erwerbsleben benachteiligt, Männer in den „emotionalen" Lebensbereichen, insbesondere in der Familie. Frauen können das nicht verwirklichen, was in ihnen steckt und nach außen wirkt, also Karriere und beruflichen Erfolg. Männer riskieren letzteren, wenn sie das verwirklichen wollen, was in ihnen steckt und nach innen wirkt, also das Sich-Kümmern um die eigenen Kinder oder auch um pflegebedürftige Angehörige.

Juristisch sind in Deutschland Frauen und Männer gleichgestellt, faktisch belegt Deutschland in punkto Gleichberechtigung international nur den (schlechten) 13. Platz. Zwar gab es im letzten Jahrzehnt einen großen Sprung nach vorne und Unternehmen haben erkannt, dass „work-life-balance" und „Gender Diversity-Management" nicht überflüssiges, neumodisches Zeug, sondern unternehmerische Notwendigkeit sind. Aber mit 10-15 % aller Unternehmen in Deutschland sind das noch viel zu wenige.

Dies hat Dr. Martine Herpers erkannt. Sie prägt seit vielen Jahren die Gleichstellungspolitik in Deutschland mit ihrem Engagement für Frauen in Fach- und Führungspositionen in der Privatwirtschaft. Als Führungskraft, die viele Jahre erfolgreich in der männerdominierten Software-, Telekommunikations- und Automobilindustrie gearbeitet hat, kann sie von vielen erfolgreichen und weniger erfolgreichen Initiativen berichten. Ich kenne sie seit 2000, als sie mich als Ehrengast zum allerersten „Girls' Day" in Deutschland eingeladen hatte, der in Nürnberg bei Lucent Technologies stattfand. Diese Aktion wurde ein Jahr später deutschlandweit durch das Kompetenzzentrum Technik, Diversity und Gleichstellung etabliert.

Das vorliegende Buch beschreibt systematisch die Handlungsfelder für Gender Diversity-Management in privatwirtschaftlichen Unternehmen und erlaubt eine (Selbst-)Beurteilung der Gender Diversity-Fähigkeit von Unternehmen. Insbesondere gelingt es Dr. Herpers, das grundlegende Gender-Wissen allgemeinverständlich zu vermitteln und den Bezug zur unternehmerischen Praxis herzustellen. Mit Sicherheit liefert dieses Buch wertvolle Hinweise für die erfolgreiche Umsetzung von Gender Diversity in Unternehmen. Deshalb wünsche ich diesem Buch eine große Verbreitung, vor allem bei den noch Zögerlichen und „Nicht-Bekehrten".

Renate Schmidt
Renate Schmidt
Bundesministerin a.D. für Familie, Senioren, Frauen und Jugend

Geleitwort Thomas Sattelberger

Für viele Unternehmen ist die Umsetzung von Gender Diversity zu einem entscheidenden Erfolgsfaktor geworden. Der Fachkräftemangel und die Vorteile einer vielfältigen Belegschaft verlangen eine intensive Auseinandersetzung mit Diversity und im Speziellen mit Gender Diversity. Das Nadelöhr für Gender Diversity stellt die mentale und moralische Rückständigkeit Deutschlands im Vergleich mit anderen Nationen dar. Deutschland ist in Sachen Gleichstellung nur noch auf dem 13. Platz weltweit. Andere Länder, wie Norwegen, zeigen mit Gesetzen zur Quotierung von Aufsichtsratsmandaten und einer akzeptierten Familienorientierung von Frauen und Männern, dass es effektive Mittel für die Umgestaltung der Gesellschaft gibt. Die weit verbreitete Ansicht, dass die Gleichstellung in Deutschland schon umgesetzt ist, verhindert leider zu häufig den wahren Blick auf die Situation in den Unternehmen und der Gesellschaft.

Echte Veränderungen können nur im Dreiklang von kulturpolitischem Wandel, individueller Mentalitätsänderung und Struktur-/Prozessveränderung erreicht werden. Innerhalb dieses Kontextes ist die Etablierung von sinnvollen und pragmatischen Arbeitsprozessen, die nach ISO 9000 oder den jeweiligen branchenspezifischen Standards bewertet werden, ein sinnvoller Ansatz. Die Autorin, Martine Herpers, verknüpft ihr Wissen über unternehmensinterne Vorgänge der Qualitätssicherung mit ihrer jahrelangen Erfahrung in Gender Diversity-Projekten und kann so für das Management von Unternehmen wertvolle Hinweise für eine erfolgreiche Umsetzung von Gender Diversity geben.

Erst wenn in allen Bereichen eines Unternehmens das „Gleich-zu-gleich-gesellt-sich-gern" aufgehoben ist, können die Talente der MitarbeiterInnen erkannt und für alle sinnvoll eingesetzt werden. Damit sich keiner vom Bauchgefühl oder Stereotypen zu falschen Urteilen leiten lässt, ist ein intensives Controlling aller Vorgänge notwendig. Zielvorgaben und bewusstes Arbeiten nach definierten Prozessen lassen uns nachhaltig die notwendige Gender Diversity-Fähigkeit im Unternehmen etablieren. Diese Ansätze beschreibt die Autorin ausführlich. Durch viele Beispiele aus der Praxis regt das Buch zur Nachahmung an.

Thomas Sattelberger
Ehem. Personalvorstand Deutsche Telekom

1 Frauen und Männer in der Arbeitswelt

1	**Frauen und Männer in der Arbeitswelt**	**17**
1.1	Reif oder doch nur reif für die Insel?	18
1.2	Aktuelle Bestandsaufnahme	19
1.3	Ursachenforschung	20
1.4	Unternehmen im gesellschaftlichen Wandel	20
1.5	Warum dieses Buch?	22

MANAGEMENT SUMMARY

Die Diskussionen um Männer und Frauen in der Arbeitswelt heizen seit Jahren die Gemüter auf. Trotz formaler Gleichberechtigung und zahlreicher staatlicher Initiativen sind in Deutschland die bestehenden Unterschiede in den Lebensmodellen und beruflichen Realitäten von Männern und Frauen unübersehbar. Verantwortlich dafür sind in erster Linie unsere Gewohnheiten, die noch immer herrschenden Rollenstereotype und implizite Annahmen über notwendige Arbeitsweisen in Unternehmen selbst.

In Zeiten der fortschreitenden Globalisierung und des gesellschaftlichen Wandels ist es jedoch für Unternehmen unabdingbar, über eine hohe Attraktivität für qualifizierte Mitarbeiterinnen und Mitarbeiter zu verfügen und zugleich das gesamte Potential der Fähigkeiten und Kompetenzen von Männern und Frauen gleichermaßen optimal zu nutzen. Der in diesem Band vorgestellte Ansatz zur Gender Diversity-Fähigkeit von Unternehmen zeigt auf, wie dies gelingen kann. Er hat dabei stets die Notwendigkeit des ökonomischen Erfolgs des Unternehmens im Blick und ermöglicht eine schrittweise Einführung und Umsetzung sowie eine kontinuierliche Erfolgskontrolle.

1.1 Reif oder doch nur reif für die Insel?

Geschlechtergerechtigkeit ist ein Thema, das uns auf die Insel oder auch auf die Palme treiben kann. Als verantwortungsbewusste Unternehmensleitung wollen und müssen wir natürlich allen gerecht werden — Frauen wie Männern. Eigentlich ist uns das Geschlecht eines Menschen völlig schnuppe — solange gute Leistung erbracht wird. Verwirrung entsteht, wenn darauf bestanden wird, dass Frauen und Männer gleich sind: Frauen können natürlich auch rechnen und Männer sind liebevolle Väter. Im gleichen Atemzug wird aber von Diversity gesprochen. Sind Frauen und Männer nun gleich oder sind sie verschieden?

Mit diesem Buch soll der Blick von der Insel herab auf den „kleinen Unterschied" geschärft werden, und zwar ohne auf die Palme zu steigen. Diskussionen über Gender Diversity oder Frauenförderung, Gleichstellung oder wie das Thema auch immer benannt wird, verlaufen meist sehr emotional. Mindestens eine Person ist am Ende auf der Palme und regt sich über „den ganzen Quatsch" auf. Leider ist der Blick von der Palme herab nicht besser, als wenn wir ruhig auf dem Boden der Insel bleiben und versuchen, zu verstehen.

1.2 Aktuelle Bestandsaufnahme

Die Zahlen (BMFSFJ 2005) sind eindeutig und zeugen von deutlichen Unterschieden in der Berufswahl und den Lebensmodellen von Frauen und Männern:

- 50 % der Frauen arbeiten in zehn verschiedenen Berufen mit geringem Gehalt und geringen Karriereaussichten, wie Bürokauffrau, Arzthelferin oder Friseurin.
- 50 % der StudienabsolventInnen sind Frauen, aber nur 38 % der Promovierenden und 13 % der ProfessorInnen sind Frauen.
- 47 % der Berufstätigen sind Frauen, aber nur 21 % der Führungspositionen werden von Frauen eingenommen.
- 52 % der Frauen mit zwei oder mehr Kindern sind berufstätig, aber 94 % der Väter mit zwei oder mehr Kindern.

Seit langem wird über Chancengleichheit diskutiert. Es gibt zahlreiche Projekte und vielfältige Initiativen mit folgenden Zielen:

- Frauen für technische Studiengänge begeistern,
- Väter zu Erziehungszeiten motivieren,
- mehr Frauen für Führungsaufgaben qualifizieren,
- geschlechtergemischte Führungsteams etablieren,
- junge Männer für die sozialen Berufe begeistern,
- Betreuungsangebote für Kinder und ältere Leute anbieten, um Berufstätige von familiären Pflichten zu entlasten.

Der Erfolg all dieser Maßnahmen ist als eher mäßig zu bezeichnen. Auch wenn der gesellschaftliche Wandel Zeit braucht, sehen wir sowohl im Vergleich mit anderen Ländern als auch innerhalb Deutschlands Unterschiede in der Ausprägung der Rollenverteilung, die stutzig machen:

- Frauen in Ostdeutschland sind auch mehr als 20 Jahre nach dem Mauerfall immer noch mit größerer Selbstverständlichkeit berufstätig als im Westen.
- In Frankreich haben Frauen im Durchschnitt zwei Kinder (in Deutschland 1,3) und sind häufiger in Vollzeit beschäftigt als deutsche Frauen.
- In Norwegen holen Mütter und Väter ganz selbstverständlich um 16.00 Uhr ihre Kinder von der Nachmittagsbetreuung ab.

Im komplexen Geflecht eines Unternehmens und im Zusammenspiel mit gesellschaftlichen Entwicklungen und Traditionen ist es kaum möglich, eindeutige Ursachen und Effekte zu isolieren, die zum Beharren auf tradierten Gender-Rollen beitragen. Richten wir den Fokus jedoch auf die dazugehörige Forschungslandschaft, so können wir erahnen, woher die Unterschiede rühren.

1.3 Ursachenforschung

Das Spektrum der Fachbereiche, die sich mit Geschlechterthemen beschäftigen, reicht von der Frauen- und Gender-Forschung (Soziologie und Erziehungswissenschaft) über Psychologie, Genetik, Neurologie bis zur Organisationslehre. Fast zu jeder wissenschaftlichen Aussage über das soziale Geschlecht (Gender) gibt es einen Gegenbeweis. Zahlreiche populärwissenschaftliche Abhandlungen erschweren zudem den klaren Blick auf wissenschaftliche Ergebnisse.

Die Langzeitstudien des amerikanischen Vereins Catalyst sind am nächsten an der Unternehmens-Praxis. Sie zeigen, dass folgende Parameter zu einer Spaltung der Lebensmodelle zwischen Frauen und Männern führen:

- unsere Gewohnheiten,
- die Rollenstereotype und
- Annahmen über notwendige Arbeitsweisen.

Die Gender-Forscherin und Erfolgsautorin Cordelia Fine[1] zeigt, dass jede Gesellschaft die Unterschiede zwischen Frauen und Männern selbst erzeugt. Damit sind diese auch durch die Gesellschaft veränderbar. Ich höre Sie an dieser Stelle laut aufstöhnen: „Die Gesellschaft verändern? Wieso sollen denn ausgerechnet die Unternehmen die Gesellschaft verändern?"

1.4 Unternehmen im gesellschaftlichen Wandel

Die Frage ist allerdings nicht ganz korrekt. Unternehmen verändern die Gesellschaft nicht, sondern stecken als Teil der Gesellschaft mitten in der Veränderung. Die Arbeitswelt insgesamt unterliegt zudem in den letzten Jahrzehnten schon einem sehr starken Veränderungsprozess.

---

[1]   Fine (2012)

> **! WICHTIG**
>
> Für Ihr Unternehmen geht es stets darum,
> - ein attraktiver Arbeitgeber zu sein und
> - das Potential von Frauen und Männern am Arbeitsmarkt zu nutzen.

Gender Diversity hat auf den ersten Blick nur am Rande etwas mit Ihrem Kerngeschäft zu tun. Ziel für Ihr Unternehmen ist stets der wirtschaftliche Erfolg. Langfristig und nachhaltig kann dieser allerdings nur mit einer Öffnung hin zu Themen der sozialen und gesellschaftlichen Verantwortung gelingen.

Die Komplexität der Fragestellungen und der gesellschaftliche Wandel zwingt auch Unternehmen zu mehr Diversity. Als Stichworte seien hier nur beispielsweise die Einführung des Allgemeinen Gleichbehandlungsgesetzes (AGG) und der aktuelle Fachkräftemangel benannt. Leider sind die Bemühungen bisher nicht so erfolgreich. Wir sind an einem Punkt angelangt, an dem wir erkennen müssen, dass wir mit den bisherigen Mitteln unsere Ziele nicht erreichen.

> **KERNFRAGEN**
>
> Was ist die Lösung?
> Wie können die fest verankerten Rollenstereotype verändert werden?
> Wie soll ein Unternehmen sich dazu aufstellen?

Wie in den meisten Fällen gibt es keine einfache Lösung — sonst hätte sie ja auch schon jemand gefunden. Unternehmen sollten sich auf ihre Kernkompetenzen besinnen und diese nutzen, um ihren Anteil an den gesellschaftlichen Veränderungsprozessen zu steuern.

Unternehmensführung heißt:

- sich Ziele zu setzen,
- eine Strategie auszuarbeiten und
- Schritt für Schritt dem Ziel näherzukommen.

Dabei müssen die Zwischenziele definiert sein und ihr Erreichen kontrolliert werden, damit gegebenenfalls rechtzeitig korrigierend eingegriffen werden kann.

1.5   Warum dieses Buch?

Datengesteuerte Unternehmensführung wird heute schon in vielen Unternehmen zur Steuerung der Managementaufgaben und Kernkompetenzen eingesetzt. Der vorliegende Praxisleitfaden erweitert diese bekannte Managementmethode auf den Bereich Gender Diversity. Er zeigt auf, wie Gender Diversity-Projekte erfolgreich von Seiten der Unternehmensführung implementiert und gesteuert werden können, um das Potential aller MitarbeiterInnen zu fördern und im Sinne eines nachhaltigen ökonomischen Erfolgs einzusetzen.

KERNFRAGEN

„Schön", werden Sie sagen, „messen und steuern können wir, aber":
- Wie erarbeiten wir uns Gender-Wissen?
- Was sind Rollenstereotype?
- Wie können Rollenstereotype effektiv aufgebrochen werden?
- Wie lassen sich die Fähigkeiten von Frauen und Männern im Unternehmen am besten nutzen?

Ich freue mich, wenn ich die Neugier wecken konnte. Genau diese Fragen beantwortet dieses Buch und benennt dabei die jeweiligen Schnittstellen zum unternehmerischen Messen, Steuern, Gewinnen von Erfahrung und Aufbau von Gender-Wissen.

Das Ziel ist die Integration von Gender Diversity in das Unternehmen. Das heißt: Gender Diversity wird in die jeweiligen Arbeitsprozesse aufgenommen und gelebt. Das Buch leitet Sie für alle relevanten Prozesse in Ihrem Unternehmen an und zeigt anhand von konkreten Praxis-Beispielen, wie es gelingen kann, Schritt für Schritt eine Optimierung zu erlangen und damit Ihre Wettbewerbsfähigkeit nachhaltig zu stärken.

Wer sich mit Qualitätsverbesserungsmaßnahmen auskennt, dem wird Struktur und Aufbau des Buches bekannt vorkommen. Die Qualität von Produkten oder Dienstleistungen ist sehr eng mit dem heutigen Bild von Unternehmensführung gekoppelt. Dennoch ist die Arbeit an der Arbeitsprozessgestaltung und -veränderung im Sinne einer größeren Transparenz und Wiederholbarkeit der (hohen) Qualität in Unternehmen zumeist nicht einfach.

Aus meiner langjährigen Erfahrung als Qualitätsberaterin kann ich Ihnen berichten, dass die Widerstände hier grundsätzlich sehr hoch sind. Dies gilt umso mehr, wenn es explizit um Gender Diversity geht. Widerstände sind immer ein Zeichen von Konflikten, die entweder bewusst eingegangen werden oder aber durch Unwissenheit entstehen. An der Tatsache, dass sich viele Leute durch das Thema Gender Diversity auf die Palme bringen lassen, können wir ablesen, dass hier eine Menge Unwissenheit im Spiel ist.

Damit wird die Beschäftigung mit Gender Diversity zum Erfolgsfaktor für Ihr Unternehmen, das im internationalen Wettbewerb zeigen muss, dass es mit großer Offenheit auf Veränderungen reagieren kann. Jede Mitarbeiterin und jeder Mitarbeiter Ihres Unternehmens ist von der Einführung von Gender Diversity betroffen. Manche werden es begrüßen, viele aber lehnen das Thema grundlegend ab und müssen sich mit vermeintlich „unmöglichen" Forderungen auseinandersetzen, die im Widerspruch zu den jeweils verinnerlichten Anforderungen der Rollenstereotype stehen.

In dem Kultfilm „Die Reifeprüfung" (USA 1992 mit Dustin Hoffman in der Hauptrolle) erkennt der junge Mann auf seiner Suche nach sich selbst erst nach und nach die zerstörenden Anforderungen seiner Umgebung. Einerseits versucht er, seinen Eltern gerecht zu werden, die sich über ihn als College-Absolventen definieren und wünschen, dass er studiert und heiratet. Andererseits gerät er in die Fänge einer Nachbarin, die als gelangweilte Hausfrau ihre Interessen mit Alkohol und oberflächlichen Liebesaffären betäubt und ihn an sich binden will. Für den jungen Mann ist die Reifeprüfung eine durchaus aufregende Zeit, die erst nach einer Irrfahrt glücklich endet.

Gender Diversity ist eine Herausforderung — das soll hier nicht verschwiegen werden. Die Belohnung ist ein offenes Arbeitsklima, das attraktiv für alle ist und mit QuerdenkerInnen und Qualitätsprozessen für Innovation sorgen kann.

Für jeden Teil Ihres Unternehmens bietet dieses Buch Empfehlungen und die Möglichkeit, sich mit dem „Stand der Technik" zu vergleichen. Alle Empfehlungen sind in der Praxis erprobt und Sie selbst können beurteilen, wie weit Sie auf dem Weg durch die Wirrungen der Rollenstereotype schon vorgedrungen sind. Wenn Sie also Lust haben, begleiten Sie mich auf die (Lese-)Insel.

HINWEISE zur Nutzung dieses Buches

Der vorliegende Praxisleitfaden enthält ergänzend zum Text
- nützliche Internet-Links zur Vertiefung und Veranschaulichung,
- ein ausführliches Glossar mit Begriffsdefinitionen,
- Arbeitshilfen Online zum kostenfreien Download über QR-Codes,
- zahlreiche Abbildungen und Fallbeispiele (auch online verfügbar),
- ausführliche Literatur- und Quellenhinweise,
- und ein Stichwortregister.

2 Chancen und Grenzen von Gender Diversity für Unternehmen

2	**Chancen und Grenzen von Gender Diversity für Unternehmen**	**25**
2.1	Warum Gender Diversity?	27
2.2	Was leistet dieses Buch?	30
2.3	An wen richtet sich dieses Buch?	31
2.4	Was dieses Buch nicht leistet	32

MANAGEMENT SUMMARY

Der gesellschaftliche Wandel der letzten Jahre hat nicht unerheblichen Einfluss auf die Rahmenbedingungen für Wirtschaftsunternehmen. Themen wie die fortschreitende Globalisierung, die zunehmende Spezialisierung und die wachsende Vielfalt des Angebots und der Nachfrage stellen Unternehmen vor neue Herausforderungen. Wer nachhaltig erfolgreich sein will, muss neben dem kurzfristigen ökonomischen Erfolg auch andere Bereiche im Blick haben. Dazu gehören unter anderem Konzepte und Strategien

- zur Kundenorientierung,
- zum Wandel der Arbeits- und Führungskultur,
- zum Umgang mit Komplexität und Risiken,
- zur Erhöhung der Attraktivität als Arbeitgeber,
- zur Sinnstiftung gegen Arbeitsverdichtung und
- zu sozialer Gerechtigkeit.

Gender Diversity ist ein wichtiges Element, das zum nachhaltigen Unternehmenserfolg beiträgt und die oben aufgeführten Elemente positiv unterstützt. In diesem Kapitel werden die Möglichkeiten und Grenzen von Gender Diversity erläutert und es wird ein Überblick über das gegeben, was dieser Band leistet. Es richtet sich dabei vorrangig an Geschäftsführungen sowie Personen im Bereich operatives Management, (Gender) Diversity-Management und Personalmanagement. Der Band versteht sich als Praxisleitfaden zur erfolgreichen Implementierung von Gender Diversity im einzelnen Unternehmen.

Gesellschaft und Arbeitswelt in Deutschland sind einem stetigen Wandel unterworfen. Dieser wird von der zunehmenden Globalisierung und bahnbrechenden, innovativen Technologien vorangetrieben. Was heute noch die Domäne eines bestimmten Staates zu sein scheint, wird morgen schon in anderen Teilen der Welt übernommen und verbessert. Diese Schnelllebigkeit zwingt uns zu einer weltoffeneren Denk- und Handlungsweise, die neben der Ökonomie auch Ökologie, Ethik und soziale Gerechtigkeit berücksichtigen muss. Das schnelle Geld lässt sich auch ohne Nachhaltigkeit verdienen, langfristige Geschäftsabsichten jedoch müssen die Ressourcen für den Produktionsbetrieb (Wasser, Strom, saubere Luft …) schonen und soziale Ungerechtigkeiten vermeiden, denn Frieden ist ein zentraler Faktor für erfolgreiche Geschäfte.

Das unternehmerische Interesse ist heute eng an die soziale Verantwortung eines Unternehmens gekoppelt. Corporate Social Responsibility ist damit ein zentraler Bestandteil der Unternehmensführung. Neben dem betriebswirtschaftlichen Interesse, sich neue Märkte zu erschließen, ist die Öffnung zu mehr Vielfalt (Diversity) erforderlich. Vielfalt bezieht sich auf alle Dimensionen, wie Kultur und Ethnie, Religion, Geschlecht und Alter bis hin zu den unterschiedlichen Fachgebieten

(z. B. Engineering, Technik, Ökologie und Soziologie), die in die unternehmerischen Strategien einbezogen werden müssen.

Dem sozial-ökonomisch hohen Stellenwert von Diversity und Gender Diversity steht allerdings eine relative niedrige Akzeptanz in den Unternehmen entgegen. Diese begrüßen zwar den damit verbundenen Wertewandel, gehen ihn aber nicht konsequent an[1].

2.1 Warum Gender Diversity?

In diesem Buch fokussieren wir uns auf Gender Diversity als eine besondere Dimension von Diversity[2]. In Deutschland wird Gender Diversity seit vielen Jahren in politischen Parteien, staatlichen und städtischen Betrieben und Einrichtungen (z. B. Hochschulen) eingeführt und umgesetzt.

In der Privatwirtschaft gibt es einige wenige Unternehmen, die sich mit Gender Diversity oder Frauenförderung auseinandersetzen und erste Erfolge vorweisen können. Seit 2001 werden mit dem Zertifikat ‚Total E-Quality' die Bestrebungen von zertifizierten Unternehmen auch außerhalb der Unternehmen sichtbar. Ein flächendeckender Durchbruch für Gender Diversity wurde in Deutschland jedoch noch nicht erreicht.

Trotz Einführung des Allgemeinen Gleichbehandlungsgesetzes (AGG) im Jahr 2006 besteht nachweislich ein Ungleichgewicht zwischen Frauen und Männern[3]. Dies betrifft:

- die Anzahl der geleisteten Arbeitsstunden für die Erwerbsarbeit und die Familienarbeit,
- die Höhe der Entlohnung,
- die Auswahl der Berufe,
- das Fortkommen auf der Karriereleiter.

---

[1] Dr. Brigitte Lammers, Partnerin von Egon Zehnder International, Berlin, berichtet aus ihrer Erfahrung, dass Diversity und Gender Diversity zwar in den Unternehmen angekommen, aber noch längst nicht als „erfolgskritisch und damit selbstverständlich von den Geschäftsverantwortlichen verstanden wird. Wir alle wissen, dass ... Diversity ... (häufig) als Modethema abgetan wird, verbunden mit der stillen Hoffnung, dass es sich irgendwie schon im Sande verlaufen wird." (Lammers, 2012)

[2] Siehe dazu auch Kapitel 3, das die Grundlagen zu Diversity und die Besonderheit von Gender Diversity erläutert.

[3] BMFSFJ (2011)

Für Einzelunternehmer lohnt sich eine Investition in Gender Diversity in vielfacher Hinsicht:

Ökonomischer Erfolg

Eine Erhöhung des Frauenanteils in männerdominierten Geschäftsführungsteams steigert den wirtschaftlichen Erfolg eines Unternehmens[4]. Die Ursachen hierfür sind noch nicht eindeutig geklärt. Zu vermuten ist, dass Kombinationen aus den unten aufgeführten Gründen die Unternehmen stabilisieren und erfolgreicher machen.

Kundenorientierung

Frauen und Männer sind meist zu jeweils 50 % in der Käuferschaft des Endproduktes/der Dienstleistung vertreten. Deswegen sollte ein Unternehmen an den verantwortlichen Stellen vom Produkt/Service-Design bis zum Vertrieb dafür sorgen, dass die Interessen von Frauen und Männern vertreten sind. Dies geht am besten durch Frauen und Männer mit den jeweiligen Branchenkenntnissen oder Erfahrungen mit dem Produkt[5].

Wandel der Arbeits- und Führungskultur

Unternehmen lassen sich heute kaum noch autoritär führen. Der Wandel hin zu einem partizipativen und situativen Managementstil hat längst begonnen. Gut ausgebildete Menschen wollen beteiligt und nicht befehligt werden. Frauen sind im Management immer noch unterrepräsentiert, bringen jedoch viele der erforderlichen sozialen und kommunikativen Fähigkeiten mit[6].

Umgang mit Komplexität und Risiken

Produkte und Dienstleistungen werden immer komplexer. Komplexität entsteht durch die Einführung verschiedener Technologien und neuer Produkte (z. B.

---

[4] Desvaux, Devillard-Hoellinger, Baumgarten (2007)

[5] Die Frage nach der Bedeutung von Frauen in Führungspositionen beantwortet Kasper Rorsted, CEO von Henkel in Düsseldorf: „90 Prozent der Käufer dieses Produktes (Haar-Coloration) sind Frauen. Warum soll ich mehr darüber wissen als eine Frau?" (Tatje 2012)

[6] Welpe, Welpe (2003)

Smartphones, die Telefonie, Kamera und Internetzugang in einem Gerät anbieten) oder durch Diversifizierungen eines Produkts, die den individuellen Ansprüchen der Kunden entgegenkommen (z. B. Automodelle, die in verschiedensten Ausstattungen und Varianten bestellt werden können). Dienstleistungen werden durch den Einsatz von Software, Maschinen und Robotern erweitert. Dazu kommen Aspekte wie die Umweltverträglichkeit, die Einhaltung von Gesetzen/Richtlinien für Sicherheits- und Qualitätsnormen und die soziale Verträglichkeit. Um dieser Komplexität gerecht zu werden und alle erforderlichen Aspekte und Risiken zu berücksichtigen, sind die Erfahrungen von Frauen **und** Männern erforderlich und müssen genutzt werden,

Sinnstiftung gegen Arbeitsverdichtung

Arbeitswelt und Privatleben rücken immer enger zusammen. In einer zunehmend globalisierten Welt gibt es kaum noch Kernarbeitszeiten, Wochenenden oder Feiertage. Häufig erwarten Unternehmen zudem eine ständige Erreichbarkeit ihrer Mitarbeitenden über digitale Kommunikationsmittel. Die Folge ist ein permanenter Arbeitsdruck und die Entgrenzung der Lebensbereiche, was zu Lasten der persönlichen Gesundheit (Burnout) und des Familienlebens geht. Gender-Aspekte, wie z. B. eine gesunde Work-Life-Balance, helfen den Wert der Arbeit und der privaten Zeit zu erkennen und sinnvoll zu gestalten.

Arbeitnehmer-Attraktivität

Unternehmen, die Frauen und Männern gleiche Chancen bieten, werden als sehr attraktiv angesehen. Sie schaffen es, Rollenstereotype/Vorurteile auszublenden und alle Mitarbeitenden in ihrer freien Wahl des Lebensmodells zu unterstützen.

Gerechtigkeit

Es ist für Mitarbeitende in höchstem Grade motivierend, in einem gerechten und fairen Unternehmen zu arbeiten, das die individuelle Leistung anerkennt.

2.2   Was leistet dieses Buch?

Unternehmen, die Gender Diversity einführen oder ihren Reifegrad in dieser Hinsicht optimieren wollen, stehen vor einer Vielzahl von Hürden, die sie nicht alleine zu verantworten haben. Es ist vielmehr eine gesamtgesellschaftliche und auch politische Aufgabe. In diesem Buch geht es ausschließlich um die Anteile von Gender Diversity, die ein Unternehmen selbst verantworten und beeinflussen kann.

Wir beginnen mit einer Einführung in das Thema Gender Diversity (Kapitel 3). Diese bildet die Grundlage für das Verständnis der Empfehlungen/Basispraktiken im späteren Teil des Buches.

Kapitel 4 fokussiert die Unternehmenssicht und behandelt die Aspekte, die bei der Einführung von Gender Diversity das Unternehmen als Ganzes betreffen. Dazu stellen wir ein Unternehmensmodell vor, das es ermöglicht, die Empfehlungen/Basispraktiken unabhängig von der Struktur eines Unternehmens zu gliedern. Wir zeigen auf, wie sich Gender Diversity im Unternehmen über Corporate Social Responsibility einbinden lässt und wie sich unser Ansatz zur Bewertung der Gender Diversity-Fähigkeit von bereits existierenden Bewertungsansätzen (dem Total E-Quality und SIEgER) unterscheidet. Abschließend erläutern wir die Zusammenhänge zwischen den Bereichen eines Unternehmens, die für die erfolgreiche Integration von Gender Diversity notwendig sind. Dies sind insbesondere:

- Qualitätsmanagement (in Form von Arbeitsprozessen),
- neue Technologien (die Verwendung von Arbeitsmitteln mit neuen Kommunikationstechnologien und anderen technischen Hilfsmitteln) und
- Gender Diversity-Management als Teil der Organisations- und Personalentwicklung.

Der Hauptteil (Kapitel 5 bis 7) stellt ausführlich die Empfehlungen/Basispraktiken zu den folgenden drei Prozessgebieten vor:

- Gender Diversity-Management,
- Personalmanagement,
- operationelle Prozesse.

Alle Empfehlungen sind in sich abgeschlossen, so dass sie bei Bedarf auch einzeln nachgelesen werden können. Zahlreiche Fallbeispiele aus der Praxis erleichtern das Verständnis und regen zur Umsetzung im eigenen Unternehmen an.

Kapitel 8 stellt das Assessment-Schema Gender Diversity Capability (GeDiCap) für die Selbstbewertung oder für die externe Bewertung vor. GeDiCap beruht auf dem eingeführten Unternehmensmodell und baut auf Empfehlungen/Basispraktiken auf. Es erlaubt die Bewertung der Gender-Fähigkeit in sechs verschiedenen Reifegradstufen.

Das letzte Kapitel 9 führt die einzelnen Prozessschritte zusammen und zeigt anschaulich am Fallbeispiel der Restrukturierung eines Unternehmens, wie sich die Beschäftigung mit Gender Diversity in schwierigen Situationen auszahlen kann.

Dieser Band gibt für alle Bereiche eines Unternehmens Empfehlungen, wie Gender Diversity eingeführt oder bestehende Gender Diversity-Programme verbessert werden können. Das darin genutzte Unternehmensmodell kann sich flexibel auf die individuelle Umsetzung von Gender Diversity-Management auch in Ihrem Unternehmen anpassen. Es ist zudem die Grundlage für ein allgemein gültiges Assessment-Konzept für die Beurteilung der Gender Diversity-Fähigkeit eines Unternehmens.

Im Anhang finden Sie ein Glossar der im Buch verwendeten Fachbegriffe sowie weiterführende Literatur und hilfreiche Internetlinks für die weitere Beschäftigung mit dem Thema.

2.3 An wen richtet sich dieses Buch?

Dieses Buch richtet sich grundsätzlich an Männer und Frauen in der Geschäftsführung, dem operativen Management, (Gender) Diversity-Management und Personalmanagement. Es ist geschrieben für Unternehmen der Privatwirtschaft aus allen Branchen (Banken/Versicherungen, Technik, Handel, Dienstleistung etc.). Teile der Empfehlungen werden bereits in öffentlichen Einrichtungen umgesetzt und können als Vorbild für die Privatwirtschaft dienen.

Die Definition der Basispraktiken bietet für alle Bereiche eines Unternehmens einen praktischen Leitfaden, um den eigenen Reifegrad in Bezug auf Gender Diversity zu verbessern. Mit Hilfe der Basispraktiken kann sowohl eine Selbstanalyse durchgeführt als auch ein (externes) Assessment vorbereitet werden. Mit zahlreichen praktischen Hinweisen und Fallbeispielen dient das Buch auch als Nachschlagewerk für alle im Bereich Gender Diversity Tätigen oder daran Interessierten.

Der Mangel an Fachfrauen verschärft insbesondere die Situation in technischen Unternehmen. Auf diese spezielle Situation — etwa in der Automobil-, Telekommunikations-, Energie-, Software- sowie Luft-und Raumfahrt-Industrie — wird jeweils in eigenen Abschnitten eingegangen.

Es wird Sie möglicherweise überraschen, dass einige Verbesserungsmaßnahmen für berufstätige oder karriereorientierte Frauen, die sonst vielfach gepriesen werden, nur sehr kurz erwähnt werden. Das liegt zum einen daran, dass die Bemühungen der letzten 15 Jahre relativ erfolglos geblieben sind: Frauenfördermaßnahmen alleine greifen zu kurz oder werden ohne die notwendige Nachhaltigkeit durchgeführt. Zum anderen geht es nicht einseitig um Frauenförderung, sondern um die Berücksichtigung der Interessen von Frauen **und** Männern.

2.4 Was dieses Buch nicht leistet

Den heutigen Wissensstand zu Gender-Aspekten von Diversity verdanken wir zum größten Teil der feministischen Wissenschaftskritik und der feministischen Forschung[7]. Die hauptsächlich betriebswirtschaftliche Sicht zur Steigerung der Wettbewerbsfähigkeit von Unternehmen, wie sie im Diversity-Management vertreten wird, wird von vielen Feministinnen als zu einseitig abgelehnt. Diese teils kontroverse Fachdiskussion muss geführt werden und die Wurzeln der bisherigen Erkenntnisse sollten auf keinen Fall vergessen werden. Das kann und soll jedoch nicht Inhalt dieses Leitfadens sein.

In diesem Buch verstehen wir Diversity als einen Oberbegriff, der Gender als eine von mehreren Dimensionen begreift.

Der Vollständigkeit halber werden hier die verschiedenen wissenschaftlichen Ansätze, die für die Verbesserung der Lebenssituation von Frauen und Männern in Arbeit und Gesellschaft bestehen, aufgelistet.

ARBEITSHILFE
ONLINE

DEFINITION Frauenförderung

Frauenförderung konzentriert sich ausschließlich auf Frauen und versucht, die Bedingungen für Frauen zu verbessern und Frauen zu unterstützen. Häufig beschränkt sich das auf die Einrichtung von Kinderbetreuung und dem Anbieten von Kursen für ein selbstbewussteres Auftreten von Frauen.

---

[7] Krell (2005)

ARBEITSHILFE ONLINE

DEFINITION Gender Mainstreaming (GM)

Der Begriff wurde 1985 auf der 3. Weltfrauenkonferenz der Vereinten Nationen als politische Strategie diskutiert und 1999 von der Bundesregierung als Leitgedanke in dem gleichnamigen Wissensnetz definiert[8]. Gender Mainstreaming beschreibt eine Strategie, die Interessen von Frauen und Männern in allen Entscheidungen der Gesellschaft berücksichtigt.

ARBEITSHILFE ONLINE

DEFINITION Gender Diversity-Management

Die Vielfalt durch Gender wird in Unternehmen zielgerichtet für den Unternehmenserfolg eingesetzt. Es ist häufig ein Bestandteil des Personalmanagements.

Diese Differenzierung sorgt in der öffentlichen Debatte und der Wissenschaft für eine strukturierte Diskussion der Ansätze. Für die Praxis ist die Unterscheidung zweitrangig. Die einzelnen Ansätze können auch gut kombiniert werden[9].

Die Maßnahmen und Basispraktiken in den nachfolgenden Kapiteln können sowohl der Frauenförderung als auch dem Gender Mainstreaming zugeordnet werden. Inhaltlich spielt dies keine Rolle, deshalb sprechen wir im Folgenden nur von Gender Diversity-Management.

Dieses Buch beansprucht keinerlei wissenschaftliche Vollständigkeit in Bezug auf Gender Diversity-Management und/oder politische oder soziologische Fragestellungen. Theoretische Szenarien für die Zukunft, die mit Begriffen wie ‚post gender‘ umschrieben werden, kommen in diesem Buch ebenfalls nicht vor.

Dieses Buch ist geschrieben und beeinflusst von Frauen und Männern aus Unternehmen, die nicht in speziellen Gender Diversity-Abteilungen, sondern in fachlichen Produkt- oder Service-Geschäftsfeldern oder in Personalabteilungen tätig waren. Es spiegelt somit die Sichtweise der Beteiligten wider, die an einer positiven Veränderung der heutigen Situation interessiert sind.

Die darin enthaltenen Grundsätze für die Bewertung eines Unternehmens gehen davon aus, dass keinerlei Rechtsverletzungen in Form von massiver Diskriminierung, Mobbing, Gewalt oder gezielter Ausbeutung vorliegen. Die Einhaltung der Gesetze nach europäischem Standard und der allgemeinen Menschenrechte wird vorausgesetzt.

---

[8] Tuchfeldt (2008)

[9] Krell, Sieben (2010)

ZUSAMMENFASSUNG

In diesem Kapitel wurde erläutert, weshalb es lohnenswert ist, sich mit dem Thema Gender Diversity auseinanderzusetzen und welche ökonomischen Vorteile dies für Unternehmen mit sich bringt. Es wurde aufgezeigt, was dieses Buch leistet und wo die Grenzen dessen liegen, was Gender Diversity leisten kann. Das folgende Kapitel beschäftigt sich nun zunächst mit den Grundlagen von Gender Diversity und liefert damit die Basis für die dann folgenden Schritte.

3   Grundlagen zu Gender Diversity

3	**Grundlagen zu Gender Diversity**	**35**
3.1	Diversity und Managing Diversity	36
3.2	Gender Diversity	38
3.3	Gender-Wissen: Die Wirklichkeit, Wahrnehmung, Bilder und Sprache	42
3.3.1	Die Verzerrung der Wirklichkeit	42
3.3.2	Bilder werden Wirklichkeit	46
3.3.3	Gender-gerechte Sprache	47
3.4	Gender Diversity-Forschung	50
3.4.1	Der Effekt des Natürlichen	51
3.4.2	Rückgriff auf das vermeintlich Natürliche	51

MANAGEMENT SUMMARY

Im Folgenden werden die wichtigsten Grundbegriffe von Gender Diversity vorgestellt und folgende Fragen beantwortet:

- Was ist Diversity? Was ist Gender Diversity?
- Welchen Anteil hat Gender Diversity am Unternehmenserfolg?
- Was unterscheidet Gender vom biologischen Geschlecht?
- Sind Männer und Frauen gleich oder verschieden?
- Welche soziale Rolle nehmen wir ein? Ist Gender angeboren oder erlernt?
- Wie kommt es zu den blinden Flecken in Bezug auf Gender Diversity?
- Was bestimmt unsere Wirklichkeit? Welche Rolle spielen Bilder in unseren Köpfen?
- Ist Sprache ein Hindernis für Gender Diversity?
- Welche Erkenntnisse aus Psychologie und Pädagogik helfen weiter?
- Welche Erkenntnisse aus der Forschung sind wichtig?
- Welche Auswirkungen haben falsche oder fehlerhaft interpretierte Studien?
- Wie entstehen und reproduzieren sich gesellschaftliche Rollenbilder?

Zur erfolgreichen Umsetzung von Gender Diversity in Unternehmen ist die Verinnerlichung der damit einhergehenden Grundlagen zu Gender Diversity unabdingbare Voraussetzung. Das Kapitel bildet somit die theoretische Basis für die dann folgenden Praxisempfehlungen.

3.1 Diversity und Managing Diversity

ARBEITSHILFE ONLINE

DEFINITION Diversity

Diversity beschreibt die Vielfalt der Menschen und die Offenheit und Toleranz, diese Vielfalt anzuerkennen[10]. Im Kontext von Unternehmen bezieht sich Diversity auf das Management von Menschen, die entsprechend ihren jeweiligen Interessen und Fähigkeiten gewinnbringend für das Unternehmen eingesetzt werden. Es werden verschiedene Diversity-Dimensionen unterschieden, die gesellschaftliche Minderheiten mit speziellen Ausprägungen an Eigenschaften gruppieren.

Im Unternehmenskontext wird Diversity häufig als Managing Diversity (MD) (Kapitel 5) bezeichnet, wobei die ökonomische Zielsetzung und die Kontrolle der Umsetzung im Vordergrund stehen. Nachhaltigkeit kann jedoch nur erreicht werden,

---

[10] Bendl (2004)

wenn auch die ethisch-moralischen Dimensionen von Diversity in Form von Wertschätzung und Anerkennung mit einbezogen werden[11]. Diversity unterscheidet in der Regel folgende Dimensionen:

- Geschlecht,
- Alter,
- Kultur,
- Ethnie,
- Nationalität,
- Religion,
- sexuelle Orientierung.

Erfolg durch Diversity

Durch Managing Diversity ergibt sich eine stufenweise Verbesserung[12], die zum Erfolg des Unternehmens beiträgt. Abbildung 1 stellt diese bildlich dar.

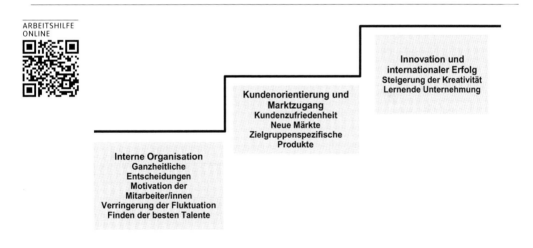

Abb. 1: Diversity – vom internen zum internationalen Erfolg[13]

---

[11] Die emotional geführte Debatte um den angeblichen Widerspruch zwischen der Gewinnorientierung von MD und ethisch-moralischen Fragestellungen ist in Krell, Sieben (2010) zusammengefasst.

[12] Köppel, Sander (2008)

[13] Köppel, Sander (2008)

Durch die Einführung von Diversity im Unternehmen wird die erste Erfolgsstufe in der Optimierung der internen Organisation erreicht. Die Einbeziehung verschiedener Menschen führt zu ganzheitlichen Entscheidungen. Die Anerkennung ihrer Vielfalt motiviert die MitarbeiterInnen und führt zu einer verringerten Fluktuation und einer gesteigerten Attraktivität des Unternehmens als Arbeitgeber.

Die zweite Erfolgsstufe geht darüber hinaus und führt zu einer verbesserten Kundenorientierung. Über die Vielfalt im Unternehmen selbst werden die vielfältigen Bedürfnisse von KundInnen in verschiedenen Kulturen, Nationen, Generationen oder Religionen besser verstanden und können in entsprechende Produkte oder Dienstleistungen umgesetzt werden. Ein Unternehmen mit einem hohen Reifegrad an Diversity ist in der Lage, zielgruppenspezifische Produkte oder Dienstleistungen anzubieten und damit neue Märkte zu erobern.

Die dritte und höchste Erfolgsstufe ist erreicht, wenn durch den Bezug zu den KundInnen die Kreativität in einer dauerhaft lernenden Organisation zu Innovation und internationalem Erfolg führt.

3.2   Gender Diversity

ARBEITSHILFE
ONLINE

DEFINITION Gender

Im Unterschied zum biologischen Geschlecht (‚sex') bezeichnet ‚gender' das soziale und kulturelle Geschlecht, das sind die Rollenfunktionen, die mit einem bestimmten Geschlecht verbunden werden. Das soziale Geschlecht ist nicht angeboren, sondern wird erlernt und ist somit auch veränderbar.

Gender Diversity fokussiert die Geschlechter-Dimension von Diversity und unterscheidet sich insofern sehr stark von allen anderen Dimensionen. Hier geht es um den einzigen Diversity-Aspekt, der keine gesellschaftliche Minderheit betrifft.

In Deutschland leben etwas mehr Frauen als Männer und für Unternehmen stehen prinzipiell zu je 50 % Frauen und Männer im mittleren Alter gut ausgebildet zur Verfügung. Verschiedene Kulturen, Nationalitäten, Religionen und sexuelle Orientierungen bilden auf dem deutschen Arbeitsmarkt Randgruppen von maximal 20 % (Nationalität). Der Anteil der einzeln identifizierbaren Gruppen liegt zumeist unter 5 % (z. B. sexuelle Orientierung)[14].

---

[14]   Statistisches Bundesamt (2011) und Wikipedia (2010)

Gender-Ungleichheiten gibt es in allen Ländern dieser Welt. Allerdings können diese von anderen Diversity-Dimensionen anteilsmäßig überlagert werden (z. B. Religion oder Kultur). Neben diesen Überlagerungseffekten wird das Verständnis von Gender Diversity im Ausland durch Sprachprobleme erschwert. Deswegen sind deutsche Führungskräfte an einem Verständnis und einer Lösung der Gender Diversity-Problematik in Deutschland als Basis für das Verständnis im internationalen Kontext interessiert.

Gender unterscheidet lediglich zwei Kategorien: Frauen und Männer. Bei beiden handelt es sich um keine homogene Gruppe. Sowohl Frauen als auch Männer fühlen sich in erster Linie anderen Diversity-Dimensionen zugehörig (z. B. Beruf oder Nationalität).

Die Gender-Dimension ist für Frauen und Männer jedoch weitaus prägender und wirkt sich auf das ganze Leben aus. Weltweit betrachtet gibt es zwar Unterschiede in der Lebensgestaltung von Frauen bzw. Männern, aber sie weisen zumeist Ähnlichkeiten auf: Frauen sind überwiegend für die Reproduktionsarbeit (Familie und Haushalt) verantwortlich, während Männer einer bezahlten Erwerbstätigkeit nachgehen. Für den Moment belassen wir es bei dieser sehr pauschalierten Zweiteilung und betrachten deren Auswirkungen.

Reproduktionsarbeit und Erwerbsarbeit

Reproduktionsarbeit und Erwerbsarbeit sind sehr unterschiedlich organisiert. Das führt zu einer unterschiedlichen Ausprägung des jeweiligen Zusammenhalts als Gruppe bei Frauen und Männern. Erwerbsarbeit dient dem Gelderwerb und wird meist außerhalb der Privatwohnung geleistet. Menschen, die täglich zur Arbeit gehen, bilden über ihren Vollzeit-Beruf eine soziale Gruppe, können sich austauschen und klar identifizieren. Frauen, die ausschließlich oder überwiegend für die Reproduktionsarbeit verantwortlich sind, werden durch die Konzentration auf Haus und Familie leichter vereinzelt. Dadurch sind Frauen als soziale Gruppe kaum zu erkennen und agieren auch nicht als solche. Von privaten und informellen Treffen in Mütterzentren oder Frauennetzwerken abgesehen, gibt es kaum Möglichkeiten für einen gesellschaftlich anerkannten Austausch und entsprechende Identifikationsmöglichkeiten. Die persönliche Identifikation mit der eigenen Familie ist für Frauen häufig größer als die Identifikation und Solidarität mit anderen Frauen.

Die Aufteilung der Lebensmodelle nach ‚weiblich‘ und ‚männlich‘ ist Teil der sozialen Rollen. Diese bilden die implizite Basis, die für ein reibungsloses soziales Miteinander sorgt, ohne dass dies rechtlich gefasst ist. Damit sind soziale Rollen ein wichtiger Bestandteil unserer gesellschaftlichen Regeln, die von klein auf erlernt, aber auch ständig hinterfragt und von einer Gesellschaft neu festgelegt werden.

DEFINITION soziale Rolle

Eine soziale Rolle ist ein Bündel von Verhaltenserwartungen (Rollenerwartungen), die die Umwelt an ein Individuum stellt. Eine Rolle umfasst in der Regel mehrere Segmente, die sich aus den verschiedenen Bezugsgruppen ergeben, mit denen das Individuum zu tun hat. Es gibt Muss-, Kann- und Soll-Erwartungen. Werden Muss-Erwartungen nicht erfüllt, verliert das Individuum zumeist seine soziale Stellung und hat mit Sanktionen zu rechnen[15].

Soziale Rollen unterliegen einem stetigen Wandel. Die Veränderungen verlaufen sehr langsam, da an die sozialen Rollen sogenannte Rollenstereotype gekoppelt sind, die tradierte Werte festschreiben.

DEFINITION Stereotyp/Rollenstereotyp

Ein Stereotyp ist eine stark vereinfachte Verallgemeinerung, die mit einer festgelegten Beurteilung einhergeht. Die Mitglieder einer Gruppe werden so vereinfacht, nämlich ohne ihre individuellen Fähigkeiten gesehen und beurteilt. Häufig werden auch die Begriffe ‚Klischee' und ‚Vorurteil' anstelle von Stereotyp verwendet.
Ein Rollenstereotyp ist eine klischeehafte Erwartung, die wir an eine Person haben, die eine bestimmte soziale Rolle einnimmt. Soziale Rollen wandeln sich, während Rollenstereotype auf tradierte Werte verweisen und Veränderungen erschweren.

Der Begriff Gender Diversity ist in dieser Zusammensetzung in der Literatur eher unüblich. Er drückt jedoch sehr gut aus, was in diesem Buch Thema ist: Die Dimension Gender wird zusammen mit weiteren individuellen Diversity-Dimensionen betrachtet, die innerhalb der Gruppen der Frauen und Männer vorhanden sind.

Die individuelle Vielfalt der Frauen und Männer wird durch die gesellschaftliche Brille verdeckt, so dass in der Regel nur stereotype Verhaltensweisen wahrgenommen werden. Abbildung 2 veranschaulicht dies deutlich. Die Wirkungsweise von Rollenstereotypen für die Wahrnehmung und die Rückkopplung zur Wirklichkeit wird in den nächsten Abschnitten ausführlich dargestellt.

DEFINITION gesellschaftliche Brille

Der Begriff bezeichnet die verzerrte Wahrnehmung der individuellen Eigenschaften und Fähigkeiten von Menschen, die durch die Rollenstereotype verursacht wird.

---

[15] Applis u.a. (2009), S. 147

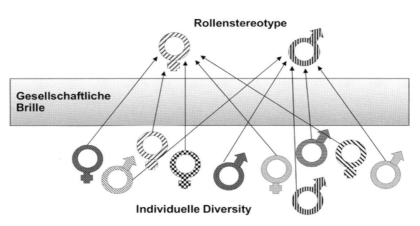

Abb. 2: Die gesellschaftliche Brille

Wie unterschiedlich Frauen und Männer in Wirklichkeit sind, ist eine der spannen-den Fragen, die kaum jemand endgültig beantworten kann. Es gibt wissenschaft-liche Studien, die einzelne Rollenstereotype widerlegen[16], und andere, die (meist leichte) Unterschiede zwischen Geschlechtern[17] finden.

In diesem Buch vertreten wir die Annahme, dass Frauen und Männer sehr ähnlich sind. Allerdings werden das Verhalten und die Wahrnehmung durch Stereotype überlagert, so dass die große Streuung der individuellen Eigenschaften nicht wahr-genommen wird. Einige der persönlichen Eigenschaften und Verhaltensweisen, die in Studien als Unterschiede festgestellt werden, sind durch die Sozialisation erlernt und somit veränderbar. Es bleibt abzuwarten, welche der Unterschiede tatsächlich auf das biologische Geschlecht zurückzuführen sind. Diese Unterschiede würden allerdings erst messbar werden, wenn nach zehn Jahren gelebter Gleichstellung erneut Vergleichsstudien gemacht würden.

DEFINITION Sozialisation

Sozialisation ist ein lebenslanger Prozess, bei dem ein Mensch in ständiger, aktiver Auseinandersetzung mit seiner Umwelt die gültigen Werte, Normen, Verhaltens- und Handlungsmuster einer Gesellschaft übernimmt (Verinnerli-chung) und somit an ihr partizipieren kann. Die primäre Sozialisation wird in

---

16 Fine (2010)

17 Prof. Dr. Welpe nennt als anerkannte Unterschiede: bei Frauen eine durchschnittlich bessere Beziehungsin-telligenz und höhere sachbezogene Leistungsmotivation und bei Männern eine besser ausgeprägte Domi-nanzmotivation und größere materielle Leistungsmotivation (Welpe, Welpe 2003).

der Familie geleistet. An der sekundären Sozialisation wirkt eine Vielzahl gesellschaftlicher Institutionen mit, wie etwa Schule, Peer-Group, Hochschule oder die Medien.[18]

ZWISCHENFAZIT

Bis hierhin wurden die wichtigsten Grundbegriffe von Gender Diversity erläutert und vorgestellt. Dazu gehörte in erster Linie die begriffliche Klärung und Differenzierung von

- Gender,
- sozialer Rolle,
- Rollenstereotypen,
- gesellschaftlicher Brille,
- Sozialisation.

Dies ermöglicht einen groben Überblick, welche Auswirkungen die Erweiterung der Gender Diversity-Fähigkeit auf den Unternehmenserfolg haben kann. Im Folgenden steht die Frage im Zentrum, wie es zu den genannten Rollenstereotypen und impliziten Erwartungshaltungen in Bezug auf Gender kommt. Elemente wie die Verzerrung der persönlichen Wahrnehmung, Bilder und die Sprache tragen entscheidend dazu bei und schreiben diese fest. Die Beschäftigung mit diesen zumeist unbewussten Wirkmechanismen führt zwangsläufig zu einer erhöhten Gender-Sensibilität und ermöglicht eine Veränderung. Hilfreich dabei sind einige Erkenntnisse aus der Forschung und deren Nutzbarmachung für die Praxis. Ein Praxisbeispiel für unbewusste Rollenzuschreibungen illustriert am Ende unsere Ausführungen.

3.3 Gender-Wissen: Die Wirklichkeit, Wahrnehmung, Bilder und Sprache

3.3.1 Die Verzerrung der Wirklichkeit

Was ein Mensch wirklich vorhat, was er/sie weiß oder wie er/sie denkt, ist nur schwer zu erkennen. Deswegen verlassen sich Menschen nur zum Teil auf die inhaltlichen Aussagen einer Person. Äußere Merkmale bzw. das Verhalten eines Menschen sind weitaus wichtiger für unsere Einschätzung, ob wir jemanden für glaubhaft oder

---

[18] Applis u.a. (2009), S. 145

vertrauenswürdig halten. Sozialpsychologische Untersuchungen zeigen, dass die Wirkung von Menschen auf Andere zu 55 % vom äußeren Erscheinungsbild/Verhalten und zu 38 % von der Stimme abhängt. Mehr als 90 % der Kommunikation vollzieht sich also über Körpersprache und Stimme. Lediglich 7 % der Wirkung eines Menschen lassen sich auf die von ihm/ihr geäußerten Inhalte zurückführen[19].

Wir können unserer eigenen persönlichen Wahrnehmung nur bedingt trauen, das heißt, es ist sehr schwer, die objektive Wirklichkeit zu erahnen. Wenn wir diese Tatsache beachten, können wir uns vor Fehleinschätzungen besser schützen.

Die Verzerrung der Wirklichkeit ergibt sich aus wertenden Assoziationen zu den sichtbaren Merkmalen. Sie sind dafür verantwortlich, dass wir große Menschen als eher mächtig und Menschen mit dunkler Haut als weniger intelligent ansehen. Im Folgenden zeigen wir anhand von zwei Beispielen, wie körperliche Eigenschaften, die keinen direkten Einfluss auf die Intelligenz oder die Fähigkeiten von Menschen haben, uns zu stereotypen Beurteilungen verleiten.

Stimmhöhe

Menschen nehmen sehr genau wahr, wie eine andere Person spricht. Wahrgenommen werden die Stimmhöhe, die Festigkeit der Stimme, die Lautstärke und sprachliche Übersprungshandlungen (z. B. Räuspern, ‚Äh', Pausen). Stimmforscher stellten fest, dass die weibliche Stimme nicht mit Kompetenz, sondern eher mit Emotionalität verbunden wird[20]:

Frauen haben stimmliche Dominanz. Die weibliche Stimme übertönt die männliche. Dies wird oft als unsachlich oder emotional gedeutet. Studien zeigen, dass tiefe Männerstimmen, soweit sie nicht verstellt sind, bevorzugt werden. Deshalb schließen oft tiefe Männerstimmen die Reklamespots mit einer zusammenfassenden Bewertung des Produkts. Frauen mit tiefer Stimme oder mit verstellter Stimme werden eher negativ beurteilt, aber als kompetent eingestuft. Je weiter sich Stimmen – sowohl männlich als auch weiblich – von der gesunden Norm entfernen, desto unangenehmer und negativer kommen sie an. Die Indifferenzlage sowohl bei Männern als auch bei Frauen befindet sich im unteren Drittel des gesamten Stimmumfanges und wird als mittlerer Tonhöhenwert definiert.

---

[19] Amon (2011)

[20] Bentele, Piwinger, Schönborn (2001)

Wenn weibliche Stimmen nach oben geführt werden, tendieren sie dazu, in die Kopfstimme zu kippen: dünn, piepsig, hektisch. Die Zuhörer haben den Eindruck übertriebener Emotionalität. Die Reaktion: ,Bleiben Sie doch sachlich, Frau Kollegin.'

Allein durch die Assoziationen mit der Stimme kann ein Redebeitrag somit als unsachlich empfunden und abgelehnt werden.

Körpergröße

Ein Zusammenhang zwischen Körpergröße und beruflichem Erfolg ist statistisch nachgewiesen. Die ersten Studien dazu gab es in den USA im Jahr 2004[21]. Sie haben nachgewiesen, dass das Gehalt von Frauen und Männern höher ist, wenn sie größer sind. Feststellbar war auch ein Zusammenhang zwischen der Körpergröße und der Berufswahl. Dieser Aspekt wurde in einer weiteren Studie isoliert: Auch innerhalb einer Berufsparte ist der Effekt der Körpergröße zur Höhe des Gehalts noch signifikant nachweisbar. 2010 wurde derselbe Effekt in Deutschland anhand der Daten des Mikrozensus von 2005 nachgewiesen:

Bezogen auf das Alter und die Arbeitszeit konnte für Männer bzw. Frauen eine Erhöhung des stündlichen Nettolohns von 0,74 % je cm Körpergröße mehr bzw. 0,67 % je cm Körpergröße mehr festgestellt werden[22].

Für diesen Effekt gibt es unterschiedliche Erklärungsansätze. Einer davon ist, dass die Körpergröße mit einer größeren kognitiven Fähigkeit von gut ernährten Menschen assoziiert wird und somit zu Fehlinterpretationen führt.

Sich selbst erfüllende Prophezeiung von Rollenstereotypen

Eine weitere sehr schwer zu erkennende Verzerrung der Wirklichkeit geschieht über die sich selbst erfüllende Prophezeiung von Rollenstereotypen[23]. Die Lernbereitschaft und damit auch die Berufswahl und Aufstiegschancen hängen unmittelbar mit den Rollenstereotypen zusammen. Menschen, die sich nicht ihren Rollenstereotypen entsprechend verhalten, erhalten weniger Anerkennung, wie etwa Männer in sozialen Berufen oder Frauen, die Mathematik studieren. Der Ein-

---

[21] Gladwell (2005)

[22] Spanhel (2010)

[23] Zum Konzept der ,self-fulfilling prophecy' siehe Watzlawick (2012).

fluss von geringer Anerkennung auf die Fähigkeiten von Menschen ist schematisch in Abbildung 3 dargestellt.

ARBEITSHILFE
ONLINE

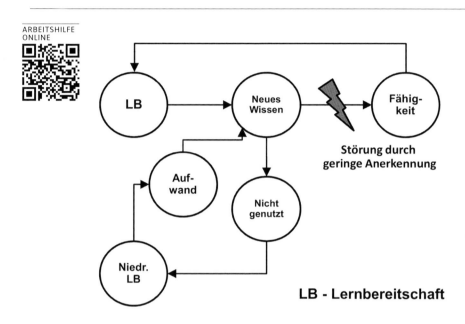

Abb. 3: Von der Lernbereitschaft zu den Fähigkeiten mit Störung durch geringe Anerkennung

Ausgehend von einer normalen Lernbereitschaft kann jeder Mensch sich recht einfach neues Wissen aneignen. Neues Wissen wird zu einer Fähigkeit, wenn es angewandt und genutzt werden kann. Bei fehlender Anerkennung sind Menschen nicht bereit, neues Wissen im notwendigen Maße auszuprobieren.

Ein Mädchen, das ständig hört, dass Mädchen sich nicht für Mathematik interessieren, wird sich beispielsweise nicht freiwillig für den nächsten Mathematik-Wettbewerb anmelden und auch dem Unterricht nur unwillig folgen. Damit wird der Erwerb einer Fähigkeit empfindlich gestört. Die Erfahrung, dass Wissen nicht genutzt werden kann, führt zumeist zu einer noch weiter reduzierten Lernbereitschaft. Es kostet viel Kraft, aus der Demotivationsspirale herauszukommen. Entweder muss die Person eine extrem hohe Selbstmotivation mitbringen, oder die Gesellschaft muss erhöhten Aufwand treiben, um neues Lernen zu ermöglichen.

Mit der sich selbst erfüllenden Prophezeiung werden somit die Eigenschaften und Fähigkeiten, die den Geschlechtern sozial zugesprochen werden, verstärkt: Jungs lernen gerne Technik, Mädchen sind gut in Sprachen, Männer sind logisch und Frauen emotional — aber nur, weil wir es so gelernt haben und zumeist keine Unterstützung erhalten, wenn wir es anders machen wollen.

DEFINITION sich selbst erfüllende Prophezeiung

Die sich selbst erfüllende Prophezeiung bedeutet die Zunahme der Wahrscheinlichkeit, dass ein bestimmtes Ereignis eintritt, wenn es vorher bereits erwartet wird. In bestimmten Fällen verhalten sich Menschen so, wie es vorhergesagt wird. Bewusst oder unbewusst verhalten sie sich wie in der selbsterfüllenden Prophezeiung vorausgesagt, weil sie keine soziale Unterstützung erfahren, wenn sie anders agieren möchten. Selbsterfüllende Prophezeiungen tragen damit zur Reproduktion der Rollenstereotype bei.

Die Rollenstereotype beeinflussen über die reduzierte Lernbereitschaft nicht nur langfristig die Chancengleichheit der Menschen, sondern auch kurzfristig. Das Phänomen der „sich selbst erfüllenden Prophezeiung" bestimmt den Beginn einer jeden Kommunikation[24]. Für Bewerbungsgespräche kann sich das wie folgt auswirken: Eine Frau geht mit der vorgefassten Meinung („Da habe ich ja sowieso keine Chance") in ein Gespräch und verhält sich dann auch entsprechend (z. B. sie ist nicht gut vorbereitet). Dadurch wird die beurteilende Person fast gezwungen, die Chancenlosigkeit zu bestätigen.

Oder andersherum: der/die Beurteilende meint, dass Frauen viel lieber bei ihren Kindern sind. Er verhält sich in dem Gespräch entsprechend und betont (einfühlsam) sein Verständnis für Besonderheiten der Kinderliebe von Frauen. Die Frau wird diese einfühlsame und nette Ansprache bestätigen und dann beim Mobilitätswunsch des Arbeitgebers in Erklärungsnöte kommen.

Das sind die Fallen der alltäglichen Kommunikation und diese gilt es zu überwinden.

3.3.2 Bilder werden Wirklichkeit

Wenn Du ein Schiff bauen willst, dann trommle nicht Männer zusammen, um Holz zu beschaffen, Aufgaben zu vergeben und die Arbeit einzuteilen, sondern lehre sie die Sehnsucht nach dem weiten, endlosen Meer.

(Antoine de Saint-Exupéry)

---

[24] Watzlawick (2012)

Genau wie Saint-Exupéry wissen viele, wie mächtig Bilder oder auch die bildhafte Sprache sind. Bilder wurden und werden in der Werbung oder auch der Politik geschickt eingesetzt, um Stimmungen zu erzeugen oder zu verstärken. Die drastischsten Beispiele finden sich in der Weltgeschichte, in der sich Diktatoren mit Feindbildern an der Macht gehalten und Kriege gerechtfertigt haben. In der amerikanischen Bürgerrechtsbewegung und der Befreiung der Afro-Amerikaner wurde Sprache instrumentalisiert, um Rassenschranken zu beseitigen. „Black is beautiful" ist einer der Slogans, die das Selbstbewusstsein der schwarzen Bevölkerung aufbauen sollten, das durch den ständigen Vergleich von schwarzen Menschen mit Tieren tief verletzt war. Mit dem Slogan wurde und wird das alte (noch nicht ganz beseitigte) Bild von schwarzen Menschen durch ein neues ersetzt.

Leider gehen die wenigsten Menschen bewusst mit Bildern um. Bilder in der Werbung, Filmen, Internet oder in Zeitungen entsprechen meist den Rollenstereotypen. Dadurch sind die Rollenstereotype allgegenwärtig und kaum jemand kann sich ihrer Wirkung entziehen.

Unternehmen, die sich um Frauen in Fach- und Führungspositionen bemühen und eine gender-gerechte Arbeitswelt erreichen wollen, setzen auf Bild- und Video-Marketingstrategien, die moderne Rollenbilder von Frauen und Männern zeigen[25].

3.3.3 Gender-gerechte Sprache

Rollenstereotype können wir nur überwinden, wenn es gelingt, die Bilder in unseren Köpfen über Frauen und Männer zu verändern. Dazu müssen wir sorgsamer mit den Bildern in den Medien umgehen. Zugleich müssen wir aber auch dafür sorgen, dass nicht über die Sprache immer wieder stereotype Bilder neu in unseren Köpfen erzeugt werden. Sprache ist ein mächtiges Instrument, das unsere Wirklichkeit widerspiegelt und formt. Sprache umgibt uns den ganzen Tag. Ihr können wir noch weniger entkommen als der ständigen Berieselung mit Bildern aus der Werbung, Film und Fernsehen.

Dieser Zusammenhang gilt zunächst ganz allgemein. Die deutsche Sprache allerdings unterscheidet sehr genau zwischen weiblichen, männlichen und sächlichen Dingen und zwingt uns so zu einer Unterscheidung oder einer Wahrnehmung einer Unterscheidung, auch wenn das Geschlecht in einer bestimmten Situation völlig irrelevant ist. So ist es in der Regel irrelevant, ob uns zum Beispiel ein Mann oder

---

[25] Siehe dazu auch Kapitel 7.7.

eine Frau ein Brot backt, aber es wird über die Sprache zum Thema, weil wir uns überlegen müssen, ob wir das Wort Bäcker oder Bäckerin verwenden wollen. Das Geschlecht erhält so eine teilweise überhöhte Bedeutung in unserem täglichen Leben, die allein aus unserer Sprache resultiert.

Personen- und Berufsbezeichnungen

Die meisten Menschen verwenden die maskuline Form, wenn sie einen Mann oder eine Frau bezeichnen wollen und es ihnen eigentlich auch nicht auf das Geschlecht der Person ankommt (Mitgemeintsein von Frauen). Durch die Möglichkeit der Unterscheidung in der Sprache ist es allerdings nicht möglich, ohne weiteres Nachdenken mit dieser Lösung zurechtzukommen. Wir können zwar sagen, dass mit der Berufsbezeichnung Ingenieur auch Frauen gemeint sind, aber für den Fall, dass wir nur die männlichen Ingenieure meinen, haben wir kein Differenzierungskriterium mehr. Wir müssen also über die Intention des Sprechers oder der Sprecherin spekulieren, um alle Inhalte korrekt zu erfassen.

Des Weiteren führt die sprachliche Implikation von Frauen in der männlichen Form dazu, dass sich im Kopf automatisch ein männliches Bild formt. Nehmen wir den Satz: „Der Arzt ruft seine Tochter an" — wer denkt da nicht an einen Vater, der seine Tochter anruft? Frauen werden durch diese Sprachkonvention unsichtbar. Ebenso werden aber auch Männer unsichtbar, wenn z. B. beim Krankenhauspersonal von den Krankenschwestern geredet wird.

Die Uneindeutigkeit und die Erzeugung stereotyper Bilder zeigen, dass das Mitgemeintsein von Frauen in der männlichen Form nicht funktionieren kann. Das Mitgemeintsein von Frauen macht die wenigen Frauen, die es in einigen Berufsfeldern gibt, gänzlich unsichtbar[26].

Um Rollenstereotype zu bekämpfen, müssen wir neue Bilder schaffen und dafür sorgen, dass Frauen und Männer auch in untypischen Situationen sichtbar werden. Die Deutsche Sprache ist hierfür hervorragend geeignet, da sie ja für eine ständige Unterscheidung sorgt. Allerdings müssen beide Geschlechter dann immer explizit benannt werden.

SprachwissenschaftlerInnen haben nach einer Lösung für eine kürzere Form der Beidnennung von Frauen und Männern in der deutschen Sprache gesucht und die

---

[26]   Stefanowitsch (2011)

Lösung mit dem Binnen-I erfunden. Dieses lässt eine Verbindung vom männlichen Wortstamm mit der weiblichen Form zu, ohne dass die weibliche Form mit einem Schrägstrich oder anderen trennenden Symbolen angehängt werden muss. Durch das große I wird deutlich, dass es sich um die Beidnennung handelt und nicht um die weibliche Form des Wortes. Beim Sprechen wird ein Wort mit Binnen-I zu zwei Worten: aus ManagerInnen wird Manager und Managerinnen.

ARBEITSHILFE
ONLINE

> **DEFINITION Binnen-I**
>
> Das Binnen-I bezeichnet eine Schreibweise für weibliche und männliche Personenbezeichnungen. Dies hebt die von der deutschen Sprache auferlegte Trennung der Geschlechter für männliche Personenbezeichnung, die auf „-er" enden, auf, ohne die weibliche Form als ‚Anhängsel' erscheinen zu lassen. Beispiel: ManagerInnen (gesprochen: Manager und Managerinnen).

Der hohen Bedeutung der Sprache für unsere Gesellschaft und für die Aufhebung der Rollenstereotype steht eine erschreckende Abneigung gegenüber, sich mit gender-gerechter Sprache auseinanderzusetzen.

Wie groß der blinde Fleck in Hinblick auf eine gender-gerechte Sprache ist, zeigt die Tatsache, dass Sprachverhalten, das z. B. rassistisch sein könnte, meist bekannt ist und die meisten Menschen es auch vermeiden. Beim Sprachverhalten gegenüber Frauen wird nicht sehr viel über die Wirkung nachgedacht, obwohl dies Auswirkungen auf 50 % der Bevölkerung hat.

Sprache erzeugt Bilder in unseren Köpfen. Diese einfache und unbestreitbare Tatsache veranlasst häufig nicht einmal KämpferInnen für Frauen in Führungspositionen oder andere an Frauenrechten interessierte Menschen dazu, ihre Sprache zu verändern. Diskussionen zu diesem Thema sind meist sehr unerfreulich, weil es schnell zu einer emotionalen Abwehrhaltung kommt. Es wird über angeblich unleserliche Texte mit Binnen-I oder Schrägstrichkonstruktionen geklagt.

Vergleiche und Metaphern

Eine weitere sprachliche, informelle Barriere für Frauen stellen Vergleiche und Metaphern dar, die auf den ersten Blick harmlos erscheinen. Erfolgreiche Führungskräfte werden beispielsweise gerne mit Löwen verglichen, die kämpfen und ihr Rudel zusammen halten. Die Eigenschaften von Löwen vermuten wir in der Regel eher bei Männern. Damit wird durch die Hintertür das innere Bild bekräftigt, dass

Männer die besseren Führungskräfte seien. Rein formal hat niemand über das Kriterium Geschlecht gesprochen. Das erzeugte Bild ist aber sehr wirksam.

Menschen, die solche Sprachmuster verwenden, sich ansonsten jedoch politisch korrekt für eine Unterstützung von Gender Diversity aussprechen, sind wirkungsvolle Gatekeeper der bestehenden Arbeits- und Lebensaufteilung zwischen Frauen und Männern[27].

ARBEITSHILFE ONLINE

DEFINITION Gatekeeper (für die geschlechtliche Segregation)

Mit Gatekeepern werden Menschen bezeichnet, die den politisch korrekten Diskurs zu Gender Diversity beherrschen, aber über informelle Mechanismen Frauen und Männern ungleiche Chancen einräumen.

Ähnlich wie bei der Diskussion um die Zweifachnennung bei Personenbezeichnungen, wird über die Segregation von Frauen und Männern durch den Sprachgebrauch nur ungern gesprochen. Die Bemühung um eine geschlechtsneutrale und gender-gerechte Ausdrucksweise wird häufig als überzogene Anforderung harsch zurückgewiesen. Wenn wir uns allerdings vor Augen halten, was Sprache mit unserem Zusammenleben in der Gesellschaft zu tun hat, dann ist es mehr als ratsam, Sprache bewusst zu benutzen:

- Sprache verrät, wie wir denken, und
- Sprache erzeugt in unserem Kopf Bilder, die Wirklichkeit werden[28].

Menschen, die nicht bereit sind, über Sprache und ihre Verwendung nachzudenken, transportieren und verfestigen das aktuell gültige Gesellschaftsmodell, auch wenn sie dies eigentlich nicht wollen.

3.4 Gender Diversity-Forschung

Aus der Gender Diversity-Forschung greifen wir zwei Punkte heraus, die für das Grundverständnis dieses Buches notwendig und für die Praxis nützlich sind[29].

---

[27] Hofbauer (2004)

[28] Heini Ringger beschreibt dies so: „Im Sprechen des Wortes entsteht Wirklichkeit." (Ringger, 1997)

[29] Vertiefende Literatur dazu findet sich im Literatur- und Quellenverzeichnis im Anhang. Insbesondere Massing (Hrsg.) (2010) kann zum Einstieg empfohlen werden.

3.4.1 Der Effekt des Natürlichen

Vielen Beteiligten fällt es schwer, die Herausforderungen von Gender Diversity zu verstehen. Frauen und Männer sind vor dem Gesetz gleichberechtigt und die Zugänge zu Bildung stehen ihnen — zumindest rein formal — gleichermaßen offen. Wenn Frauen und Männer sich also unterscheiden, dann wird dies als „unvermeidlich — oder sogar natürlich" interpretiert.

Der dekonstruktivistische bzw. diskursanalytische Ansatz der Gender Studies beschreibt dieses Phänomen folgendermaßen:

Nach Michel Foucault sind diskursive Praktiken solche, die systematisch die Gegenstände bilden, von denen sie sprechen. Judith Butler weist 1991 nach, wie Geschlechtsunterschiede diskursiv fabriziert werden und sie „den Effekt des Natürlichen, des Ursprünglichen und des Unvermeidlichen erzeugen"[30]. Das heißt nichts anderes, als dass wir mit unserem Verhalten und unseren Redeweisen die sozialen Unterschiede zwischen Frauen und Männern erschaffen und immer wieder neu reproduzieren. Das heutige Bild des Mannes als „rational, selbstständig und zielgerichtet" und der Frau als „emotional, abhängig und emsig" ist demnach konstruiert und lässt sich durch die gleichen Mittel, durch die es aufgebaut wird, auch ändern.

3.4.2 Rückgriff auf das vermeintlich Natürliche

In vielen populärwissenschaftlichen Abhandlungen finden sich unbewiesene bzw. teils falsche Aussagen zu den angeblich „nicht veränderbaren Eigenschaften" von Frauen und Männern. So wurde beispielsweise aus den Ergebnissen einzelner neurowissenschaftlicher Tests abgeleitet, dass Frauen und Männer unterschiedlich gut einparken oder kommunizieren könnten. Diese Thesen sind alle inzwischen widerlegt[31].

Leider sind die falschen Argumente noch immer im Umlauf und werden teilweise von ansonsten sehr engagierten und seriösen AutorInnen weiter perpetuiert (siehe dazu den Exkurs unten). Diese sind auf den Effekt des vermeintlich Natürlichen hereingefallen und haben, ohne genau nachzufragen, die Thesen der Hirnforschung genutzt, um die empfundene Natürlichkeit auch begründen zu können.

---

[30] Krell (2005)
[31] Krell (2005)

Solche Fehlurteile sind möglicherweise menschlich, stehen den weiteren Fortschritten in der Beseitigung der Rollenstereotype jedoch entgegen. Umso wichtiger ist es, in der weiteren Debatte stets auf die genaue Herkunft und den Entstehungszusammenhang von Informationen sowie die Seriosität der Quellen zu achten.

EXKURS

Nehmen wir als Beispiel den Artikel aus den Betriebswirtschaftlichen Blättern[32] mit dem Titel: „Warum Frauen führend, aber selten im Vorstand sind". Die Verfasserin des Beitrags Dr. Cornelia Riechers bezieht sich auf ein Buch der kanadischen Autorin Susan Pinker, die schon seit vielen Jahren in ihren populärwissenschaftlichen Artikeln den Standpunkt vertritt, dass die Berufswahl und auch die Wahl der Karriere eine freie Entscheidung der Personen ist. Frauen würden aus ihrer Natur heraus bestimmte Stressjobs ablehnen und lieber bei ihren Kindern bleiben. Riechers stimmt dem ungeprüft zu, da sie in ihrer Bekanntschaft auch eine Frau hat, die behauptet, einem Karriereschritt absichtlich auszuweichen.

Die Thesen von Susan Pinker werden von Cornelia Fine eindrucksvoll widerlegt[33]. Um nicht der angeblichen „Natürlichkeit" anheimzufallen, müssen wir darauf achten, welche Annahmen in derartigen Thesen nicht angesprochen werden. Die Beweisgrundlage bilden implizite Annahmen, die nicht hinterfragt werden. Sobald sie hinterfragt und meist auch mühelos aufgelöst werden, verschwindet der Beweis für die Natürlichkeit sehr schnell. Hier ein Beispiel:

Die Aussage von Susan Pinker klingt erst mal plausibel: Frauen sind selbst verantwortlich für ihren geringeren Verdienst, weil sie Top-Jobs ausschlagen. Sie nennt dazu Beispiele aus ihren Interviews. Die Begründung der Frauen: ‚kein Interesse' oder ‚lieber bei den Kindern zu Hause bleiben'.

Die impliziten Annahmen hier sind:

- Handlungen sind immer freiwillig, wenn kein äußerer Druck zu erkennen ist.
- Top-Jobs lassen sich nicht mit einer Familie vereinbaren.
- Mütter gehören zu ihren Kindern.

Was ist daran falsch?

- Es gibt viele Handlungen, die auf Grund von gesellschaftlichen Randbedingungen erfolgen, z. B. die Wahl von Studienfächern. In Ländern, in denen Frauen selbstverständlich berufstätig sind und es keine Vorurteile gegenüber technischen Fächern gibt, studieren viele Frauen erfolgreich auch Technik. In Deutschland gelingt dies nicht, weil in Deutschland das Rol-

---

[32] Betriebswirtschaftliche Blätter, Ausgabe 02/2012

[33] Fine (2010)

lenstereotyp vorherrscht, dass Technik den Männern vorbehalten ist. Für Führungsaufgaben gilt dies ebenso: Sie sind beladen mit Berufsstereotypen, die nichts mit der Realität zu tun haben. Frauen, die sich uninteressiert an Führungsaufgaben zeigen, verhalten sich gesellschaftlich gesehen sehr klug und schonen ihre eigenen Kräfte, ähnlich dem Fuchs in der Fabel, dem die zu hoch hängenden Trauben zu sauer sind. Die Entscheidung, nicht weiter nach den süßen Trauben zu springen, ist nur konsequent und logisch. Die Ursache dafür, dass der Fuchs keine süßen Trauben bekommt, ist allerdings nicht vom freien Willen bestimmt, sondern allein darin begründet, dass die Trauben zu hoch hängen. Sie wären für den Fuchs sehr wohl attraktiv und genießbar.

- Der Mythos der Top-Jobs, die nur mit einer 60 Stunden-Woche erledigt werden können, lebt und wird immer weiter perpetuiert. Tatsächlich verbringen viele Führungskräfte sehr lange Zeit im Büro. Was sie dort effektiv tun, wird selten überprüft. Dabei ist längst nachgewiesen, dass rein biologisch konzentriertes Arbeiten nur für maximal zwei Stunden möglich ist. Danach ist eine Pause notwendig. Nach insgesamt sechs Stunden Arbeitszeit kann von Effizienz und Kreativität keine Rede mehr sein. Führungskräfte müssen überzeugen und delegieren können. Um effektiv zu steuern, müssen sie die Arbeit so organisieren, dass sie auch ohne sie reibungslos läuft. Für Notfälle müssen sie erreichbar sein, damit Probleme schnell gelöst werden können. Wenn wir auf die etablierte Anwesenheitskultur verzichten, können bei guter Infrastruktur und Organisation (Remote Access zum Unternehmen, Smartphone, gute Vernetzung innerhalb des Unternehmens, Kinderbetreuung, …) und entsprechender Flexibilität die Anforderungen eines Führungsjobs mit Familie und Kinderbetreuung vereinbart werden.

- Mütter, die exklusiv für Haushalt und Kinder verantwortlich sind, also nicht zeitgleich zum Broterwerb beitragen, gibt es historisch betrachtet noch nicht lange. Mütter, die es sich leisten konnten, sich nicht um ihre Kinder zu kümmern, haben immer schon gerne Hebammen oder Kindererzieherinnen eingestellt. Mutterinstinkte und Hormone, die das Verhalten in Richtung Kinderbetreuung steuern, sind zwar vorhanden, sie sind aber nicht wegweisend für die Lebensgestaltung, sonst gäbe es gerade in Deutschland mit dem niedrigen Anteil der Frauen an der Erwerbsarbeit eine wesentlich höhere Geburtenrate.

Ironisch ausgedrückt: Hormone machen sich zwar bemerkbar, wie z. B. die Glückshormonausschüttung beim Verzehr von Schokolade. Aber aus dieser Hormonausschüttung schließt auch niemand, dass es natürlich ist, rund um die Uhr Schokolade zu essen.

Die Beschäftigung mit Gender-Themen führt somit zwangsläufig zu einer differenzierten und genaueren Sichtweise auf bestehende gesellschaftliche und betriebliche Strukturen.

ZUSAMMENFASSUNG

Kapitel 3 hat gezeigt, welche unbewussten Elemente zu den in Deutschland herrschenden Rollenstereotypen beitragen und wie mangelndes Problembewusstsein diese stetig weiter perpetuiert. Die Auseinandersetzung mit dem Phänomen der verzerrten Wirklichkeit und mit der individuell verzerrten Wahrnehmung löst die eigenen „blinden Flecken" in Bezug auf Gender Diversity auf. Dazu ist es erforderlich, sich der subtil wirkenden Assoziationen von Stimme und Körpergröße sowie der Macht der Bilder und der Sprache bewusst zu werden.

Bei der Beschäftigung mit Gender Diversity ist es zudem unabdingbar, stets die Fallstricke des vermeintlich „Natürlichen" im Hinterkopf zu behalten und Aussagen auf ihre unausgesprochenen, impliziten Annahmen hin zu überprüfen. Hilfreich hierfür ist

- die Beschäftigung mit den gesellschaftlichen Randbedingungen, die die persönliche Wahlfreiheit beeinträchtigen. Der Blick über den Tellerrand hinweg auf andere Länder ist hier sinnvoll.
- die Aufdeckung des Mythos, dass Top-Jobs lediglich mit einer 60-Stunden-Woche zu bewältigen sind[34].
- das Bewusstsein über die Tatsache, dass Frauen zwar über Mutterinstinkte und Hormone verfügen, diese aber in der Regel genauso wenig wie bei Männern wegweisend für die Lebensgestaltung sind.

Die Einführung von Gender Diversity in Unternehmen führt zwangsläufig zu einer differenzierten und genaueren Sichtweise auf bestehende gesellschaftliche und betriebliche Strukturen.

---

[34] Siehe hierzu auch die Ausführungen zum Wandel der Arbeitskulturen von der Anwesenheitskultur zur Leistungskultur (Abbildung 12).

4 Die Unternehmenssicht

4	**Die Unternehmenssicht**	**55**
4.1	Das Gender Diversity-Unternehmensmodell	60
4.2	Gender Diversity als Teil der Corporate Social Responsibility	62
4.3	Bisherige Zertifikate zur Gender-Thematik in Unternehmen	64
4.4	Qualität, Technologie und Gender Diversity	67
4.4.1	Qualitätsmanagement und Technologie	67
4.4.2	Gender Diversity und Qualitätsmanagement	70
4.4.3	Gender Diversity und Technologie	73

MANAGEMENT SUMMARY

Weshalb müssen sich Manager und Managerinnen heute mit Gender Diversity beschäftigen? Welche Vorteile bringt dies für Ihr Unternehmen mit sich? Kapitel 4 stellt das „magische Dreieck" für den Unternehmenserfolg vor, das sich aus den Teilbereichen Qualitätsmanagement, Technologie und Gender Diversity zusammensetzt.

Als Basis für die Einführung von Gender Diversity dient ein Unternehmensmodell, das vollständig in die üblichen Unternehmensprozesse integriert ist und sich an den standardisierten und in der Industrie üblichen Modellen orientiert. Es zeigt, wie Gender Diversity in der Corporate Social Responsibility (CSR) verankert ist und wie sich der prozessorientierte Ansatz dieses Buches (GeDiCap) von den beiden bekannten Zertifikaten (Total E-Quality und SIEgER) unterscheidet.

Die konkreten und einzelnen Basispraktiken für das Gender Diversity-Management, das Personalmanagement und die Anforderungen an die operationellen Prozesse werden ausführlich in den Kapiteln 5–7 erläutert. Für die Beurteilung der eigenen Unternehmens-Prozesse ist es sinnvoll, nach der Lektüre des theoretischen, der Analyse zugrunde liegenden Unternehmensmodells (Kapitel 4.1) direkt in den Hauptteil des Buches (Kapitel 5 bis 7) einzusteigen.

Zwei bedeutende gesellschaftliche Veränderungen motivieren Unternehmen in Deutschland zur Beschäftigung mit Gender Diversity:

- Die Globalisierung der Märkte und der Unternehmen und
- der demographische Wandel, der zu einem Fachkräftemangel in Deutschland führt.

Ethische, soziale und ökologische Themen sind eng mit dem Unternehmenserfolg verbunden. Seit einigen Jahren steht der Begriff Corporate Social Responsibility (CSR) für die gesellschaftliche Verantwortung, die auch Gender Diversity einschließt. Meist liegt der Fokus bei CSR-Veranstaltungen jedoch nicht auf Diversity oder Gender Diversity-Themen.

DEFINITION Corporate Social Responsibility (CSR)

Die Corporate Social Responsibility wird im Deutschen auch „Unternehmerische Gesellschaftsverantwortung" genannt. Sie umfasst drei Bereiche:

- die ökonomische, langfristige Ausrichtung des Unternehmens,
- ökologische Aspekte und
- die soziale Verantwortung innerhalb der Geschäftstätigkeit im Zusammenspiel mit den Stakeholdern.

Gender Diversity-Aspekte werden in Deutschland über das Allgemeine Gleichbehandlungsgesetz (AGG) und zwei staatlich geförderte Zertifikate, Total E-Quality und SIEgER, an Unternehmen herangetragen. Die Wirksamkeit der bisherigen Bemühungen ist allerdings sehr gering. Im internationalen Kontext haben effektive gesetzliche Rahmenbestimmungen zu einer erfolgreichen Umsetzung von Gender Diversity in den Unternehmen geführt. Beispiele hierfür sind die USA und Norwegen.

ARBEITSHILFE
ONLINE

Vertiefende Inhalte

http://www.wbenc.org/Government/

ARBEITSHILFE
ONLINE

Abb. 4: Gender Diversity in der Gesellschaft

Die Gestaltung der rechtlichen Rahmenbedingungen liegt nicht im Einflussbereich von Unternehmen. Diese erläutern wir in Kapitel 5 näher. Hier soll es nun darum gehen, wie gesellschaftliche und organisatorische Themen in Unternehmen etabliert werden können.

Unternehmen sind komplexe Gebilde aus Menschen, die zielgerichtet Kundenwünsche umsetzen, damit Produkte und Dienstleistungen gewinnbringend verkauft werden können. Zwischen Themen wie Steigerung der Produktivität und Ausrichtung auf die speziellen Kundenwünsche muss sich Gender Diversity als nützlich erweisen, um als relevant anerkannt zu werden. Die Steuerung komplexer Gebilde

von Menschen, die zusammenarbeiten müssen, geschieht über definierte Arbeitsprozesse und Methodiken. Diese werden im Qualitätsmanagement verwaltet.
Die Produktivität steigt mit dem Grad der Technisierung der Arbeitsplätze durch
Software-Unterstützung und Steuergeräte, die Arbeit leichter organisierbar und
durchführbar macht. Arbeitsprozesse und Technologie haben in der Wissensge-
sellschaft ein wichtiges Zwischenziel: die Unterstützung und Motivation aller MitarbeiterInnen, da dies für den Unternehmenserfolg entscheidend ist.

ARBEITSHILFE
ONLINE

DEFINITION Technisierung

Der Begriff bezeichnet den ständig wachsenden Einsatz von technischen
Hilfsmitteln im täglichen Leben und auch in Arbeitsprozessen, die bisher ausschließlich der geistigen oder handwerklichen Tätigkeit des Menschen vorbehalten waren. Zur Technisierung gehören im Einzelnen Mechanisierung, Maschinisierung und Automatisierung[35].

Im Bereich der MitarbeiterInnen-Motivation und -Gewinnung ist Gender Diversity ein
zentraler Ansatzpunkt, um für Unternehmen ein größeres Potential an MitarbeiterInnen zu erschließen. Durch Verbesserungen im Qualitätsmanagement und Gender
Diversity werden die Verflechtungen zwischen diesen meist nur getrennt betrach-
teten Gebieten eines Unternehmens sichtbar. Sie bilden ein „magisches Dreieck" aus

- Qualitätsmanagement (für die zielgerichtete Umsetzung der Kundenwünsche
  durch klar definierte Arbeitsprozesse),
- Technologie in der Arbeitsumgebung (zur Erhöhung der Produktivität) und
- Gender Diversity (für eine optimale MitarbeiterInnenführung).

ARBEITSHILFE
ONLINE

Abb. 5: Das „magische Dreieck"

---

[35] Voigt (2011)

Die bisherigen Erfahrungen mit Frauenfördermaßnahmen, Personalkonzepten und internationalen Frauennetzwerken haben gezeigt, dass für die Beurteilung der Gender-Fähigkeit von Unternehmen ein neues Konzept erforderlich ist. Dieses darf nicht nur den Ist-Zustand und die altbekannten Fördermaßnahmen (Führungstrainings für Frauen, Mentoring, etc.) abfragen und auf deren Zielerreichung schauen, wie dies bei der Vergabe der Zertifikate Total E-Quality und SIEgER geschieht.

Für die Beurteilung der Gender-Fähigkeit von Unternehmen wurden mit dem GeDi-Cap-Ansatz unter spezieller Berücksichtigung des „magischen Dreiecks" neue Kriterien entwickelt. Diese beschreiben alle Aspekte für die verschiedenen Teile eines Unternehmens in Form von Basispraktiken, deren Verwendung sich in vielen Unternehmen bewährt hat. Die Basispraktiken nehmen die Hauptherausforderungen von Gender Diversity in den Fokus, sodass Unternehmen ihre generelle Gender-Kompetenz und eine sich entwickelnde Reife durch Reifegrade nachweisen können.

Da die individuelle Wahrnehmung häufig verzerrt ist und es an allgemeinem Gender-Wissen mangelt, gehen die Basispraktiken auf folgende Aspekte und damit Erfolgskriterien ein:

- Berücksichtigung der Interessen von Frauen und Männern,
- Einführung von Gender Diversity im ganzen Unternehmen,
- Aufhebung der Rollenstereotype,
- klare Benennung von zielführenden Steuerinstrumenten[36],
- Differenzierung zwischen Familienunterstützung und Gender Diversity[37],
- effiziente Arbeitsprozesse als Basis für bewusstes Handeln: Alle Gender Diversity-Maßnahmen müssen Teil der normalen Arbeitsprozesse sein, die Frauen und Männer in ihrer Vielfalt mit einbeziehen[38],
- Nachweis der betriebswirtschaftlichen Wirksamkeit von Gender Diversity-Maßnahmen: Ein Wirtschaftsunternehmen muss alle seine Aktivitäten hinterfragen und das gilt auch für Gender Diversity-Maßnahmen.

Ein Unternehmen erlangt erst dann Gender Diversity-Fähigkeit, wenn die Basispraktiken in die Unternehmensführung eingebettet und so gut verstanden sind,

[36] Die vielen, relativ erfolglosen Bemühungen, an der Situation zwischen Frauen und Männern etwas zu ändern, zeigen, dass allgemeine Konzepte und gut gemeinte Ratschläge in Gender-Fragen nicht weiterhelfen.

[37] Zur Veränderung der Rollenstereotype gehört speziell in Deutschland die Aufhebung des Stereotyps, dass „Kinder zu ihren Müttern gehören". Die Familienförderung in Unternehmen wird häufig einseitig als Frauenförderung gesehen und verstärkt so leider die Rollenstereotype. Deswegen ist ein sehr bewusster Umgang mit dem Rollenstereotypen bei der Einführung von Familienorientierung erforderlich.

[38] Der Zusammenhang zwischen Gender Diversity und Qualitätsmanagement ist in Kapitel 4.4 näher erläutert.

dass die einzelnen Methoden und Verfahren auf spezielle Situationen angepasst werden können. Die Professionalität, mit Veränderungen im Arbeitsumfeld umzugehen, die Kosten im Griff zu behalten und die Basispraktiken zu optimieren, wird in Reifegraden gemessen, die für alle Prozessgebiete in einem Unternehmen angewandt werden. Damit ergibt sich ein zweidimensionales Modell aus Basispraktiken bzw. Prozessgebieten und Reifegraden[39].

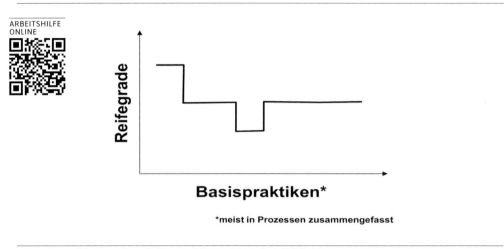

ARBEITSHILFE ONLINE

Abb. 6: Basispraktiken und ihre Reifegrade (Fähigkeit)

4.1 Das Gender Diversity-Unternehmensmodell

Für die Etablierung von Gender Diversity in Unternehmen gibt es verschiedene Ansätze. Diese sind von der Größe, der Struktur und der Historie des Unternehmens abhängig. Wir verwenden im Folgenden ein Unternehmensmodell, wie es bei Assessment-Verfahren üblich ist. Auf diese Weise lassen sich die verschiedenen Elemente und Arbeitsprozesse voneinander abgrenzen und zuordnen und die konzeptionelle Abgrenzung von Diversity gegenüber dem Personalwesen wird deutlich. Das Modell muss in der Praxis nicht 1:1 umgesetzt werden, die einzelnen Prozesse und Basispraktiken können vielmehr an verschiedenen bzw. den jeweils geeigneten Stellen im Unternehmen eingeführt werden.

---

[39] Siehe auch das Assessment-Modell in Kapitel 8.1.

Wir unterscheiden drei Bereiche mit ihren Arbeitsprozessen, die sich an dem normierten ISO Unternehmensmodell orientieren[40]:

- der Gender Diversity-Management-Prozess definiert Arbeitsprozesse in einzelnen Basispraktiken (Kapitel 5),
- für den Personalmanagement-Prozess ergeben sich spezifische Anforderungen (Kapitel 6), ebenso für
- alle operationellen Prozesse (Kapitel 7).

Abbildung 7 gibt einen Überblick über die drei Bereiche und die zugehörigen Prozesse und Basispraktiken.

Abb. 7: Das Gender Diversity-Unternehmensmodell

Große Unternehmen, wie z. B. die Deutsche Telekom, haben eine eigene Abteilung für Diversity-Management im Konzern etabliert. Das Gender Diversity-Management ist meist ein abgegrenzter[41] Teil des Diversity-Managements. In Unternehmen, in denen die Personalabteilung für das Diversity-Management zuständig ist, werden die beschriebenen Gender Diversity-Management-Basispraktiken von der Perso-

---

[40] ISO 15504, das auf ISO 12207 basiert

[41] Diversity-Management, das nicht nur aus Arbeitsanleitungen der Form „Jeder Mensch ist anders und dies ist zu berücksichtigen" besteht, wird zu jeder Dimension eigene Anleitungen haben. Damit ist das Gender Diversity-Management klar abgegrenzt zu den anderen Diversity-Dimensionen, wie Alter oder Kultur.

nalabteilung durchgeführt. In kleineren Unternehmen wird die Verantwortung für Gender Diversity meist von den Führungskräften übernommen oder eine Person wird als Gender Diversity-BeauftragteR benannt.

Das Gender Diversity-Unternehmensmodell gibt keine strukturellen Vorschriften vor, welche Form der Umsetzung zu wählen ist. Allerdings ist ein Nachweis darüber zu erbringen, dass die bereitgestellten Ressourcen die Ziele der Prozesse erreichen können.

Unternehmen können ihre Gender Diversity-Aktivitäten nach den Basispraktiken effizient ausrichten oder ihre bestehenden Gender Diversity-Projekte mit ihnen abgleichen und auf Vollständigkeit prüfen. Ein solches Selbst-Assessment sollte idealerweise von erfahrenen Fachleuten mit ausreichendem Gender-Wissen durchgeführt werden, da die Zusammenhänge zwischen den Basispraktiken und auch ihre spezielle Ausprägung nur mit viel Erfahrung richtig gedeutet werden können[42].

Das vorletzte Kapitel (Kapitel 8) beschreibt das Gender Diversity-Assessment, das die Umsetzung der Basispraktiken als Indiz für den Reifegrad-Level 1 verwendet. Zum Selbstassessment und für AssessorInnen ist zu jeder Basispraktik ein Hinweis angefügt, der versteckte Barrieren oder blinde Flecken im Unternehmen aufzeigt. Diese Tipps stammen von Frauen und Männern, die schon viele Jahre im Bereich Gender Diversity engagiert und mit den typischen Gegenargumenten und Ausweichmanövern gut vertraut sind.

Ein Assessment mit ausgesuchten und geschulten AssessorInnen sieht von außen Verbesserungspotenziale, die für Interne nicht mehr sichtbar sind. Auch geben AssessorInnen gerne Tipps für eine effiziente Umsetzung und können ihre Erfahrung aus anderen Unternehmen einfließen lassen.

4.2 Gender Diversity als Teil der Corporate Social Responsibility

Corporate Social Responsibility (CSR) steht für Nachhaltigkeit in der Unternehmensführung, die eine langfristige Wertschöpfung mit Umwelt und sozialen Faktoren verknüpft. An der Bedeutung von CSR zweifelt kaum noch eine Unterneh-

---

[42] Die Direktorin des Instituts für Frauenforschung und Gender-Studies an der Hochschule in Kiel, Prof. Dr. Welpe, beschreibt in dem Buch „Frauen sind besser, Männer auch" einige Situationen, die erst nach eingehender Analyse als Gender-Problem erkannt und dann auch gelöst werden konnten (Welpe, Welpe 2003, S. 126).

mensführung. In Deutschland und im internationalen Ausland gibt es viele CSR Foren und Tagungen. Häufig liegt der Fokus auf der Umwelt-Dimension oder dem sozialen humanitären Engagement (Corporate Citizenship).

Vertiefende Inhalte

ARBEITSHILFE
ONLINE

http://www.csrforum.eu

http://www.csr-in-deutschland.de

http://www.nachhaltigwirtschaften.net

Abbildung 8 verdeutlicht die Einbettung von CSR zwischen Corporate Governance und Corporate Citizenship und gibt einen Überblick über alle Bestandteile von CSR mit den drei Dimensionen Ökonomie, Umwelt und Soziales. Die soziale Dimension umfasst Diversity, MitarbeiterInnen-Verantwortung, Work-Life-Balance und lebenslanges Lernen, die für eine langfristige Wertschöpfung genauso wichtig sind wie Umweltmanagementsysteme oder Green-IT.

ARBEITSHILFE
ONLINE

Corporate Governance
Einhaltung des deutschen Corporate Governance Codex, Value Statement, Anti-Korruption

Corporate Social Responsibility
Ökonomische Dimension
Langfristige Wertschöpfung, Sicherstellung der Zahlungsfähigkeit, Sicherung der Marktanteile
Umwelt-Dimension
Umweltmanagementsystem, Abfallmanagement, Green-IT, Travelmanagement
Soziale Dimension
Diversity, Mitarbeiterverantwortung, Work-Life-Balance, Lebenslanges Lernen

Corporate Citizenship
Spenden, Sponsoring, Stiftungen, Kulturförderung, Bildungsprojekte, humanitäre Hilfe

Abb. 8: Einordnung von Gender Diversity in CSR

Zum Erfolg führen nur alle drei Dimensionen zusammen: Langfristige Wertschöpfung kann nur gelingen, wenn die Umwelt geschont wird und die Menschen in sozialem Frieden miteinander leben. Die fortschreitende Globalisierung der Geschäftsvorgänge zwingt zur Beschäftigung mit Diversity, um neue Märkte zu verstehen und zu erschließen. Auch die Schonung der Umwelt durch Produktion, Reisen oder Gütertransporte ist ein wesentlicher Bestandteil von CSR. Im Rahmen von allgemeiner Diversity kommt der Gender Diversity eine besondere Bedeutung zu: Mit ihr wird die Kundenorientierung zu Frauen und Männern und eine ganzheitliche Betrachtung der gesellschaftlichen Aspekte verbunden. In manchen Ländern gelingt nur über die Ansprache und Aktivierung von Frauen die Etablierung einer sozialen und ökonomischen Grundlage für Familien durch Ernährung und Bildung. Damit erst kann die Saat für ein friedlicheres Zusammenleben gelegt werden.

CSR macht keine konkreten Vorgaben für die Umsetzung der Ziele, legt aber die Verantwortung in die Hände der Unternehmensleitung.

ZWISCHENFAZIT

Bis hierher wurde erläutert, welche Rolle Gender Diversity für den Erfolg Ihres Unternehmens spielt, warum Gender Diversity für Unternehmen wichtig ist und welche Vorteile Unternehmen durch Gender Diversity haben. Es wurden die Grundzüge der Integration und Einführung von Gender Diversity vorgestellt und ausgeführt, welche inhaltlichen Aspekte in den Basispraktiken berücksichtigt werden.

Als Grundlage für die weiteren Schritte wurde das Gender Diversity-Unternehmensmodell nach ISO vorgestellt, das die Teilbereiche

- Gender Diversity-Management,
- Personalmanagement und
- operationelle Prozesse

berücksichtigt und differenziert.

Gender Diversity wird damit als ein Teil der Corporate Social Responsibility betrachtet, um für Unternehmen nachhaltiges Wachstum und Erfolg zu ermöglichen.

4.3 Bisherige Zertifikate zur Gender-Thematik in Unternehmen

Total E-Quality

Seit 1996 können Unternehmen das Zertifikat Total E-Quality erlangen. Der Entscheidung über die Verleihung des Zertifikats liegt eine Selbstauskunft mit Hilfe eines Fragenkatalogs zur Personalstrategie zugrunde. Die Kriterien für die Unternehmens-Bewertung entsprechen gemäß ihrer Historie dem Vorgehen der Frauenförderung. Das Zertifikat setzt zur Erreichung einer Gleichstellung auf die spezielle Förderung von Frauen und die Berücksichtigung der Lebensentwürfe von Frauen. Das Prädikat wird für drei Jahre verliehen, wenn die Personalstrategie über dem als selbstverständlich geltenden Level liegt. Es kann nur erneuert werden, wenn Verbesserungen erzielt wurden. Nach 15 Jahren erfolgreicher Zertifizierung wird ein spezieller Preis verliehen, der das langjährige Engagement auszeichnet.

ARBEITSHILFE ONLINE

Vertiefende Inhalte

www.total-e-quality.de

2011 waren 135 Unternehmen mit dem Total E-Quality-Zertifikat ausgezeichnet. Die Situation in Deutschland ist allerdings immer noch suboptimal, so dass insgesamt leider festgestellt werden muss, dass Total E-Quality nur geringfügige Verbesserungen bewirkt hat. Dies liegt nicht nur an den Kriterien, die nur Teilaspekte berücksichtigen, sondern auch an der Vergabestrategie des Zertifikats sowie dem politischen Umfeld, das kaum Anreize für Veränderungen setzt.

SIEgER

Seit 2011 gibt es ein weiteres Zertifikat, das vom bayerischen Staatsministerium für Arbeit und Sozialordnung, Familien und Frauen herausgegeben wird. Es heißt SIEgER und wird in Bayern in allen Regierungsbezirken ausgeschrieben. Jährlich zeichnet es das jeweils beste Unternehmen in Bezug auf Gender Diversity aus. Wie Total E-Quality arbeitet das Zertifikat SIEgER mit einem Kriterienkatalog im Hinblick auf die Personal- und Organisationsentwicklung. Die Kriterien stellen wichtige Fragen in Bezug auf Gender Diversity. Die Aussagekraft des Zertifikats ist allerdings schwach, da kein Mindeststandard definiert ist.

ARBEITSHILFE ONLINE

Vertiefende Inhalte

www.sieger-bayern.de

Vergleichende Übersicht über die Gender-spezifischen Zertifikate

Kriterienkataloge sind für die Bewertung der Gender-Fähigkeit von Unternehmen alleine nicht aussagekräftig. Die folgende Tabelle vergleicht die verschiedenen Bewertungsansätze von Total E-Quality und SIEgER mit dem in diesem Buch vorgestellten Ansatz GeDiCap nach den oben eingeführten Erfolgskriterien.

Grundsätze	GeDiCap	Total E-Quality	SIEgER
Interessen von Frauen und Männern berücksichtigen	Ja	Frauenförderung im Vordergrund	Ja
Unternehmen als Ganzes betrachten	Ja	Hauptsächlich: Personalmanagement, Organisationsentwicklung	Hauptsächlich: Personalmanagement, Organisationsentwicklung
Rollenstereotype adressieren	Ja	Nur indirekt	Verwendet Beispiele, die Rollenstereotypen entsprechen
Zielführende Steuerinstrumente klar benennen	Ja	Nur wenige im Personalwesen, wie Teilzeit, Kontakthalten zu MA während Elternzeit	Nur wenige im Personalwesen, wie Teilzeit, Kontakthalten zu MA während Elternzeit
Familienunterstützung ist nicht gleichzusetzen mit Gender Diversity	Ja, Gefahr der Gleichsetzung angesprochen	Indirekt ja, aber Familie und Teilzeit machen einen großen Teil aus	Indirekt ja, aber Familie und Teilzeit machen einen großen Teil aus
Effiziente Arbeitsprozesse als Basis für bewusstes Handeln	Ja	Nicht thematisiert	Nicht thematisiert
Betriebswirtschaftliche Wirksamkeit ist für Gender Diversity-Maßnahmen nachzuweisen	Ja	Nein, nur die Umsetzung der Maßnahmen soll kontrolliert werden	Nein, nur die Umsetzung der Maßnahmen soll kontrolliert werden
Unterscheidung Basispraktiken und Reifegrade	Ja	Nein, nur Selbstauskunft ohne Reifegrade	Nein, nur relative Aussage

Tab. 1: Vergleich der Bewertungsansätze von GeDiCap, Total E-Quality und SIEgER

4.4 Qualität, Technologie und Gender Diversity

Die Interdependenzen zwischen Qualität/Qualitätsmanagement, Technik im Sinne von neuen Technologien und Gender Diversity haben wir bereits mehrfach erwähnt. Betrachten wir diese nun genauer, ergibt sich ein überraschend enges Geflecht, das sogenannte „magisches Dreieck" aus wechselseitig positiven Impulsen, das die enge Verzahnung und die hohe Bedeutung einer systematischen Betrachtung unterstreicht.

4.4.1 Qualitätsmanagement und Technologie

Qualität ist eine Eigenschaft eines Produktes oder einer Dienstleistung, die durch Zufall entstehen kann, meist aber durch professionelles Handeln erzielt und reproduzierbar wird. Professionalität entwickelt sich aus Bildung und Erfahrung mit dem jeweiligen Handwerkszeug. Hinzu kommt eine Art Demut, die es einer Person oder einem Unternehmen ermöglicht, Erfahrungen und Wissen von anderen zu nutzen. In einer Ausbildung wird der Umgang mit dem benötigten Handwerkszeug wie auch mit Methoden, Basiswissen und Softskills gelehrt. Diese werden im Lauf der Zeit mit eigenen Erfahrungen während der Ausübung der Tätigkeit angereichert. Unsere Welt ist heute allerdings so komplex und speziell, dass ein Mensch allein nur noch selten in der Lage ist, alles zu wissen und zu können, was für die optimale Ausübung seiner Tätigkeit notwendig ist. In der Regel müssen wir auf die Erfahrung und Unterstützung von anderen zurückgreifen, um unseren KundInnen einen guten Service oder ein gutes Produkt bieten zu können.

Professionalität ist damit in der heutigen Zeit mehr denn je daran gekoppelt, sich stetig weiterzubilden, da Verfahren und Vorgehensweisen immer mehr vom technologischen Fortschritt bestimmt werden. Durch neue Technologien werden Sachverhalte besser vermittelbar (z. B. Computerdiagnostik in der Medizin), überschaubarer (z. B. Lagerbestandsverwaltung mit SAP) und durch globale Kommunikation weltumspannend. Diese Effekte auf die Arbeitsprozesse sollen hier unter dem Begriff „Vereinfachung" zusammengefasst werden. Ein Ende des technologischen Fortschritts ist nicht in Sicht und so werden sich unsere Rahmenbedingungen auch in der Zukunft verändern. Wer heute denkt, dass mit Flachbildschirmen, Smartphone, Facebook oder iPad alles einfach und komfortabel ist, wird staunen, was die Technik noch hervorzaubern wird.

Mit dem sogenanntem Qualitätsmanagement (QM) werden Arbeitsprozesse eingeführt, die genau betrachtet nur ein sinnvolles Handeln wiedergeben, um eine hohe Produkt- oder Dienstleistungsqualität erzeugen zu können. Um sich und anderen die Arbeit nicht unnötig schwer zu machen und ihre KundInnen zufrieden zu stellen, legen Unternehmen immer Wert auf eine sorgfältige Ausführung und die Wiederholbarkeit ihrer Arbeitsergebnisse. Sie dokumentieren ihre Arbeitsprozesse (in Textform oder auch in Videos) und setzen Kontrollwerkzeuge ein (Vereinfachung für das QM), um rasch zu erkennen, wenn durch sich ändernde Rahmenbedingungen Arbeitsweisen angepasst werden müssen.

ARBEITSHILFE ONLINE

DEFINITION Qualitätsmanagement/Qualität
Abgestimmte Tätigkeiten zum Leiten und Lenken einer Organisation bezüglich Qualität. Diese umfassen üblicherweise das Festlegen einer Qualitätspolitik und der Qualitätsziele, die Qualitätsplanung, die Qualitätssicherung und die Qualitätsverbesserung[43].

Qualität ist ein Grad, in dem ein Satz inhärenter Merkmale Anforderungen erfüllt[44].

Internet-basierte Kommunikationsplattformen beispielsweise führen zu einem vereinfachten und verbesserten Informationsfluss zwischen KundInnen und LieferantInnen. Über diese können die kritischen Kommunikationsabläufe, wie eine Angebotsabgabe oder Benachrichtigungen über aufgetretene Mängel, sichergestellt werden[45].

Diese Kontrollwerkzeuge tragen viele Daten zusammen, nehmen Korrelationen vor, können in Echtzeit den aktuellen Stand einer Produktion oder eines Unternehmens darstellen und tragen so zur Beschleunigung in der Arbeitswelt bei. Diese gilt nicht nur für die Produktion, sondern zunehmend auch für die Fachabteilungen wie Personalwesen, Recht oder Marketing. Mit einer geeigneten Datenbasis kann auf Knopfdruck festgestellt werden, welche Personalentwicklungsmaßnahme die gewünschten Ziele erreicht und welche nicht. Dies bietet eine beständige Möglichkeit sich zu verbessern, übt aber auch steten Druck aus, alle diese Kennzahlen stets zu prüfen. Die richtige Balance zwischen einem Zuviel an Daten und Kontrolle (Management) und einem zu lockeren Umgang damit lässt sich nur mit ausreichender Erfahrung finden.

---

[43] ISO 9000:2005

[44] ISO 9000:2005

[45] BMW setzt eine Plattform zur Steuerung und Verwaltung der Lieferfirmen ein (Catchpol 2006).

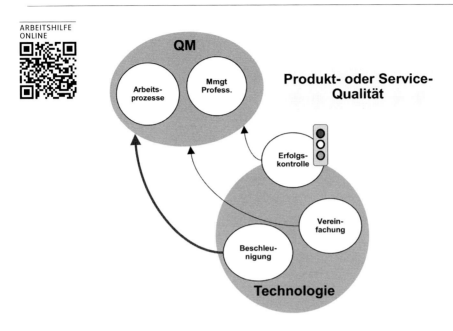

Abb. 9: Der Einfluss von (Arbeits-)Technologie auf QM

Abbildung 9 zeigt die Zusammenhänge zwischen Qualitätsmanagement (QM) und Technologie auf, die Kontrolle ermöglicht und über die Verdichtung zu einem ungesunden Zuviel an Qualitätsmaßnahmen führen kann. Ziel des QM ist und bleibt es, eine optimale Produkt- oder Dienstleistungsqualität zu gewährleisten. Dabei haben wir Qualitätsmanagement hier in zwei Bereiche aufgeteilt: Arbeitsprozesse und Management-Professionalität. Die Management-Professionalität unter dem Aspekt des QM beruht zwar ebenfalls auf der Ausführung von wohldefinierten und nachvollziehbaren Arbeitsprozessen. Allerdings ist die Bedeutung der Professionalisierung im Management gerade für Qualität und auch für Gender Diversity sehr hoch. Wir führen diese daher als separate Kategorie auf.

Qualitätsmanagement wird häufig als zusätzliche Aktivität verstanden und muss die Kosten, die damit verbunden sind, rechtfertigen. Über die verwendete Technologie (meist Software-Pakete für die Verwaltung von Arbeitsaufträgen, Dokumenten, Auftragsbeständen und Geldflüssen) lässt sich der Einsatz bestimmter QM-Maßnahmen überwachen und ihre Effektivität nachweisen. In Abbildung 9 ist diese zusätzliche Möglichkeit der Erfolgskontrolle bezüglich des Einsatzes von Technologie mit einer Ampel gekennzeichnet.

4.4.2 Gender Diversity und Qualitätsmanagement

In der Beziehung zwischen Qualität und Technologie scheint Gender Diversity auf den ersten Blick keine Rolle zu spielen. Technologien können von Frauen und Männern gleichermaßen genutzt werden, um Projekte oder Unternehmensteile zu steuern.

QM beinhaltet allerdings auch die Möglichkeit, Kreativität in Innovation zu verwandeln. Dazu werden Methoden wie Brainstormings oder andere Kreativitätstechniken eingesetzt. Die Ergebnisse werden dokumentiert und weiter verfolgt, bis Innovation in Form von neuen Produkten entsteht.

Diversity und speziell Gender Diversity nutzt die Fähigkeiten und Erfahrungen von unterschiedlichen Menschen und trägt zu einer erhöhten Kreativität bei. Bezogen auf die Gender-Dimension tragen insbesondere Aspekte der Marktorientierung durch die Einbeziehung beider Geschlechter und Offenheit, Toleranz und Respekt gegenüber der menschlichen Vielfalt zu einer wesentlich erhöhten Kreativität bei[46].

Wer die Bemühungen von QualitätsexpertInnen beobachtet oder eigene Erfahrungen damit hat, weiß, dass alle QM-Projekte stets auf sehr viel Widerstand und Gegenwind stoßen. Selbst mit Unterstützung durch das Management und runden Tischen, an denen alle Betroffenen mitwirken, um effiziente Prozesse zu erarbeiten, die Zeit und Aufwand sparen, ist keine reibungslose Einführung der neuen Methoden oder Prozesse gewährleistet. Teilweise dauert dieser Wandel so lange, dass es einer Blockade der Verbesserung gleich kommt. Dafür gibt es eine recht einfache Erklärung, die sich sowohl im Management als auch bei den MitarbeiterInnen widerspiegelt: Alle erklären, dass sie neue, effizientere Wege gehen wollen, aber sie verhalten sich nicht so.

Folgende Dynamik ist immer wieder feststellbar: Das Management scherzt über die 60-Stunden-Woche und setzt dabei unbeabsichtigt Maßstäbe für alle MitarbeiterInnen, die dem Verhalten des Managements nacheifern. Anwesenheitskultur und lange Arbeitstage gelten demnach als Garant für einen spannenden Managementalltag. Wer sollte da an einer Kanalisierung der Arbeit (Effizienz) interessiert sein? Wie lassen sich Überstunden rechtfertigen, wenn Kunden plötzlich wüssten, was sie wollen, und eilige Nachlieferungen überflüssig würden?

---

[46] Neue Studien aus Schweden und Norwegen belegen den Innovationsschub durch Gender Diversity bei Innovations-Agenturen (Thorslund 2011).

"IMPLEMENTING THESE CHANGES WON'T BE EASY. WE'RE PRETTY SET IN DOING THINGS THE WRONG WAY."

Abb. 10: Quelle: www.CartoonStock.com

Eine Reduzierung von Anwesenheit auf die notwendigen Zeiten[47] und die Einsicht, dass lange Arbeitszeiten eine Ursache von Fehlern sind, lässt sich erst durchsetzen, wenn ein neuer Sinn oder eine Faszination (ähnlich wie die scheinbar sehr spannenden langen Managementtage heute) für alle erkennbar wird. Diese Sinnstiftung kann von einer gesunden Work-Life-Balance ausgehen, die in der Regel von Frauen stärker eingefordert wird als von Männern.

---

[47] Dass es auch anders geht, zeigen erfolgreiche Unternehmen, die von Frauen geführt werden, z. B. die pm Familienservice gGmbH, die 1991 gegründet wurde und heute ca. 1300 MitarbeiterInnen beschäftigt. Die Unternehmensgründerin und Leiterin Gisela Erler betont, dass sie das Unternehmen mit einer im Normalfall regulären Arbeitszeit von ca. 40 Stunden gegründet und erfolgreich gemacht hat (Erler 2012).

Frauen und Männern fällt es gleichermaßen schwer, sich von der Arbeit abzugrenzen, wenn sie ihren Beruf als Berufung sehen und nicht an einem reinen Gelderwerb interessiert sind. Sobald jedoch familiäre Verpflichtungen hinzukommen (Versorgung von Kindern oder die Pflege von Angehörigen), können sich Frauen und zunehmend auch Männer sehr gut abgrenzen. Zahlreiche Initiativen mit dem Ziel familienfreundlicher Unternehmen haben inzwischen auch bei Vorgesetzten zu der Akzeptanz geführt, dass Erwerbsarbeit um Kindergartenschließzeiten oder Krankheiten herum organisierbar sein muss. Für die Umsetzung eines festen Arbeitszeitendes ist es notwendig, jede Form von Zwischenergebnis sauber ablegen und am nächsten Tag nahtlos daran anknüpfen zu können. Der Wunsch nach Vereinbarkeit von Beruf und Familie erfüllt somit die Kernprozesse von QM mit einem persönlichen Sinn und diese werden dann gerne als hilfreich angenommen. Anpassungen der Kernprozesse sind dann wesentlich leichter, weil die Betroffenen selbst ein Interesse haben, optimal ausgestattet und kein Engpass im Arbeitsprozess zu sein, für den Fall, dass sie selbst nicht anwesend sind oder kurzfristig ausfallen (z. B. bei Erkrankung von Kindern).

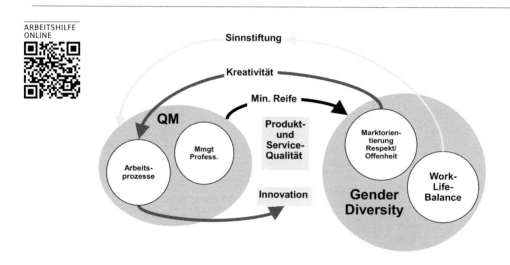

Abb. 11: Die Beziehungen zwischen Qualität/QM und Gender Diversity

Die Voraussetzung für gelingende Gender Diversity ist ein gewisser Reifegrad im Qualitätsmanagement von Arbeitsprozessen und Management (siehe dunkelster Pfeil Abbildung 11). Insbesondere die Beurteilung der Arbeitsleistung muss über klar definierte Kriterien gesteuert sein, damit sie Rollenstereotype vermeidet und zu einer gerechteren Beurteilung zwischen Frauen und Männern führt. Auch für eine positive Work-Life-Balance ist ein minimaler Reifegrad notwendig, damit Arbeit in geordneten Zeitrahmen verläuft. Wie Qualität bzw. das Qualitätsmanagement mit der Work-Life-Balance zusammenhängt, ist detailliert in Kapitel 7.1 beschrieben.

4.4.3 Gender Diversity und Technologie

Der Wandel der Arbeitswelt durch Technisierung der Kommunikation und dem erleichterten Zugriff auf Daten, Fakten und Wissen bringt neue Chancen, aber auch Risiken für das Berufs- und das Privatleben mit sich. Die Arbeitswelt rückt durch Remote Control[48] näher an das Privatleben heran. Sozialwissenschaftler sprechen hierbei von einer „Entgrenzung der Lebenswelten". Um Geschäftskontakte per E-Mail zu pflegen oder Überweisungen zu tätigen, muss heute niemand mehr seine Wohnung verlassen. Wir können vom Wohnzimmer aus mit KundInnen oder KollegInnen weltweit telefonieren oder Daten austauschen.

Dies kommt familienorientierten Menschen bei der Vereinbarkeit von Familie und Beruf zu Gute. Vor einigen Jahren noch war es hochaufwendig, während Dienstreisen mit zu Hause in Kontakt zu bleiben. Um sich etwa vom Hotelzimmer aus um die Hausaufgaben der Kinder zu kümmern, mussten viele Umstände (z. B. ein zweiter Satz Schulbücher) in Kauf genommen werden. Heute können Hausaufgabenblätter per PDF verschickt und Nachhilfe über Skype verwirklicht werden. Geschäftsvorgänge sind zudem häufig nicht mehr an einen Ort gebunden.

Diese erweiterten Möglichkeiten haben dazu geführt, dass anders über Arbeit nachgedacht wird und Firmenkulturen sich allmählich ändern. Wir unterscheiden zwischen einer Anwesenheitskultur und der Leistungskultur. In ersterem Falle sind insbesondere Menschen erfolgreich, die viel Zeit am Arbeitsplatz verbringen, während in einer Leistungskultur unabhängig vom Erbringungsort nur die Leistung und das Arbeitsergebnis zählt.

---

[48] Remote Control bezeichnet den Zugang von extern zu den Rechnernetzwerken des Unternehmens.

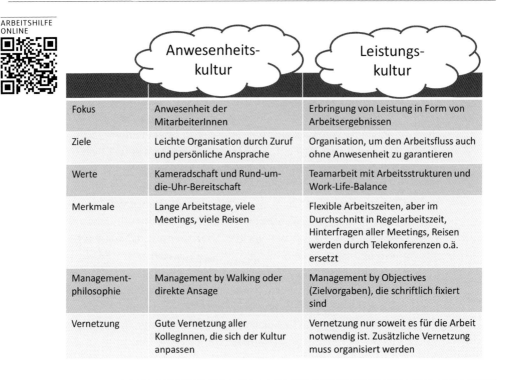

	Anwesenheitskultur	**Leistungskultur**
Fokus	Anwesenheit der MitarbeiterInnen	Erbringung von Leistung in Form von Arbeitsergebnissen
Ziele	Leichte Organisation durch Zuruf und persönliche Ansprache	Organisation, um den Arbeitsfluss auch ohne Anwesenheit zu garantieren
Werte	Kameradschaft und Rund-um-die-Uhr-Bereitschaft	Teamarbeit mit Arbeitsstrukturen und Work-Life-Balance
Merkmale	Lange Arbeitstage, viele Meetings, viele Reisen	Flexible Arbeitszeiten, aber im Durchschnitt in Regelarbeitszeit, Hinterfragen aller Meetings, Reisen werden durch Telekonferenzen o.ä. ersetzt
Managementphilosophie	Management by Walking oder direkte Ansage	Management by Objectives (Zielvorgaben), die schriftlich fixiert sind
Vernetzung	Gute Vernetzung aller KollegInnen, die sich der Kultur anpassen	Vernetzung nur soweit es für die Arbeit notwendig ist. Zusätzliche Vernetzung muss organisiert werden

Abb. 12: Wandel der Firmen- und Unternehmenskulturen

In der Realität treten beide Ansätze häufig in Mischformen auf. Wie mächtig dennoch die Anwesenheitskultur noch immer ist, zeigt die Tatsache, dass häufig nur ganztags arbeitende Menschen, die über die reguläre Arbeitszeit hinaus verfügbar und anwesend sind, Karriere machen. Es gilt häufig als selbstverständlich, dass Führungskräfte rund um die Uhr ansprechbar sind und viel Zeit sichtbar am Arbeitsplatz verbringen. In Zeiten der Globalisierung muss diese Bewertungspraxis in Frage gestellt werden. Im internationalen Kontext spielt die Sichtbarkeit keine Rolle bzw. bezieht sich auf eine andere Sichtbarkeit, nämlich die der Ergebnisse und des Arbeitsfortschritts. Im globalen Kontext ist es entscheidend, asynchron und ortsunabhängig arbeiten zu können, was familienorientierte Menschen schon seit langer Zeit praktizieren und häufig auch bevorzugen.

Für Vorgesetzte kann es durchaus attraktiv sein, in einem zeitlich befristeten Arbeitsverhältnis (z. B. während einer Teilzeitphase für die Kindererziehung) testen zu können, ob eine Person die Disziplin aufbringt, sich auch zu Hause auf die Arbeit zu konzentrieren. Wer zielorientiert denkt, kann von jedem Arbeitsort aus seine Ziele verfolgen und wird dies auch tun.

Insgesamt tritt eine Beschleunigung von Arbeitsprozessen und Ereignissen ein, mit der viele Menschen (noch) nicht gut umgehen können. Früher brauchten kurzfristige Ereignisse mehrere Tage, um wahrgenommen zu werden, während ihre Auswirkungen dann manchmal schon nicht mehr rückgängig zu machen waren. Heute sind solche Situationen sehr selten. Alle Daten eines Unternehmens sind jederzeit abrufbar und so werden auch geringfügige Ereignisse wahrgenommen, etwa wenn der berühmte „Sack Reis" in China umfällt. Wir haben die Möglichkeit zeitnah einzugreifen, was durchaus vor Schaden bewahren kann. Die Kehrseite davon ist, dass häufig ein Handlungsbedarf suggeriert wird, auch wenn der eigentliche Vorgang kaum Beachtung verdient oder sich meist durch andere Effekte von alleine nivelliert. Diese Effekte reichen mit den modernen Kommunikationsmitteln bis ins Privatleben hinein. Das private Leben liegt nicht im Verantwortungsbereich des Unternehmens, das Thema der Informationsflut und Beschleunigung und damit die Entgrenzung der Lebensbereiche sollte jedoch im Rahmen der Gesundheitsvorsorge und Fürsorgepflicht von Unternehmen adressiert und MitarbeiterInnen davor bewahrt werden[49].

Die intensivere Erfassung von Arbeitsvorgängen lässt Effekte von Gender Diversity-Maßnahmen ähnlich wie die des Qualitätsmanagements gut überwachen und ihr Erfolg oder Misserfolg lässt sich mit geeigneten Metriken nachweisen (Transparenz)[50].

---

[49] 2011 hat zum Beispiel die Deutsche Telekom ihre MitarbeiterInnen dazu aufgefordert, am Wochenende nur an private Dinge zu denken und Diensthandys oder -Laptops nicht zu benutzen.

[50] Die Schwierigkeiten und Grenzen von Metriken diskutieren wir in Kapitel 5.4.

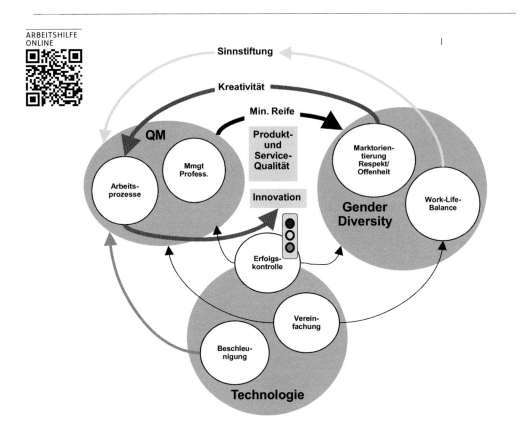

Abb. 13: Das Dreieck Qualität/QM – Technologie[51] – Gender Diversity

Qualitätsmanagement, Technologie und Gender Diversity stehen damit in einer engen und sich wechselseitig beeinflussenden Beziehung. Abbildung 13 zeigt, wie die drei Themen ineinander greifen. Verbesserte Kreativitäts- und Innovationsimpulse und Sinnstiftung sind die befruchtenden Elemente aus dem Bereich Gender Diversity, die sich positiv auf das Qualitätsmanagement auswirken. Sinnstiftung ist dabei deutlich als Gegenstück zur Beschleunigung durch Technologie zu erkennen. Voraussetzung ist dazu lediglich ein Mindestreifegrad des Unternehmens.

---

[51] Technologie bezeichnet hier Werkzeuge für die Arbeitsumgebung, z. B. Kommunikationsmedien (Internet, Mobilfunk, etc.), Arbeitsplattformen und Datenverwaltung/-analyse.

ZUSAMMENFASSUNG

Der erste Teil dieses Kapitels hat gezeigt, dass für die Etablierung von Gender Diversity nach dem GeDiCap-Ansatz nicht nur die Personalstrategie eines Unternehmens von Bedeutung ist, sondern vielmehr drei Bereiche des Unternehmensmodells im Fokus stehen: Gender-Diversity-Management, Personalmanagement und die operationellen Prozesse. Die hierzu erforderlichen Basispraktiken werden ausführlich in den Kapiteln 5 bis 7 dargestellt.

Der diesem Band zugrunde liegende GeDiCap-Ansatz zur Verwirklichung von Gender Diversity geht weit über die bisher bekannten Zertifikate Total-E-Quality und SIEgER hinaus und integriert die Notwendigkeit des wirtschaftlichen Erfolgs und die Management-Vorteile für Unternehmen. Er liefert standardisierte Bewertungsmaßstäbe, die über die klassischen Elemente von Assessment-Verfahren messbare und nachweisbare Erfolge ermöglichen.

Das „magische Dreieck" für den Unternehmenserfolg besteht dabei aus den Elementen

- Qualitätsmanagement,
- technologischer Fortschritt,
- Gender Diversity.

Diese drei Bereiche sind eng miteinander verknüpft und beeinflussen und befruchten sich wechselseitig. Gender Diversity liefert für Unternehmen positive Impulse im Bereich Sinnstiftung und Kreativität und bietet damit einen optimalen Gegenpol zur zunehmenden Beschleunigung der Arbeitsprozesse durch moderne Technologien. Dies erhöht die Mitarbeitermotivation und das Innovationspotenzial von Unternehmen und trägt zu einer positiven Unternehmens- und Firmenkultur bei. Voraussetzung für die erfolgreiche Einführung von Gender Diversity-Maßnahmen ist ein Mindest-Reifegrad von Unternehmen. Sowohl das Gender Diversity-Management als auch das Qualitätsmanagement unterliegen einer fortwährenden Erfolgskontrolle und sind damit direkter Bestandteil der Management-Professionalität eines Unternehmens.

5 Gender Diversity-Management

5	**Gender Diversity-Management**	**79**
5.1	Gender Diversity-Strategie festlegen	83
5.1.1	Definition der Basispraktik	83
5.1.2	Umsetzung	84
5.1.3	Besonderheiten in technischen Unternehmen	87
5.2	Gender-Kompetenz aufbauen	89
5.2.1	Definition der Basispraktik	89
5.2.2	Umsetzung	90
5.2.3	Besonderheiten in technischen Unternehmen	91
5.3	Abbau von Rollenstereotypen vorantreiben	95
5.3.1	Definition der Basispraktik	95
5.3.2	Umsetzung	95
5.3.3	Veränderbarkeit von Rollenverhalten	98
5.3.4	Auswirkung auf die Berufswahl	100
5.3.5	Besonderheiten in technischen Unternehmen	102
5.4	Klare Datenlage erstellen	105
5.4.1	Definition der Basispraktik	105
5.4.2	Umsetzung in konkrete Messkriterien	105
5.5	Regelmäßige Berichterstattung durchführen	109
5.5.1	Definition der Basispraktik	109
5.5.2	Berichtswesen	109
5.6	Frauennetzwerke unterstützen	111
5.6.1	Zweck	111
5.6.2	Definition der Basispraktik	111
5.6.3	Umsetzung	112
5.6.4	Besonderheiten in technischen Unternehmen	113
5.7	Offenheit und Querdenken erlauben	114
5.7.1	Definition der Basispraktik	115
5.7.2	Umsetzung	115
5.7.3	Besonderheiten in technischen Unternehmen	117
5.8	Change-Management durchführen	118
5.8.1	Definition der Basispraktik	118
5.8.2	Umsetzung	119
5.9	Klare Verantwortung festlegen	121
5.9.1	Definition der Basispraktik	121
5.9.2	Umsetzung	121

MANAGEMENT SUMMARY

Gender Diversity-Management ist einer von drei Teilbereichen der unternehmensrelevanten Prozesse und wird nun eingehend erläutert. Grundlage für die Einführung des Gender Diversity-Managements ist die Kenntnis der rechtlichen Rahmenbedingungen, die in Deutschland im Grundgesetz und dem AGG geregelt sind. Gender Diversity-Management wird zielgerichtet im Interesse des Unternehmenserfolgs eingesetzt.

Zur erfolgreichen Implementierung gehört die Wahrnehmung des Themas durch die Geschäftsführung, eine offene Arbeitskultur, die Wertschätzung und Anerkennung von Vielfalt und ein Mindestmaß an Gender-Know-how im gesamten Unternehmen.

Die folgenden Basispraktiken bilden die Einzelschritte zur Implementierung:

- Gender-Strategie festlegen,
- Kenntnis der Gender Diversity-Problematik erweitern,
- Abbau von Rollenstereotypen vorantreiben,
- klare Datenlage erstellen,
- regelmäßige Berichterstattung durchführen,
- Frauennetzwerke unterstützen,
- Offenheit und Querdenken erlauben,
- Change-Management durchführen,
- klare Verantwortung festlegen.

Das folgende Kapitel definiert diese Basispraktiken detailliert und gibt Anregungen zur Umsetzung. Fallstudien, Exkurse und Hinweise auf besondere Fallstricke helfen bei der Implementierung in die Praxis.

Mit Managing Diversity wird der Unterschied zwischen Menschen zu einem zentralen Punkt der Unternehmensstrategie. Dabei muss zwischen den real bestehenden Unterschieden und reinen Zuschreibungen (Rollenstereotypen) genau differenziert werden, um die vorhandenen Unterschiede zum Nutzen aller einzusetzen. Gender Diversity wird meist als ein Teilgebiet des Diversity-Managements verstanden, das auch als Managing Diversity bezeichnet wird.

DEFINITION Managing Diversity — MD

Managing Diversity entspricht dem Diversity Management-Ansatz, der Diversity vor allem unter wirtschaftlichen Aspekten betrachtet. In der Personal- und Organisationsentwicklung wird der Verschiedenheit der MitarbeiterInnen Rechnung getragen. Dies führt zu Kostenersparnissen durch proaktives Handeln gegenüber der Globalisierung, dem demographischen Wandel und der Orientierung auf vielseitige Kundengruppen[52].

---

[52] Tuchfeldt (2008)

Rechtliche Rahmenbedingungen

Unternehmen müssen zunächst den rechtlichen und historischen Rahmen kennen, der für Diversity gilt. In vielen Unternehmen in den USA wird Diversity-Management bereits seit 1990 umgesetzt, nicht zuletzt um sicherzustellen, dass die Vorschriften des Anti-Diskriminierungsgesetzes eingehalten werden. Mit den Equal Employment Opportunity (EEO) Gesetzen von 1964 wurde der Grundstein für das Umdenken in den USA über gleiche Rechte am Arbeitsplatz gelegt. Die Androhung von Geldstrafen im Falle einer Verurteilung wegen Diskriminierung hat viele Unternehmen dazu gebracht, sich ernsthaft und nachhaltig mit Diversity auseinanderzusetzen.

In Deutschland ist die Gleichberechtigung im Grundgesetz verankert und 2006 durch das Allgemeine Gleichbehandlungsgesetz (AGG) untermauert worden. Der positive Effekt, der in den USA erreicht wurde, konnte in Deutschland bislang nicht beobachtet werden. Die Notwendigkeit zur Veränderung wurde für die Unternehmen bislang nicht deutlich genug. Bei arbeitsrechtlichen Angelegenheiten werden in Deutschland nur in Ausnahmefällen Gerichte bemüht. Damit ist das Risiko, verklagt und verurteilt zu werden, relativ gering. Das Gesetz konnte sich damit nicht unmittelbar auf Unternehmen auswirken. Diese benötigen wirtschaftliche Anreize, um Veränderungen anzustoßen. Dieses Verhalten entspricht der weit verbreiteten, relativ kurz greifenden Logik, derzufolge Änderungen immer mit kurzfristigen Risiken und Unruhe verbunden sind und wirtschaftliche Anreize auch kurzfristig wirksam sein müssen.

Gender Diversity ist ein besonderes Teilgebiet von Diversity. Die Gründe, die Gender Diversity von den anderen Diversity-Dimensionen abhebt, wurden in Kapitel 3.2 bereits erläutert. Die Umsetzung von Gender Diversity in einem Unternehmen wird analog zum übergeordneten Diversity-Konzept mit einem Gender Diversity-Management erreicht. Die meisten Unternehmen ordnen Diversity als Kernaufgabe dem Personalmanagement zu. Dies ist zumeist nicht ausreichend.

ARBEITSHILFE
ONLINE

DEFINITION Gender Diversity-Management
Die Vielfalt durch Gender wird in Unternehmen zielgerichtet für den Unternehmenserfolg eingesetzt.

Gender Diversity-Management ist eine Aufgabe für das gesamte Unternehmen und verlangt nach einer Strategie, die für alle Bereiche des Unternehmens gültig ist und von der Geschäftsführung ausgeht. Das Personalmanagement ist ein wichtiger Bestandteil für Gender Diversity-Management und wird in Kapitel 6 ausführlich betrachtet. In Kapitel 7 beschreiben wir die Gender-Aspekte für alle Unternehmensprozesse im operativen Bereich, die zeigen, dass Gender Diversity im Unternehmen angekommen ist und nicht nur auf der Strategie-Ebene oder im Personalbereich Beachtung findet. Abbildung 14 verdeutlicht die einzelnen Schritte und Bereiche der Gender Diversity Management-Prozesse im Überblick anhand des ISO-Unternehmensmodells.

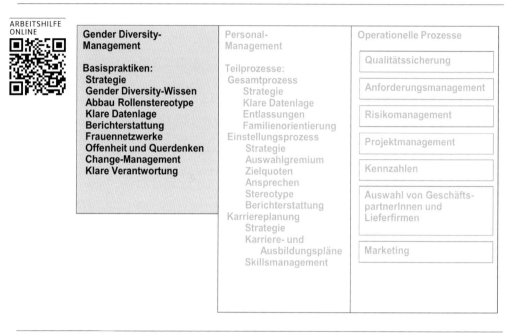

Abb. 14: Gender Diversity-Management im Unternehmenskontext

Was ist im Unternehmen zu beachten, wenn Gender Diversity-Management erfolgreich sein soll?

Es ist schwer eine Rangfolge der Erfolgsfaktoren zu bestimmen, da alle Bereiche für die Umsetzung erforderlich sind. Trotzdem gibt die Reihenfolge eine gewisse Priorität der Kriterien wieder:

- Die Verantwortung für Gender Diversity wird von der Geschäftsführung wahrgenommen.
- Ein Mindestmaß an Gender-Wissen muss im ganzen Unternehmen vorhanden sein und angewendet werden.
- Es muss eine offene Arbeitskultur vorherrschen, die Anderssein ermutigt und nicht ausgrenzt.

- Der Wert von Vielfalt (Diversity) muss erkannt und geprüft werden.
- Dem Management gelingt es, Gender Diversity nachhaltig zu implementieren.

Im Folgenden definieren wir die Basispraktiken für den Gender Diversity-Management-Prozess und erläutern die Umsetzung. Für technische Unternehmen werden jeweils gesonderte Hinweise gegeben, sofern dies sinnvoll ist.

ARBEITSHILFE
ONLINE

Vertiefende Inhalte

Eine Übersicht und Checkliste für die Einführung und Kontrolle der einzelnen Basispraktiken finden Sie als Zusatzmaterial auf unserer Website.

5.1 Gender Diversity-Strategie festlegen

Die Gender Diversity-Strategie wird schriftlich festgehalten und sorgt für die notwendige Transparenz. Sie zeigt auf, welche Ziele und Vorgehensweisen im Rahmen des Gender Diversity-Managements strategisch von der Unternehmensleitung verfolgt werden.

5.1.1 Definition der Basispraktik

Zunächst werden die Ziele und die Strategie für das Gender Diversity-Management, inklusive der Messmethoden für die effektive Umsetzung, definiert. Diese werden in den Firmenleitlinien verankert. Die Strategie kann Maßnahmen enthalten, die unternehmensintern oder auch in der umgebenden Gesellschaft zu Bewusstseins-änderungen bzgl. der Rollenstereotype führen, wie etwa ein Girls'/Boys' Day, Mädchen-Technik-Tage, Mentoring-Projekte.

! **ACHTUNG**

Es muss sichergestellt werden, dass Ressourcen in ausreichendem Maße zur Verfügung stehen, z. B. Gleichstellungsbeauftragte mit entsprechender Freistellung, eigene Diversity/Gender-Abteilung, geschulte Vertrauensleute oder ein Frauenbeirat.

5.1.2 **Umsetzung**

In einer Gender Diversity-Strategie müssen der Zweck von Gender Diversity-Management und die Ausprägung der in den folgenden Unterkapiteln genannten Basispraktiken festgelegt werden. Dazu gehört im Einzelnen:

- Ausbau der Kenntnis der Gender Diversity-Problematik (Kapitel 5.2): Dies kann mit einer generellen Aussage erfolgen oder mit einer Festschreibung für jede Stellenbeschreibung,
- Maßnahmen zum Abbau von Stereotypen (Kapitel 5.3),
- Aufbau und Pflege von Frauennetzwerken (Kapitel 5.6),
- Grad der zu erreichenden Offenheit und Förderung von QuerdenkerInnen (Kapitel 5.7),
- Regeln zum effizienten Einsatz von Change-Management (Kapitel 5.8),
- Bereitstellung von validen Daten für die Erfolgskontrolle (Kapitel 5.4),
- regelmäßiges Reporting zu den Stakeholdern (Kapitel 5.5),
- Festlegung einer klaren Verantwortung für Gender Diversity (Kapitel 5.9).

Maßnahmen, die im Rahmen des Personal-Managements stattfinden, werden in der Personalmanagement-Strategie beschrieben. Die Gender Diversity-Strategie muss einen Bezug zur Personalmanagement-Strategie (Kapitel 6.1) haben.

Um alle diese Punkte adressiert zu können, müssen für die Planung und Durchführung der Gender Diversity-Projekte ausreichend Ressourcen und Know-how im Bereich Gender Diversity zur Verfügung stehen. Je nach Größe des Unternehmens muss eine geeignete Organisationsform festgelegt und beschrieben werden. Folgende Organisationsformen werden üblicherweise eingesetzt und können auch als Mischformen vorliegen:

- eigene Abteilung für Diversity inkl. Gender Diversity,
- die Personalabteilung übernimmt das Gender Diversity-Management,
- Berufung einer/eines Gleichstellungsbeauftragten,
- Verantwortung für Gender Diversity wird bestimmten Führungskräften zugeordnet.

In der Strategie sollten die Maßnahmen für Gender Diversity explizit genannt und erläutert werden. Falls z. B. ein Girls' oder ein Girls'/Boys' Day durchgeführt wird, sollte geklärt sein, welche kurzfristigen und langfristigen Ziele damit erreicht werden sollen.

Zu den bekanntesten und meist genutzten Maßnahmen gehören:

- Mädchen-Technik-Tage, die von vielen technischen Unternehmen oder Forschungsinstituten durchgeführt werden, um Mädchen für technische Berufe zu begeistern.
- Girls'-Day, der international an jedem dritten Donnerstag im April stattfindet. In den USA gibt es den Tag als Take-Our-Daughters-To-Work-Day, nach dem Konzept der Ms. Foundation for Women seit 1992. Seit 2001 wird der Tag von dem Kompetenzzentrum Technik, Diversity und Gleichstellung in Deutschland organisiert. Er wird häufig auch als Mädchen-Technik-Tag durchgeführt.
- Boys' Day, der am gleichen Tag wie der Girls' Day stattfindet, aber das Ziel hat, Jungen an soziale Berufe und Berufe, in denen Männer unterrepräsentiert sind, heranzuführen.
- Mentoring beschreibt ein Konzept, mit dem erfahrene Fachleute oder ManagerInnen (Mentoren) NeueinsteigerInnen (Mentees) den Einstieg erleichtern sollen oder bei der Klärung helfen sollen, ob ein bestimmter Beruf oder Karriereschritt für einen persönlich erstrebenswert ist. Mehr oder weniger organisiert werden dazu Tandems von MentorInnen und Mentees gebildet, die sich regelmäßig treffen oder auch an Workshops/Trainings zum Thema Führung oder Arbeitsgestaltung teilnehmen.
- Women History Month, der international jeden März begangen wird. Mit verschiedenen Projekten soll der Mangel an Vorbildern für Frauen generell und in typischen Männerberufen abgemildert werden. Die Geschichtsschreibung weist leider auch nach einigen Jahren der Frauenbewegung immer noch Lücken bzgl. der Leistungen von Frauen auf.

Vertiefende Inhalte

http://www.girls-day.de/

http://www.boys-day.de/

Beispiele für erfolgreiche Mentoring-Programme:

www.buecherfrauen.de/index.php?id=17

http://www.crossmentoring-nuernberg.de

http://www.crossconsult.biz/programme/crossmentoringmuenchen.html

Ausführliche Darstellung der Vorteile von Mentoringprogrammen:

http://soroptimist.de/uploads/media/SI-Mentoring_2012.pdf

▶ **BEISPIEL Fallstudie Daimler AG**

Die Daimler AG gehört zu den Unternehmen, die eine eigene Abteilung (Global Diversity Office — GDO) für das Diversity-Management eingeführt haben. Die Gender-Dimension war im Jahr 2005 der Ausgangspunkt für das Diversity-Management des GDO, das seitdem um weitere Dimensionen ergänzt wurde.

Der Businessplan für Gender berücksichtigt die steigende Zahl von Frauen im Ingenieurstudium und als Käuferinnen von Neuwagen. Daraus wurden folgende Ziele für das Unternehmen abgeleitet:

- Bis 2010 will Daimler zur Spitze der Automobilunternehmen für Diversity-Management in Deutschland gehören.
- Bis 2020 sollen 20 % Frauen in Führungspositionen sein.

Die Projekte und Maßnahmen, die dafür initiiert wurden, reichen von Diversity-Workshops, -Reports, -Öffentlichkeitsarbeit bis hin zu konkreten Vorgaben für Frauen in Führungspositionen (siehe Abbildung 15).

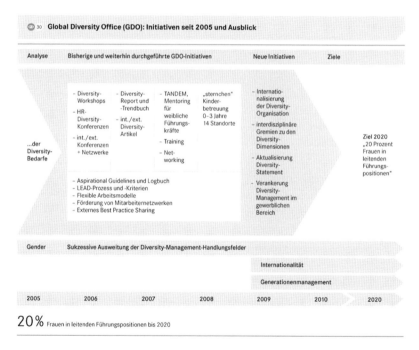

Abb. 15: Diversity-Strategie der Daimler AG, seit 2005 (Daimler 2010)

Sehr vorbildlich ist bei Daimler die Transparenz der Ausgangsdaten, der Ziele, der Maßnahmen sowie deren Umsetzung. Auf einer öffentlichen Internetseite können die Ziele, die aktuellen Zahlen, wie z. B. die Anzahl der Frauen im Konzern, eingesehen werden.

ARBEITSHILFE ONLINE

Vertiefende Inhalte

In den Arbeitshilfen Online zu diesem Band finden Sie die Diversity-Broschüre der Daimler AG als Beispiel.

5.1.3 Besonderheiten in technischen Unternehmen

In Unternehmen der Technikbranchen ist der Frauenanteil auf allen Fach- und Führungsebenen sehr gering. Bei der Suche nach geeigneten Gender Diversity-ExpertInnen im Unternehmen oder ManagerInnen, die sich des Themas annehmen, darf keinesfalls davon ausgegangen werden, dass nur Frauen Gender Diversity vertreten oder umsetzen können. Gender Diversity-Maßnahmen sind keine Angelegenheit für Frauen und können/sollen auch von Männern wahrgenommen werden. Immer mehr Männer engagieren sich freiwillig in Förderprojekten wie dem Girls' Day. Vor allem Väter von Töchtern stehen dem Thema aufgeschlossen gegenüber.

Das biologische Geschlecht alleine zeugt noch nicht von Kompetenz und Eignung für das Thema. Nur weil eine Frau eine Frau ist, weiß sie noch nicht, welche Maßnahmen den (wenigen) Frauen im Unternehmen helfen könnten. Auch Männer können meist ohne Wissen über Stereotype und gesellschaftliche Prägung ihre eigenen blinden Flecken nicht überwinden. Unabhängig vom Geschlecht der Menschen, die für Gender Diversity verantwortlich sind, muss das Gender-Wissen erlernt oder nachgewiesen werden.

In manchen Gender Diversity-Trainings ist eine Mindestbeteiligung von Frauen für den Lernerfolg notwendig. Falls in Ihrem Unternehmen der Frauenanteil zu gering ist, können diese gefragt werden, ob sie ggf. mehrfach an dem Training teilnehmen. Alternativ führt man das Training in Zusammenarbeit mit anderen Unternehmen durch. Dies verlangt allerdings ein anderes Konzept als in internen Schulungen.

BESONDERE Fallstricke

Die Gender Diversity-Strategie muss in Theorie und Praxis des Unternehmens eindeutig erkennbar sein. Ein Verweis auf eine allgemeine Diversity-Strategie, die nicht speziell auf Gender-Fragen eingeht, wird der speziellen Gruppierung Frauen-Männer in der Gesellschaft nicht gerecht (siehe auch Kapitel 3.2).
Im Gender Diversity-Bereich sind alle Maßnahmen, die keine ausreichende Unterstützung vom Management erhalten, zum Scheitern verurteilt. Auf Dauer können Verhaltensweisen, die keine Wertschätzung durch das Management erhalten, nicht gelebt werden. Indizien für eine fehlende Unterstützung vom Management sind:

- mangelnde Teilnahme an Steuerkreissitzungen zum Thema Gender Diversity,
- mangelnde Erwähnung von Gender Diversity in MitarbeiterInnen-Versammlungen,
- fehlende Konsequenzen bei Nicht-Erreichung der Gender Diversity-Ziele,
- fehlende Ableitung der Gender Diversity-Ziele von den Geschäftszielen (Kapitel 5.4).

Die Gender Diversity-Strategie muss vom Vorstand oder der Geschäftsführung unterschrieben sein.

EXKURS: Integrierte Unternehmensstrategie

Viele Unternehmen haben die Relevanz von Umwelt- und Sozialaspekten für den Unternehmenserfolg verstanden und spezielle Strategien für Umwelt, Diversity und langfristigen ökonomischen Erfolg entwickelt. Diese Strategien werden häufig als Corporate Social Responsibility (CSR) Strategien bezeichnet (Kapitel 4.2). Meist existieren neben der allgemeinen Geschäftsstrategie weitere Strategiepapiere, die sich zwar aufeinander beziehen, aber nicht wirklich integriert sind. Die Trennung der CSR-Aspekte von der Gesamtstrategie des Unternehmens führt dazu, dass die Zusammenhänge zwischen Unternehmenserfolg und Nachhaltigkeit nicht sichtbar sind.

Als bedeutenden Schritt in die richtige Richtung kann die 2010 erfolgte Gründung des International Integrated Reporting Committees (IIRC) angesehen werden, das die Berichterstattung für Nachhaltigkeit-Performance strukturiert und vergleichbar machen soll. Als Grundlage für das Integrated Reporting ist eine integrierte Strategie notwendig, die den Zusammenhang der Nachhaltigkeits-Strategie mit der Gesamtstrategie, also allen Überlegungen zu Markt, Kunden und Finanzen, darstellt (IIRC 2011).

Auch wenn in den Überlegungen zum integrierten Reporting die Gender Diversity-Performance nicht explizit genannt wird, so sind die Ideen für die ganzheitliche und zukunftsorientierte Darstellung mit Bezug auf die finanziellen Daten auch für die Gender Diversity dringend zu empfehlen.

ARBEITSHILFE ONLINE

Vertiefende Inhalte

www.theiirc.org

5.2   Gender-Kompetenz aufbauen

Während die Unterschiede zwischen einzelnen Kulturen oder den Interessen von alten und jungen Menschen als Thema des Personalmanagements zumeist anerkannt sind, wird die Notwendigkeit, sich um Gender Diversity zu kümmern, häufig nicht gesehen. Vielfach wird Gender Diversity mit Frauenförderung verwechselt oder man geht davon aus, dass die Gleichberechtigung von Mann und Frau in Deutschland bereits hinreichend umgesetzt ist. Die weit verbreiteten Stereotype (Kapitel 3.3) tragen zu diesem Irrtum bei und lassen häufig nicht zu, die Themen und Hindernisse für Gender Diversity zu erkennen. Schulungen und Initiativen zur Steigerung der Gender-Kompetenz müssen deshalb bei der Beseitigung der „blinden Flecken" helfen.

ARBEITSHILFE
ONLINE

DEFINITION Gender-Kompetenz

Gender-Kompetenz ist die Fähigkeit, zu verstehen, wie die soziale Kategorie Geschlecht (Gender) gesellschaftliche Verhältnisse organisiert — Körper, Subjektivität und Beziehungsformen, aber auch Wissen, Institutionen sowie Organisationsweisen und Prozesse[53].

5.2.1   Definition der Basispraktik

Gesellschaftliche Rollenstereotype und ihre Nachteile für das Unternehmen sowie die unterschiedlichen Herangehensweisen von Frauen und Männern sind im Management bekannt und werden regelmäßig mit Trainings bewusst gemacht. Mögliche Inhalte der Trainings sind z. B. unterschiedliches Kommunikationsverhalten, Bewertung von unterschiedlichem Verhalten, Rollenstereotype erkennen und aufheben uvm. Bei den Trainings wird zwischen reiner Wissensvermittlung und psychologischen Awareness-Trainings unterschieden.

!   **ACHTUNG**

Gender Diversity Trainings müssen immer top-down, d. h. beginnend mit dem höchsten Management, durchgeführt werden oder vom Top-Management ausgehen.

---

[53]   Gender-Kompetenzzentrum (2011)

5.2.2 Umsetzung

Die Problematik von Gender Diversity ist schwer zu verstehen, weil sich die meisten Menschen mit dem Status Quo arrangiert haben und der Handlungsbedarf nicht erkannt wird. Die Rollensteoreotype für Frauen und Männer erlernen wir von klein auf. Wir neigen dazu, die Aufteilung der gesellschaftlichen Rollen zwischen Frauen und Männern als natürlich anzusehen (Kapitel 3.4.1). Der Versuch, diese Stereotype in Frage zu stellen, wird von vielen als Angriff auf die bisherigen Lebensentwürfe verstandenen, die in der Folge erbittert verteidigt werden. Allein die Diskussion über Frauenförderung ruft häufig starke Emotionen hervor, die nur durch diese Verteidigungshaltung erklärbar sind. Sachlichkeit ist in der Diskussion und der Umsetzung deshalb dringend notwendig und muss durch adäquate Maßnahmen sichergestellt werden. Die Unternehmensleitung muss wie bei allen Veränderungsprozessen deutlich erkennbar Stellung beziehen und die wirtschaftlichen und gesellschaftlichen Vorteile betonen.

Das Ausmaß der blinden Flecken im Wissen um die Gender Diversity-Problematik lässt sich an der Hartnäckigkeit der Rollensteoreotype ablesen (ausführlich dazu Kapitel 5.3). Folgende Themen müssen in der Geschäftsführung bekannt sein und dann top-down allen MitarbeiterInnen nahegebracht werden:

- Rollensteoreotype über Frauen und Männer,
- Berufsstereotype,
- Entstehung von Stereotypen/Klischees und ihre Aufrechterhaltung durch Sprache und Bilder,
- Möglichkeiten Stereotype zu vermeiden,
- Vorteile von gemischten Teams für Frauen und Männer,
- Vorteile für die Kundenbeziehung und Produktqualität durch Gender Diversity,
- das fehlende Selbstverständnis der Frauen als Gruppe,
- unterschiedliche Herangehensweisen von Frauen und Männern,
- unterschiedliche Sprache von Frauen und Männern,
- das Stereotyp der Macht und Führung.

Schulungen zu diesen Themen sind in verschiedener Ausprägung regelmäßig aufzufrischen oder zu ergänzen, da sich Änderungen nur langsam vollziehen und neue Verhaltensmuster stetig eingeübt werden müssen. Sofern dem Thema nicht genügend Raum eingeräumt wird, geht es rasch im Geschäftsalltag wieder unter. Um reine Wiederholungen zu vermeiden, könnte z. B., nachdem die allgemeinen Rollensteoreotype von Frauen und Männern geschult wurden, in einem nächsten Schritt auf die Situation von Frauen und Männern in anderen Kulturen eingegangen werden.

! ACHTUNG

Ein Erkenntnisgewinn muss nicht immer über teure Schulungsanbieter erfolgen. Manchmal können auch preiswertere Methoden eingesetzt werden. So kann z. B. der Film „Blue eyed"[54] einmal im Jahr geschaut werden. Der Film zeigt eindrucksvoll, wie sich innerhalb kürzester Zeit eine Situation voller Vorurteile und Misstrauen erzeugen lässt, in dem Diskriminierung fast zwangsläufig vorkommt. Der Trainerin gelingt es, bei Kindern und bei Erwachsenen durch Wortwahl, Körpersprache und Gestik ein Gefühl der Minderwertigkeit zu erzeugen, das nur auf einem äußeren Merkmal beruht, auf der Farbe der Augen. Innerhalb eines Tages werden aus engagierten ManagerInnen ängstliche und scheinbar inkompetente Menschen. Der Bezug zu Sexismus gegenüber Frauen und Männern wird im Film nur an einer Stelle hergestellt, was den Vorteil hat, die Mechanismen der Diskriminierung mit etwas Abstand zur eigenen Betroffenheit studieren zu können.

ARBEITSHILFE
ONLINE

Vertiefende Inhalte

http://www.denkmal-film.com/abstracts/BlueEyedInh.html

Um nachhaltig zu Verhaltensänderungen zu kommen, müssen spezielle Kurse oder Coachings unter der Leitung erfahrener PsychologInnen oder TherapeutInnen angeboten werden. Wieso diese relativ hohe Investition nötig sein kann, ist ausführlich im nachfolgenden Exkurs beschrieben.

5.2.3 Besonderheiten in technischen Unternehmen

Für Unternehmen der Technikbranchen ist es sehr wichtig zu verstehen, welche unterschiedlichen Herangehensweisen Frauen und Männer zur Technik haben und wie dies im Unternehmen gewinnbringend eingesetzt werden kann. Verkürzt kann gesagt werden, dass Männer einen eher spielerischen Umgang mit Technik pflegen, während Frauen lieber gut ausgebildet an neue Technik herangehen und lieber anwendungsbezogen arbeiten. In verschiedenen Studien wurde belegt, dass die verschiedenen Herangehensweisen nichts mit Vorurteilen zu tun haben. Allerdings liegt der Verdacht nahe, dass die Gründe für das unterschiedliche Verhalten in der Sozialisation von Frauen und Männern zu suchen sind.

---

[54] Denkmal-Film aus dem Jahr 1996

Rollenstereotype und eine klischeehafte Wahrnehmung von Technikberufen führt in Unternehmen zu fehlenden Nachwuchskräften aus den Hochschulen und auch in den Ausbildungsberufen. Dies gilt vor allem für Frauen. Aber auch für viele Männer ist der Ingenieurs- oder Technikerberuf wegen seiner Familienfeindlichkeit häufig nicht mehr die erste Wahl[55]. In innovativen technischen Unternehmen ist Aus- und Weiterbildung ein wichtiger und anerkannter Baustein der Personalpolitik. Für die Schulung von sogenannten „weichen" Faktoren wird in der Regel nicht so viel Budget bereitgestellt, das zudem bei Sparmaßnahmen als erstes gekürzt wird. Gender-Kompetenz ist allerdings gerade in schwierigen Situationen wichtig, da sonst auf tradierte Rollenmuster zurückgegriffen wird, die das Unternehmen in den Bemühungen um mehr Gender-Gerechtigkeit weit zurückwerfen (Kapitel 6.3) und potenzielle Lösungswege aus der Krise nicht erkannt werden können.[56]

BESONDERE Fallstricke

Der Erfolg von Schulungen und Trainings ist im Allgemeinen nicht einfach nachzuweisen. Als Grundlage für die Erfolgskontrolle muss der Besuch der Schulungen und Initiativen dokumentiert werden. Es ist schwierig, geeignete Metriken zu finden, die eine Änderung der Haltung oder der persönlichen Werte belegen können. In der Regel kann nur mit Indizien gearbeitet werden. Mögliche Indizien für einen Lernerfolg sind:

- Beteiligung an weiteren Gender Diversity-Aktivitäten,
- aktive Teilnahme, die durch die/den TrainerIn bestätigt wird oder
- das Bestehen einer Abschlussprüfung nach dem Training.

Psychologische Awareness-Trainings sind für den Einstieg am ehesten geeignet, da das Wissen über die unterschiedliche Herangehensweise von Männern und Frauen rein intellektuell zumeist vorhanden ist, neue Verhaltensmuster aber erst erlernt werden müssen. Die tatsächlichen Auswirkungen auf Frauen und Männer durch unreflektiertes Handeln sollten erlebbar gemacht und neue Verhaltensweisen sollten ausprobiert werden. Nur so wird Nachhaltigkeit für Gender Diversity erreicht.

EXKURS: Erfahrungen mit psychologischen Trainings

„Ich werde die beiden Kurse ‚Frauen und Männer am Arbeitsplatz' nie vergessen. Es mussten gleich viele Frauen und Männer teilnehmen, deswegen habe ich den Kurs zweimal belegt. Im ersten Kurs hat mich am meisten beeindruckt, dass die tiefen Narben von Diskriminierung in der Gruppe erlebbar wurden. Ein amerikanischer Manager berichtete den Tränen nahe von seinen Erfahrungen

---

[55]   Auf die Problematik der Rollenstereotype und Klischees von Berufsfeldern gehen wir in Kapitel 5.3.5 näher ein.

[56]   In Kapitel 9.1 wird ausführlich erläutert, wie mit Gender-Wissen neue Wege möglich werden.

als Texaner[57] im Norden der USA. Eine deutsche Managerin berichtete von den schmerzhaften Erfahrungen mit Kollegen, die ihr als werdende Mutter rieten, doch über eine Abtreibung nachzudenken, damit sie ihre Karriere nicht gefährdet. Der zweite Kurs war leider nicht so erfolgreich. Die TeilnehmerInnen hatten sich nicht auf die Gefühlsebene begeben und so wurde nur auf der Sachebene diskutiert und es entstand eine Irritation über den Sinn des Kurses."

Exkurs: Hintergrund für Seminare zu Verhaltensänderungen

Seminarinhalte können frontal oder durch die Verwendung verschiedener Arbeitsmaterialien erfolgreich sein. Das sieht anders aus, wenn Inhalt und Ziel der Maßnahme eine Verhaltensänderung, ein Einbeziehen der individuellen persönlichen Haltung ist. So ist bei Führungskräfteentwicklungsmaßnahmen, aber auch in Coachings und Kulturentwicklungsmaßnahmen der individuelle Mensch als Träger von persönlicher Haltung und Multiplikator von Kultur von entscheidender Bedeutung. Bildlich ausgedrückt heißt das:

Wir vermitteln die Sprache – die zentrale Aufgabe ist es jedoch, in einem zweiten Schritt jeden Teilnehmenden bei der Suche und dem Einüben seines individuellen Dialekts dieser Sprache zu begleiten. Hierbei sind die individuellen Sammlungen von Erfahrungen, von Talenten und Ambitionen, vom Lebensgefühl und von den Lebensstilen des Milieus, in dem man aufgewachsen ist, Vorbildern und ggf. innerlichen Aufträgen dieser Vorbilder, aber auch persönlichen Erfolgen und Misserfolgen verbunden mit der Wesensart dieser Menschen durch prägende Lebenserfahrungen, die oftmals in Schlüsselerlebnissen und inneren Bildern wirksam und handlungsleitend werden.

Dies lässt sich am Beispiel von der Entwicklung von Führungskräften beschreiben:

Das Entwickeln und Ausbilden des individuellen Führungsverständnisses ist vor dem Hintergrund der persönlichen Führungserfahrung zu betrachten – und diese begann oftmals mit der Hand, die gereicht wurde auf dem Weg in den Kindergarten. Weiterführende Erfahrungen in Familie, Schule, Sportvereinen, Kirche und Ausbildung und berufliche Erfahrungen mit Vorgesetzten bilden den Hintergrund, vor dem wir unser persönliches Führungsverhalten ausbilden.

---

[57] Texaner gelten in den anderen Bundesstaaten der USA als dumm und arrogant. Einige Witze über Texaner können auf der Webseite Jokes4us.com nachgelesen werden: http://www.jokes4us.com/miscellaneousjokes/worldjokes/texasjokes.html

Hierbei kommt es oftmals zur direkten oder indirekten Fortsetzung der bekannten Verhaltensweisen. Direkt bedeutet hier die Wiederholung und Fortführung der erlebten Verhaltensweisen, weil sie als wirksam und erfolgreich und in diesem Sinne nachahmenswert erlebt wurden. Indirekt besagt an dieser Stelle, es gegensätzlich zu den Erfahrungen zu praktizieren. Hier ist der Grund oftmals die Unwirksamkeit bzw. persönliche Ablehnung der Führungspersonen/des Führungsverhaltens der Vergangenheit – dies zeigt sich besonders häufig, wenn diese sich durch direktives und autoritäres Führungsverhalten ausgezeichnet haben. Daher ist es Aufgabe wirksamer Entwicklungsmaßnahmen, den individuellen Hintergrund in die Lernsituation mit einzubeziehen und in diesem Sinne Klarheit und Transparenz der eigenen Handlungsmuster zu erreichen. Die Folge ist nicht automatisch eine grundlegend andere Entscheidung, sondern das bewusste Wahrnehmen der Wahlmöglichkeit zwischen mehreren Entscheidungs- und Handlungsoptionen. In diesem Sinne werden die persönliche Steuerung und das Schaffen von Transparenz gefördert.

Im Rahmen von Kulturentwicklung wird am Beispiel von Unternehmenszusammenführungen nach Übernahmen oftmals deutlich, was Menschen benötigen, um sich auf ein gemeinsames neues Ziel ausrichten zu können. Oftmals lässt sich – auch Jahre nach Übernahmen – in Meetings und Arbeitsprozessen die Grundhaltung des ‚so haben WIR das schon immer gemacht – egal wie IHR das gemacht habt!‘ feststellen – ja auch wörtlich zu hören sein.

Das Entwickeln eines gemeinsamen neuen WIR-Verständnis auf der Basis der jeweiligen positiven Erfahrungen und eines bewussten Entscheidungsprozesses, verbunden mit der Würdigung der unterschiedlichen Erfahrungshintergründe, führt zur Akzeptanz und zum Tragen des Konstrukts von Gegenwart und Zukunft. Findet dieser Prozess nicht statt, so folgt ein Verharren auf dem angestammten Feldherrnhügel. Eine Führungskraft formulierte diese Empfindungen einmal als das Gebaren der Eroberer (das Unternehmen, das übernommen hat) und das derer der ‚in die Knechtschaft Geführten‘.

Beim Ansatz von Mixed Leadership – gleichrangiges Wirken von männlichen und weiblichen Führungskräften – tritt neben den o. g. Prägungen und Erfahrungshintergründen zusätzlich das geschlechtsspezifische Rollenverständnis auf. Auch hierbei ist ein Einbeziehen von Herkunft und individueller Geschichte ein guter Schritt zum Verstehen und Klären der eigenen Rolle und somit der erste Schritt zu einer gelungenen Wechselwirkung von Mann und Frau in Führung.

Uwe Lockenvitz (Jg. 1964) ist systemischer Organisationsberater und Coach.

5.3 Abbau von Rollenstereotypen vorantreiben

Mit dem Abbau der Rollenstereotype soll es Männern und Frauen erlaubt werden, ihre eigenen Stärken zu entwickeln und ihre Individualität nicht mehr hinter Rollenstereotypen verschwinden zu lassen (Abbildung 2: Die gesellschaftliche Brille). Das Unternehmen dient dabei als Keimzelle für den Aufbau moderner Leitbilder für Frauen und Männer in der Gesellschaft, um die Fähigkeiten aller für das Unternehmen erschließen zu können.

5.3.1 Definition der Basispraktik

In allen Texten, die im Unternehmen verfasst werden, und in den gesprochenen Worten werden weibliche und männliche Formen der Anrede und Personenbezeichnung verwendet, damit die Sichtbarkeit von Frauen in den verschiedenen Rollen und Positionen erhöht wird und Rollenstereotype abgebaut werden. Gesellschaftliche Rollenstereotype werden aktiv verändert. Bilder und Texte des Unternehmens (in Fluren, Newsletter, etc.) enthalten zukunftsfähige und nachhaltige Gesellschaftsbilder, die die verschiedenen Rollen und Positionen von Frauen und Männern verdeutlichen, aber auch ggf. deren Austauschbarkeit.

5.3.2 Umsetzung

Rollenstereotype sind der Haupthinderungsgrund für die Geschlechtergerechtigkeit zwischen Frauen und Männern. Stereotype sind ein gebräuchliches Mittel, um das Leben zu vereinfachen und tragen somit zur Reduktion der Komplexität bei. Für viele Lebensbereiche ist dies tatsächlich hilfreich. Für die Zusammenarbeit von Frauen und Männern am Arbeitsplatz sind Rollenstereotype eine starke Belastung, da häufig weder Frauen noch Männer ihren Neigungen entsprechend eingesetzt und anerkannt werden können. Frauen werden so von als „männlich" angesehenen Berufen wie Busfahrer, Ingenieur oder Manager ferngehalten und Männer von den als „weiblich" angesehenen Berufen wie Krankenschwester, Pädagogin und Psychotherapeutin.

Einige typische Vorurteile gegenüber Frauen und Männern seien hier stellvertretend aufgelistet[58]:

- Frauen sind gefühlsbetonter als Männer,
- Frauen haben eine höhere emotionale Intelligenz,

---

[58] Die Stereotype bzgl. Technik und Macht behandeln wir gesondert in den Kapiteln 5.3.5 und 6.3.1.3

- Männer sind durchsetzungsstärker als Frauen,
- Männer sind körperlich belastbarer als Frauen,
- Kinder gehören zu ihren Müttern,
- Frauen können nicht räumlich denken,
- Männer können nicht zuhören.

Aus diesen und zahlreichen anderen Vorurteilen leitet sich ein Lebensmodell für Frauen und Männer ab, das dem traditionellen Rollenbild entspricht. Nach diesem Rollenbild ist es für die Gesellschaft besser, wenn der Mann berufstätig ist und die Frau zuhause bleibt und sich um Haus und Kinder kümmert. Obwohl das tradierte Rollenbild sowohl rechtlich als auch in der gesellschaftlichen Realität immer weniger Zuspruch und Nachahmung findet, ist die Zustimmung als erstrebenswerter Zustand immer noch sehr hoch. Insbesondere Menschen über 65 Jahre und Westdeutsche stimmen dem tradierten Rollenbild noch zu 60 % zu. In Ostdeutschland wird das tradierte Rollenbild hingegen nur noch von 20 % als gültig angesehen[59]. Diese spezielle Situation in Deutschland nach vielen Jahrzehnten einer radikalen Aufteilung in Ost und West mit vollkommen unterschiedlichen Wertesystemen ermöglicht eine Messbarkeit des Einflusses von gelernten Glaubenssätzen auf unsere Wahrnehmung bezüglich der geltenden Rollenbilder für Frauen und Männer. Rollenbilder und ihre dahinter liegenden Rollenstereotypen sind damit nachweisbar erlernt und somit — über einen längeren Zeitraum — auch veränderbar.

ARBEITSHILFE
ONLINE

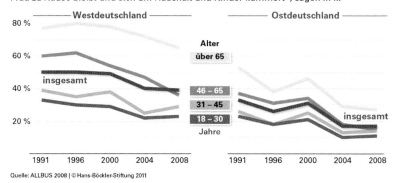

Traditionelle Rollenbilder: Im Westen hartnäckiger

„Es ist für alle Beteiligten viel besser, wenn der Mann voll im Berufsleben steht und die Frau zu Hause bleibt und sich um Haushalt und Kinder kümmert", sagen in …

Quelle: ALLBUS 2008 | © Hans-Böckler-Stiftung 2011

Abb. 16: Veränderung von Rollenbildern

---

[59] Hans Böckler Stiftung (2011) (Stand 2008)

Abbildung 16 zeigt eindrucksvoll, wie Rollenstereotype sich verändern. Dort, wo Rollenstereotype gelten, werden sie von den Beteiligten zumeist als unveränderlich angesehen und es wird ihnen eine bedingungslose Gültigkeit zugeschrieben. Dieser Annahme entsprechend verändern sich Rollenstereotype nur sehr langsam. Um zu verstehen, wie Unternehmen die Rollenstereotype verändern können, müssen wir die Mechanismen verstehen, die Rollenstereotype so robust gegen Veränderungen machen, und zudem den Unterschied von Rollenstereotypen und sozialen Rollen kennen.

Die komplexen gesellschaftlichen Verhaltensweisen für das friedliche Zusammenleben von Menschen sind nicht bis ins letzte Detail in nachlesbaren Regeln und Gesetzen zu fassen. Deshalb sind soziale Rollen, die ihren Mitgliedern implizite Verhaltensregeln vorgeben, äußerst wichtig. Sobald sich Menschen nicht mehr an diese sozialen Rollen halten, droht ihnen der Ausschluss aus der Gesellschaft. Das lernen wir von Kindesbeinen an. Grundsätzlich ist allen Menschen sehr daran gelegen, die ihnen zugeschriebenen sozialen Rollen zu erfüllen und sie suchen ständig nach Hinweisen, die uns die impliziten Regeln erklären. Wer meint, eine Regel erkannt zu haben, verhält sich der Regel entsprechend oder bedauert öffentlich seinen/ihren Regelverstoß, um von negativen sozialen Effekten verschont zu bleiben. Es ist damit kaum erkennbar, dass sich die Verhaltensweisen der Menschen ändern.

Hierzu ein Beispiel: Eine Mutter, die Vollzeit arbeitet, wird noch immer als Rabenmutter angesehen und ihr Verhalten wird meist nur dann von der Gesellschaft gebilligt, wenn dies aus wirtschaftlichen Gründen unvermeidbar ist. Die Alternative von Frauen, die gerne in Vollzeit ihren Beruf ausüben und mit viel Engagement nach Dienstschluss ihre Kinder erziehen, verschwindet damit aus dem gesellschaftlichen Verhaltensrepertoire, obwohl dies in der Praxis tausendfach gelebt wird.

!   **ACHTUNG**

Rollenstereotype, die unserer Gesellschaft schaden, müssen von den für jede Gesellschaft notwendigen sozialen Rollen unterschieden werden und Rollenstereotype abgebaut werden.

Rollenstereotype werden maßgeblich von dem in unserer Umgebung beobachtbaren Verhalten und Bildern, die sich in unser Unterbewusstsein einbrennen, beeinflusst. Da die Menschen sich jedoch nach den Rollenstereotypen verhalten (Rollenverhalten), können wir nur schwer erkennen, was wirklich erlaubt ist und was von der Gesellschaft nicht geduldet wird. Noch schwerer ist es, der Bilderflut durch die Medien zu entkommen, die sich gerne an Rollenstereotypen orientieren, da sie eine heile Welt „aus alten Tagen" versprechen[60].

Unternehmen können für die Veränderung der Gesellschaft ihre eigenen Werbebotschaften verwenden. Sowohl die Werbung für die Produkte des Unternehmens als auch das Arbeitgeberbranding eignen sich wegen ihrer hohen Verbreitung und Akzeptanz in der Gesellschaft für die Veränderung von Rollenstereotypen. In der Werbung sollte immer darauf geachtet werden, dass moderne und vielseitige Lebensmodelle für Frauen und Männer dargestellt werden.

ARBEITSHILFE ONLINE

Vertiefende Inhalte

http://www.telekom.com/company/human-resources/diversity/58788

http://career.daimler.com/dhr/index.php?ci=110&language=1&DAIMLERHR=0b59d25ee4a6e8bd4bed9bd69c0e9301

Im Folgenden wird gezeigt, wie Rollenverhalten veränderbar ist und wie sich Rollenstereotype auf die Berufswahl auswirken.

5.3.3 Veränderbarkeit von Rollenverhalten

Um zu wissen, was wir verändern können, müssen wir verstehen lernen, dass Frauen und Männer nicht so unterschiedlich sind, wie die Rollenstereotype es uns glauben lassen.

Für alle Eigenschaften und Fähigkeiten (bis auf die rein körperlichen, und auch da gibt es Grenzfälle) gilt, dass sie nicht eindeutig Frauen oder Männern zugeschrieben werden können. Lediglich die Anzahl der Menschen mit einer stärkeren Ausprägung der jeweiligen Eigenschaft ist unterschiedlich. „Weibliche Eigenschaften" werden also im Mittel häufiger und in einer höheren Ausprägung bei Frauen beobachtet und seltener oder in geringerer Ausprägung bei Männern. Das bedeutet im Umkehrschluss, dass einzelne Männer durchaus höhere Ausprägungen einer „weiblichen" Eigenschaft haben können als die meisten Frauen. Abbildung 17 illustriert die Verteilung einer „typisch weiblichen" Eigenschaft bei Frauen und Männern als Normalverteilung.

---

[60] In Kapitel 7.7 werden einige Beispiele für gelungene Maßnahmen vorgestellt, die zur Veränderung von Rollenstereotypen in der Gesellschaft beitragen können.

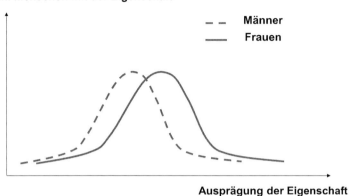

Abb. 17: Verteilung einer „weiblichen" Eigenschaft bei Frauen und Männern

Wie einfach gezeigte Eigenschaften durch neue Anreize veränderbar sind, ist eindrucksvoll in dem Buch „Delusions of Gender" von Cordelina Fine beschrieben.

Vertiefende Inhalte

Eine Zusammenfassung von Cordelia Fine ist als Video im Internet verfügbar:

http://fora.tv/2010/10/02/Cordelia_Fine_Delusions_of_Gender

 BEISPIEL „weibliche Intuition"

In Studien über die „weibliche Intuition" konnte festgestellt werden, dass unter bestimmten Randbedingungen Frauen tatsächlich besser in der intuitiven Beurteilung von Situationen abschnitten als Männer. Allerdings waren diese Unterschiede nicht mehr vorhanden, wenn das Anreizsystem verändert wurde. Frauen schnitten besser ab, wenn dem Rollenstereotyp, dass sie es besser können, nicht widersprochen wurde und keine weiteren Anreize gegeben wurden. Männer waren genauso gut in ihren intuitiven Leistungen, als es für jede richtige Antwort zwei Dollar gab[61].

---

[61] Fine (2010), S. 20f.

5.3.4 Auswirkung auf die Berufswahl

Bei den traditionellen Rollenbildern können im Zusammenhang mit der Ausübung von Berufstätigkeit zwei Aspekte unterschieden werden:

- Rollenstereotype, nach denen sich die Frauen und Männer ausrichten, um jeweils als Frau oder Mann anerkannt zu werden, und
- Berufsstereotype, die ein bestimmtes Verhalten und Fähigkeiten von Menschen, die einen Beruf ausüben, vorgeben.

Zur Illustration des Zusammenhangs von Rollenstereotypen im Zusammenhang mit Berufsstereotypen betrachten wir beispielhaft die pflegenden Berufe. Hier ist der Kontrast von Vorstellung und Wirklichkeit der Berufsausübung besonders groß und zeigt eindeutig, dass häufig nicht die (vermeintlich) freie Entscheidung, sondern andere Gründe die Berufswahl von Frauen und Männern beeinflussen.

▶ **BEISPIEL Pflegeberufe**

In pflegenden Berufen (Krankenschwestern, AltenpflegerInnen usw.) arbeiten zu fast 90 % Frauen. Die wenigen Männer, die in diesem Berufsfeld anzutreffen sind, sind häufig in der Verwaltung tätig oder machen als Führungskräfte Karriere.
Die Ausführung von Pflegetätigkeiten an Patienten (Kindern, Kranken oder Alten) stellt hohe Ansprüche an die persönlichen Fähigkeiten der Pflegekraft. Die Anforderungen können wie folgt zusammengefasst werden:
- körperliche Belastbarkeit,
- mentale Belastbarkeit,
- Anwesenheitspflicht,
- Einfühlungsvermögen,
- Verantwortung.
Auf den ersten Blick erscheint den meisten Menschen diese Liste sinnvoll. Die Anforderungen werden ganz abstrakt jedoch eher mit „männlichen" Eigenschaften assoziiert. Bei der Analyse der einzelnen Anforderungen stellen wir einige Ungereimtheiten fest:
- Körperliche Belastbarkeit wird eindeutig mehr Männern zugeschrieben, die durch ihre körperlichen Eigenschaften im Mittel stärker sind als Frauen.
- Bei der mentalen Belastbarkeit ist das Rollenstereotyp bzgl. Frauen und Männern nicht eindeutig und wird jeweils so verwendet, wie es passend erscheint. Zum einen werden Männer als selbstbewusster angesehen, zum anderen aber als das „schwache Geschlecht", wenn es um emotionale Belastungen (Krankheit oder Tod) geht.

- Anwesenheitspflicht ist bei der Arbeit am Patienten unvermeidbar und setzt der Arbeitszeitflexibilität klare Grenzen. Eingeteilte Dienste können nur in Absprache mit KollegInnen getauscht werden, sodass ein spontanes Verlassen des Arbeitsplatzes (z. B. bei Krankheit eines Kindes) nur sehr eingeschränkt möglich ist. Berufe, die sich auch von zu Hause aus erledigen lassen, bieten eine höhere Flexibilität und Familienfreundlichkeit. Damit spricht die Anwesenheitspflicht eigentlich gegen den Einsatz von Frauen, die sich eher (als Männer) um die Familie[62] kümmern wollen.
- Einfühlungsvermögen ist die einzige Anforderung an den Beruf, die auch nach den gängigen Rollenstereotypen zu einem „Frauenberuf" passt.
- Entscheidungen, die bei der Pflege von Menschen getroffen werden müssen, können über Leben und Tod entscheiden. Diese hohe Verantwortung wird meist nicht wahrgenommen und wird bei den Merkmalen für die Entlohnung nicht berücksichtigt. Verantwortung wird in der Berufswelt typischerweise nur mit der Verantwortung für ein hohes Budget und der Führung von MitarbeiterInnen in Verbindung gebracht.[63]

Zusammenfassend kann gesagt werden, dass wir aus der Tatsache, dass in einem Beruf viele Frauen oder Männer arbeiten, die Vermutung ableiten, dass dieser sich gut für das jeweilige Geschlecht eignet. Die Rollenstereotype der in einem Bereich arbeitenden Personen überlagern somit die realen Anforderungen des Berufs und führen zu Berufsstereotypen, die zu einer unpassenden Berufswahl führen können. Im eigenen Interesse sollten Unternehmen deshalb unbedingt an der Veränderung und Korrektur von Berufsstereotypen arbeiten.

ARBEITSHILFE ONLINE

DEFINITION Berufsstereotyp (synonym mit Berufsklischee)

Berufe werden von Personen mit bestimmten Fähigkeiten ausgeübt. Den sozialen Status eines Berufes bestimmt die Gesellschaft. Dieser kann somit von Kultur zu Kultur sehr unterschiedlich sein. Zugleich werden damit Berufsstereotype festgelegt, die der zuerkannten Wertigkeit und nicht unbedingt den realen Anforderungen des Berufs entsprechen.

---

[62] Positiv für Familien ist es, wenn Berufe teilzeitfähig sind, da dann meist auch ein geregeltes Arbeitsende gegeben ist und sich so Beruf und Familie organisieren lassen. Pflegeberufe werden häufig als teilzeitfähig angesehen und deswegen von Frauen ausgewählt. Aber auch in diesen Berufen ist Teilzeit nicht überall möglich, wie z. B. bei der Pflege von Kleinkindern, für die den ganzen Tag möglichst eine Vertrauensperson ansprechbar sein sollte. Ob allerdings die Teilzeitfähigkeit die Nachteile einer sehr körperlich und mental belastenden Tätigkeit, die schlecht bezahlt wird, ausgleicht, kann durchaus in Frage gestellt werden.

[63] Tondorf (2012), Viele Tarifverträge diskriminieren Frauen systematisch

5.3.5 Besonderheiten in technischen Unternehmen

Für technische Berufe sind neben den üblichen Rollenstereotypen vor allem folgende Rollenstereotype für den Mangel an weiblichen Fachkräften verantwortlich:

- Frauen können keine Mathematik,
- Frauen mögen keine Logik und Informatik,
- Frauen verstehen nichts von Technik,
- Technik hat nichts mit Menschen zu tun,
- Ingenieursberufe verlangen ungeplante Überstunden und Abwesenheit von der Familie,
- InformatikerInnen sind introvertiert und technikverliebt,
- Männer mögen Technik, Informatik und Logik,
- Männer haben kaum Softskills.

Für alle diese Klischees gibt es Gegenbeweise und die Erkenntnis, dass Frauen und Männer lediglich einen unterschiedlichen Zugang zur Technik haben. Während Mädchen in den Mädchen-Technik-Kursen völlig unbefangen mit Technik umgehen, nehmen sie bei der Berufswahl schnell Abstand von Ingenieursberufen, die ein männlich geprägtes Image haben. Im Bereich der Informatik zeigen Studien, dass die Vorurteile dem Studienfach und InformatikerInnen gegenüber haltlos sind: In Armenien studierten von 1980 bis 1990 am größten Institut für Computerwissenschaften mehr als 75 % Frauen. Der Anteil der Frauen sank mit zunehmender Popularität des Studiums, aber auch heute sind dort 50 % der StudienabgängerInnen weiblich. Zum Vergleich: In den USA sind 15 % der StudienabgängerInnen im Bereich Computer Science weiblich. Der Unterschied erklärt sich aus kulturellen Unterschieden: In Armenien ist es nicht üblich, seinen Vorlieben entsprechend zu studieren, sondern die Berufswahl erfolgt vorrangig unter dem Gesichtspunkt, dass diese eine finanzielle Absicherung bietet und ein gutes Leben gewährleisten soll.[64]

BESONDERE Fallstricke

Sprache ist ein mächtiges Instrument für die Prägung einer Gesellschaft (Kapitel 3.3). Aus Worten entstehen in den Köpfen Bilder und Assoziationen, die täglich wiederholt die erlebte Wirklichkeit formen. Solange hauptsächlich männliche Ausdrücke und Berufsbezeichnungen verwendet werden, bleiben Frauen in der Vorstellungswelt unsichtbar und bedeutungslos. Einzelne Ausnahmen sind zwar durchaus zugelassen, die Norm wird jedoch als solche hingenommen.

---

[64] Fine (2010) S. 93f.

Dieser hohen Bedeutung von Begriffen und Sprache steht häufig ein emotional aufgeladener Unwille gegenüber, das eigene Sprachverhalten zu verändern. Emotionen auf diesem Gebiet sind untrügliche Anzeichen für ein fehlendes Verständnis von gesellschaftlichen Zusammenhängen. Falls emotionale Diskussionen über die Sprachverwendung zu beobachten sind, ist der Aufbau von Gender-Kompetenz dringend zu empfehlen. Auch sollten unbedingt Vorbilder im Management des Unternehmens gesucht und gestärkt werden, die sich einer geschlechtergerechten Sprache bedienen.

Es gibt viele Leitlinien zur Verwendung von geschlechtergerechter Sprache. Einige weichen ihre Regeln dadurch auf, dass sie in ihren Regeln auch die Verständlichkeit und Lesbarkeit der Sprache hervorheben.[65] Da die Verständlichkeit und Lesbarkeit ein originäres Anliegen jedes Menschen ist, der etwas ausdrücken will, ist dieser Hinweis überflüssig. Er veranlasst jedoch leider viele dazu, den eigenen Sprachgebrauch nicht zu verändern, sondern sich mit der Fußnote zu begnügen, dass Frauen in der männlichen Formulierung mit eingeschlossen sind. Dies ist im Interesse von Gender Diversity für Unternehmen nicht akzeptabel.

EXKURS: Geschlechtergerechte Sprache

Die folgenden Empfehlungen für eine geschlechtergerechte Sprache werden von der Gleichstellungsstelle der Universität Konstanz veröffentlicht:

Empfehlenswert

Die beste Wahl ist immer die Beidnennung. Nur sie gewährleistet, dass sich alle Gemeinten auch tatsächlich angesprochen fühlen, weil sie deutlich angesprochen werden. Die Beidnennung sorgt für Symmetrie in der Sprache und sichtbare Wahrnehmung. Sie zeugt von Bewusstsein und Wertschätzung.

- Mitarbeiterinnen und Mitarbeiter
- Studentinnen und Studenten …

In schriftlichen Texten kann das von der feministischen Linguistik empfohlene Binnen-I verwendet werden. Es übernimmt die Funktion einer Abkürzung und wird im Mündlichen in die Beidnennung (s. o.) umgewandelt.

- KollegInnen, StudentInnen …

Es können neutrale Bezeichnungen verwendet werden.

- Beschäftigte, Fachkraft
- die zuständige Person, die Vertretung
- die Anwesenden, die Leitung …

---

[65] BMFSFJ (2005)

Passivform oder Partizip sind weitere Möglichkeiten.

- Der Antrag wird gestellt von: N.N., statt Antragssteller ist N.N.
- Redeliste statt Rednerliste
- Studierende statt Studenten
- Teilnehmende statt Teilnehmer …

Achtung: das Partizip verliert seine Gender-Neutralität im Singular: Der Studierende oder Teilnehmende ist männlich.

In gemischten Gruppen:

- Alle statt jeder oder jedermann. Wer statt er.
- Wer sich bis 1.1. anmeldet, bekommt Rabatt, statt Jeder Studierende muss sich bis 1.1. anmelden, um Rabatt zu erhalten.

In reinen Frauengruppen sollten die femininen Bezeichnungen verwendet werden.

- Hat jede ihre Unterlagen? Statt Hat jeder seine Unterlagen?
- Keine hat am Mittwoch Zeit statt Keiner hat am Mittwoch Zeit.

Nicht empfehlenswert

Die in Klammern gezwängte Student(in) oder Mitarbeiter(in) verkommt zur Nebensächlichkeit.

Schrägstriche wie in Lehrer/inn/en führen in komplexen Satzgefügen zur Unlesbarkeit des Textes.

Die Fußnote, dass aus Gründen der Ästhetik oder Lesbarkeit die männliche Form verwendet wird und Frauen mitgemeint seien, erweckt kein Bewusstsein für die Selbstverständlichkeit von Frauen und ist meist nach dem ersten Umblättern bereits vergessen.

Sprache und Kreativität

Kombinieren Sie die verschiedenen Möglichkeiten des geschlechtergerechten Sprachgebrauchs und bedenken Sie die sprachliche Gestaltung bereits bei der Konzeption Ihres Textes.

Weitere Überlegungen zu einer gender-gerechten Sprache finden Sie in der Masterarbeit von Ines Eckerle[66], die dort auch die Veränderungen der gelebten Sprache zu mehr Gender-Gerechtigkeit aufzeigt. Die Grammatik wird häufig nicht mehr starr eingehalten und erlaubt so weibliches Handeln besser darzustellen. So wird ein Satz wie „Das Mädchen holt ihr iPad aus der Tasche" heute nicht mehr als falsch angesehen, obwohl Mädchen einen neutralen Genus hat. Tipps für die gender-gerechte Darstellung für Öffentlichkeitsarbeit finden sich auf den Webseiten des Bundeministeriums für Familie, Senioren, Frauen und Jugend.

---

[66] Eckerle (2007)

Vertiefende Inhalte

Checkliste für gender-gerechte Presse- und Öffentlichkeitsarbeit

http://www.bmfsfj.de/RedaktionBMFSFJ/Abteilung4/Pdf-Anlagen/gender-main-
streaming-bei-ma_C3_9Fnahmen-der-presse-und-oeffentlichkeitsarbeit,property=
pdf,bereich=bmfsfj,sprache=de,rwb=true.pdf

5.4 Klare Datenlage erstellen

Die Wirksamkeit der Diversity-Strategie muss stetig überprüft werden. Dazu sind
historische Daten, aktuelle Daten und Zielvorstellungen zu entwickeln und zu
pflegen. Entscheidungen sollten nur auf einer fundierten Datenbasis getroffen
werden, da im Bereich Gender Diversity verinnerlichte Klischees und persönliche
Assoziationen zu Fehlurteilen führen.

5.4.1 Definition der Basispraktik

Es muss unternehmensintern definiert werden, welche Daten und Fakten über die
Verteilung von Funktionen, Positionen, Gehalt, Verantwortung, Weiterbildung und
anderer unternehmerisch wichtiger Sachverhalte auf Frauen und Männer erfasst
werden. Diese Daten werden regelmäßig an die Geschäftsführung berichtet. Die Da-
tenschutzrichtlinien sind dabei zu berücksichtigen. Die Datenerfassung ist mit dem
Betriebsrat (falls vorhanden) und allen Beteiligten (Stakeholdern) abzustimmen.

DEFINITION Stakeholder

Eine natürliche oder juristische Person, die Interesse an einer Sache hat. Zu
den Stakeholdern gehören in der Geschäftswelt MitarbeiterInnen, KundInnen,
LieferantInnen, ProjekleiterInnen, AktionärInnen (bei Aktiengesellschaften)
und viele mehr.

5.4.2 Umsetzung in konkrete Messkriterien

Die unternehmensinterne Datenerhebung ist die einzige Möglichkeit, den Erfolg
von Veränderungen zu messen. Dazu müssen die Daten sorgfältig ausgewählt

werden. In der Regel kann davon ausgegangen werden, dass jede Datenerhebung bestimmte Erwartungen oder auch Ängste bei denjenigen auslöst, deren Leistungen vermessen werden.

Die Einführung einer Metrik ist sorgfältig mit allen Stakeholdern abzustimmen und es muss eine Kosten-Nutzen-Analyse durchgeführt werden, da die Einführung, Auswertung und Pflege jeder Metrik nicht zu vernachlässigende Kosten verursacht. Leicht zu ermitteln sind die Kosten, die durch die Umstellung von Tools zur Datenauswertung entstehen. So kann davon ausgegangen werden, dass die Umstrukturierung und Einführung neuer Filterkriterien (z. B. getrennt nach weiblichen und männlichen Mitarbeitern) einige Stunden bis Tage dauert.

Wesentlich höhere Kosten entstehen durch Reaktionen der MitarbeiterInnen auf veränderte Messkriterien, wenn die Befürchtung entsteht, dass Daten missbräuchlich oder der eigenen Karriere abträglich eingesetzt werden könnten. Es kann zu vermehrten Diskussionen, aber auch zur (zeitweisen) inneren Kündigung einzelner MitarbeiterInnen kommen.

Folgende Bedingungen müssen bei der Einführung von Metriken gegeben sein:

- Transparenz gegenüber allen Stakeholdern,
- automatisierte Erfassung und Auswertung der Metriken,
- die Analyse der Ergebnisse muss mit den Betroffenen zusammen erfolgen oder zumindest mit ihnen besprochen werden, um Fehlinterpretationen zu vermeiden,
- es muss klar sein, dass die Metriken in mehreren Zyklen verfeinert werden, da es selten gelingt, auf Anhieb aussagekräftige Metriken zu definieren.

Metriken für die Gender Diversity-Aktivitäten müssen sich auf die Geschäftsziele und die davon abgeleiteten Gender Diversity-Strategie-Ziele beziehen[67]. Im Prinzip kann hier die Goal-Question-Metric (GQM)-Methode[68] verwendet werden, die zu jedem Ziel Fragen stellt, deren Beantwortung ein Maß für die Zielerreichung darstellt. Dabei wird schnell klar, ob und wie die Zielerreichung überhaupt gemessen werden kann. Damit wird verhindert, dass unnötige Metriken verwendet werden. Ein Beispiel für eine solche Metrik mit wenig Aussagekraft ist die aufgewandte Arbeitszeit. Sie wird häufig als Indiz für eine Leistung anerkannt, obwohl die reine Arbeitszeit in vielen kreativen Berufen kaum eine Relevanz für die Leistung hat.

---

[67] Müller, Sander (2005), S. 181
[68] Basili (1984)

Eine andere Methode ist das Herunterbrechen der Ziele in Merkmale und Untermerkmale, die sich messen lassen und zu denen entsprechenden Metriken definiert werden. Abbildung 18 stellt ein Beispiel für die Geschäftsziele „Kundenzufriedenheit" und „Nachhaltigkeit" dar. Nachhaltigkeit bezieht sich auf die langfristige Geschäftsausrichtung, somit ist die Kundenbindung ein Merkmal der Kundenzufriedenheit und der Nachhaltigkeit. Für die Kundenzufriedenheit ist die Produkt-Funktionalität ein weiteres wichtiges Merkmal. Gender Diversity ist ein Merkmal der Nachhaltigkeit und kann in einem zweiten Schritt mit einem Untermerkmal näher spezifiziert werden. Dieses Untermerkmal ist leicht messbar und hat eine Beziehung zum Untermerkmal der „Kundenbindung", der „Zufriedenheit mit der Kundenbetreuung". Die Metrik zu dem beispielhaften Untermerkmal „50 % Frauen/Männer im Salesteam" kann leicht aus den Personaldaten herausgelesen werden.

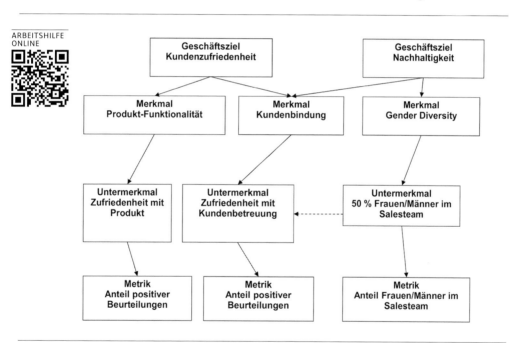

Abb. 18: Beispiel für die Ableitung von Metriken aus Geschäftszielen

Die Beziehungen, die durch das Ableiten von Zielen zu (Unter-)Merkmalen hergestellt werden, müssen für alle Stakeholder transparent gemacht werden und jederzeit nachvollziehbar sein. In der Datenablage muss eine Nachverfolgbarkeit (Traceability) in beide Richtungen implementiert werden, also vom Ziel zu seinen Merkmalen und Untermerkmalen und in die Gegenrichtung.

BESONDERE Fallstricke

Metriken müssen interpretierbar und transparent sein. Metriken, die keinem Geschäftsziel zugeordnet sind, zeigen ein fehlendes Verständnis der Wirkungsmechanismen zwischen Gender Diversity und Unternehmenszielen an.

EXKURS: Messkriterien für Gehaltsunterschiede

In Deutschland gibt es einen errechneten Gehaltsunterschied von 23,3 % zwischen Frauen und Männern für eine vergleichbare Arbeit. Etwa ein Drittel des Unterschieds kann damit erklärt werden, dass Frauen häufiger ihre Berufslaufbahn unterbrechen, schlechter bezahlte Jobs annehmen oder in Teilzeit arbeiten. Zwei Drittel des Unterschieds beruhen jedoch auf tradierten Berufsbildern und Entlohnungssystemen. Eine Erhöhung des Grundgehalts, die allein auf der Tatsache beruht, dass eine Person eine bestimmte Anzahl von Jahren im Unternehmen arbeitet (die während einer Familienphase entfällt), steht im Widerspruch zu der Forderung, gleiche Leistung gleich zu entlohnen. Generell ist es kein leistungsbezogenes Kriterium (nach der Einarbeitungszeit) davon auszugehen, dass eine gewisse Zeit des „Absitzens" unweigerlich eine Lohnsteigerung nach sich zieht. Dieses Entlohnungssystem beruht einzig auf dem tradierten Rollenbild des Familienernährers, der mit steigendem Alter immer mehr Kinder zu ernähren hat und damit mehr Gehalt braucht.

Zwei Expertinnen für Entgelt- und Gleichstellungspolitik, Karin Tondorf und Andrea Jochmann-Döll, haben ein kostenloses Instrument (Logib-D) zur Bewertung von Entlohnungsmechanismen entwickelt, das ungerechtfertigte Gehaltsunterschiede aufzeigen kann[69].

ZWISCHENFAZIT

Die ersten vier Basispraktiken bilden die Grundlage zur erfolgreichen Implementierung eines Gender Diversity-Managements im Unternehmen. Kurz zusammengefasst umfassen diese Folgendes:

- Die Festlegung einer Gender Diversity-Strategie muss in den Firmenleitlinien verankert werden und erfordert adäquate Messmethoden für die Implementierung sowie hinreichende Ressourcen. Gender Diversity-Strategien können sowohl unternehmensintern als auch unternehmensextern sichtbar sein. Als musterhaftes Fallbeispiel dient hier der Daimler-Konzern.
- Der Aufbau von Gender-Kompetenzen im Unternehmen muss durch Trainings und Schulungen über alle Hierarchieebenen hinweg eingeführt und kontinuierlich wiederholt werden, um langjährig tradierte Einstellungen und tief verwurzelte Überzeugungen aufzubrechen.

---

[69] Tondorf (2012)

> - Der Abbau von Rollenstereotypen muss durch die Verwendung einer gender-gerechten Sprache und entsprechender Bilder sowohl unternehmensintern als auch -extern gewährleistet werden. Insbesondere in Werbung und Außendarstellung des Unternehmens ist auf ein modernes und gender-gerechtes Gesellschaftsbild zu achten. Dies gilt für jede einzelne Hierarchieebene im Unternehmen, von der Unternehmensleitung bis hin zum Servicepersonal.
> - Die Erstellung einer klaren Datenbasis gewährleistet die Überprüfung der Wirksamkeit von Gender Diversity-Maßnahmen im Interesse des Unternehmenserfolgs. Die hierzu erhobenen Messkriterien müssen allen Stakeholdern gegenüber transparent gemacht und aus den übergeordneten Geschäftszielen abgeleitet werden.
>
> Auf dieser Grundlage bauen die folgenden fünf weiteren Basispraktiken auf.

5.5 Regelmäßige Berichterstattung durchführen

Der Erfolg der Gender Diversity-Maßnahmen wird gemessen und verfolgt, damit die Geschäftsziele erreicht werden und bei Schwierigkeiten rechtzeitig steuernd eingegriffen werden kann. Die externe Berichterstattung dient der Reputation des Unternehmens.

5.5.1 Definition der Basispraktik

Die wichtigsten Kennzahlen für die Kontrolle des Gender Diversity-Managements sind klar definiert, allen Betreffenden bekannt und werden regelmäßig intern und extern berichtet (z. B. im Jahresbericht oder einer Balanced Scorecard).

5.5.2 Berichtswesen

Jedes Unternehmen verfügt über ein eigenes Berichtswesen, das die Interessen aller Stakeholder berücksichtigt. Dazu gehören Newsletter an alle MitarbeiterInnen genauso wie interne Berichtsstrukturen von einer Management-Ebene zur nächsten oder die unternehmensweiten Bilanzen, Jahresberichte oder Balanced Scorecards.

Wichtige Kennzahlen sind dabei nicht nur halbjährlich oder jährlich von der Geschäftsführung zu analysieren, sondern sollten so schnell wie möglich nach dem Auftreten von Ereignissen, die zu negativen Auswirkungen führen könnten, überprüft werden, damit rasch gegengesteuert werden kann.

Für jedes Gender Diversity-Projekt sind Erfolgskontrollen im Projektmanagement zu verankern und mit dem Erreichen von Projekt-Meilensteinen den Auftraggebern für das Projekt vorzulegen.

Für Projekte, die das Kerngeschäft des Unternehmens betreffen, sind die gender-relevanten Metriken in allen Meilensteinen der Projekte zu berücksichtigen. So sind z. B. Metriken, ob genügend Frauen und Männer an der Risiko-Evaluierung des Projekts teilgenommen haben, in der Startphase eines Projekts zu berücksichtigen. [70]

Anstelle von langen, unübersichtlichen Berichten in Textform sollten Berichte als Cockpit-Chart oder mit Ampelsymbolik leicht erfassbar gemacht werden. So können Abweichungen schnell visuell erfasst und angegangen werden.

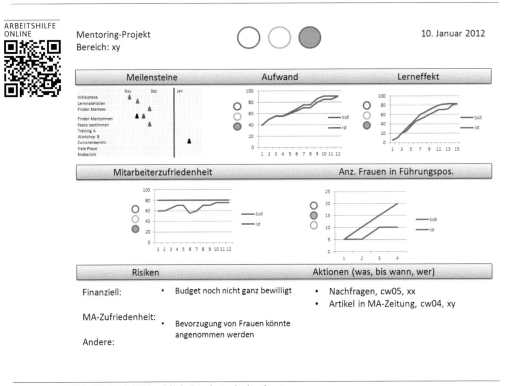

Abb. 19: Projektüberblick durch Cockpit-Chart

---

[70] Die operationellen Bereiche, in denen gender-spezifische Aspekte für den Projekterfolg maßgeblich sind, werden in Kapitel 7 dargestellt.

Abbildung 19 zeigt das Beispiel eines Mentoring-Projekts für mehr Frauen in Führungspositionen mit den direkten Kontrollmetriken des Projekts „Erreichung der Meilensteine", „Aufwand" und „Lerneffekte (durch das Mentoring)" und den übergeordneten Geschäftszielen „Mitarbeiterzufriedenheit" und „Anzahl Frauen in Führungspositionen". Durch die Darstellung in einem Datenblatt ist die Verknüpfung der Daten gemäß der geforderten Traceability (Kapitel 5.4.2) gegeben.

BESONDERE Fallstricke

Die Erzeugung und Ablage von Berichten ist nicht hinreichend, wenn keine Aktionen bei Unter- oder Überschreitung der kontrollierten Metriken definiert und gestartet werden. Die erfolgreiche Berichterstattung und Beachtung durch das Management ist durch entsprechende Aktionslisten, die regelmäßig angeschaut werden und deren Aktionen auch erfolgreich abgeschlossen werden, nachzuweisen.

Eine Verfolgbarkeit (Traceability) zwischen den Geschäftszielen, den Metriken und abgeleiteten Aktionen ist nachzuweisen.

5.6 Frauennetzwerke unterstützen

5.6.1 Zweck

Frauennetzwerke werden vom Management initiiert und unterstützt, damit sie die notwendige Anerkennung innerhalb des Unternehmens bekommen. Interne Frauennetzwerke stärken die Frauen als Gruppe und fördern den Informationsfluss zwischen Frauen sowie zwischen Frauen und dem Management. Externe Frauennetzwerke werden für neue Ideen von außen genutzt und der gesellschaftlich wichtige Diskurs wird auch außerhalb des Unternehmens gesucht.

5.6.2 Definition der Basispraktik

Das Management unterstützt sichtbar und effektiv firmeninterne Frauennetzwerke und mindestens ein externes Frauennetzwerk.

5.6.3 Umsetzung

Frauennetzwerke sind von großer Bedeutung für den gesellschaftlichen Wandel hin zu mehr Gender-Gerechtigkeit innerhalb und außerhalb des Unternehmens. Unternehmensinterne Frauennetzwerke dienen folgenden Zwecken:

- Stärkung der Frauen als Gruppe
  Frauen haben nur ein sehr schwach ausgeprägtes eigenes Zusammengehörigkeitsgefühl. Mädchen bleiben meist in Mädchengruppen, bis sie ihren ersten Freund haben. Erwachsene Frauen finden meist erst als Mütter während der Erziehungszeit der Kleinkinder wieder als Gruppe zueinander. Die gesellschaftliche Isolation der Frauen in den Haushalten ist ein gesellschaftlicher Mechanismus, der „von-selbst-entstehende" Frauennetzwerke verhindert.
- Aufwertung der Frauen und ihrer Werte
  Das Werteschema von Frauen und Männern ist auf als männlich geltende Werte festgelegt. Mit den vom Management unterstützten Frauennetzwerken wird ein Ausgleich geschaffen, der ausdrückt: Frauenwerte sind wichtig und sollen sich im Unternehmen entfalten können.
- Frauennetzwerke als Erprobungsraum für Führungskraft und -willen
  Da Frauen unter sich die stärksten Kritikerinnen sind, ist hier nicht von einem Schutzraum auszugehen und erfolgreiche Führung kann als Indiz für eine erfolgreiche Führung im Unternehmen angesehen werden.

Positive Nebenwirkungen von Frauennetzwerken sind häufig:

- Anstoß neuer Projekte für eine bessere Gender Diversity im Unternehmen,
- Durchführung von Gender Diversity-, Gesundheits- oder Work-Life-Balance-Projekten.

Das Unternehmen sollte mindestens ein externes Frauennetzwerk unterstützen, damit eine Verbindung zu dem gesellschaftlichen Veränderungsprozess entsteht und für alle MitarbeiterInnen (Aufwertung der weiblichen Werte) sichtbar wird.

Im Prinzip können Unternehmen mit jedem Frauennetzwerk oder -verein eine Kooperation eingehen, das/der sich für berufstätige Frauen einsetzt, Diskussionsrunden, Stammtische oder Vorträge anbietet. Am besten eignen sich externe Frauennetzwerke, die eine lokale Gruppe vor Ort anbieten und so die Möglichkeit des persönlichen Austauschs zwischen den Frauen ermöglichen.

Frauennetzwerke sollten für männliche Mitglieder aus dem Management offen sein und sie als Sponsoren der Projekte mit einbinden. Diese Aufgabenverteilung entspricht den heutigen Machtverteilungen und sollte so gelebt werden, dass die Ideen und Werte der Frauen sich ungestört entfalten können und eine hohe Wertschätzung durch das Management erfahren.

5.6.4 Besonderheiten in technischen Unternehmen

In technischen Unternehmen mit ihrem chronischen Mangel an weiblichen Mitarbeiterinnen ist ein Frauennetzwerk von besonders großer Bedeutung. Häufig sind Frauennetzwerke die einzige Chance für Frauen eines technischen Unternehmens mit anderen Frauen zusammenzuarbeiten und sich auszutauschen.

Für Männer in technischen Unternehmen ist ein Frauennetzwerk eine einmalige Chance, sich als Exot unter Frauen zu begeben und dieses den Frauen so wohlbekannte Gefühl, als einzige Frau unter Männern zu sein (mit all seinen Vor- und Nachteilen), mit umgekehrten Vorzeichen kennenzulernen.

BESONDERE Fallstricke

Frauennetzwerke, die keine männlichen Mitglieder oder Sponsoren aus dem gehobenen Management haben, sollten hinterfragt werden. Männer werten auch in den Augen der Frauen die Netzwerke auf und es ist anzunehmen, dass Frauennetzwerke ohne männliche Mitglieder oder Sponsoren aus dem Management keine positiven Effekte für das Unternehmen haben.
Die Aktivitäten des Frauennetzwerks sollten in der internen Unternehmenskommunikation und in der externen Darstellung des Unternehmens regelmäßig erwähnt werden.

EXKURS: Frauennetzwerke in Deutschland

Es gibt zahlreiche Frauennetzwerke in Deutschland, in denen sich berufstätige Frauen und Männer für die Förderung von Frauen in Fach- und Führungspositionen engagieren. In der Regel sind die Netzwerke überregional, überparteilich und gemeinnützig. Einige der Netzwerke bieten Firmenmitgliedschaften an: Bundesverband der Frau in Business & Management (B.F.B.M.), Business and Professional Women Germany (BPW Germany), Deutscher Akademikerinnen Bund (DAB), Deutscher Ingenieurinnen Bund (dib), Deutscher Juristinnen Bund (DJB), European Women Management Development (EWMD), erfolgsfaktor FRAU, Gesellschaft für Informatik, Fachgruppe Frauen und Informatik (GI Frauen und Informatik), Planerinnen, Ingenieurinnen und Architektinnen (PIA), Vereinigung für Frauen im Management (FIM), webgrrls, Frauen in den neuen Medien, etc.

ARBEITSHILFE ONLINE

Vertiefende Inhalte

Bundesverband der Frau in Business & Management (B.F.B.M.), http://www.bfbm.de/

Business and Professional Women Germany (BPW Germany), http://www.bpw-germany.de/

Deutscher Akademikerinnen Bund (DAB), http://www.dab-ev.org/

Deutscher Ingenieurinnen Bund (dib), http://www.dibev.de/

Deutscher Juristinnen Bund (DJB), http://www.djb.de/

European Women Management Development (EWMD), http://www.ewmd.org/

erfolgsfaktor FRAU, http://www.erfolgsfaktor-frau.de

Gesellschaft für Informatik, Fachgruppe Frauen und Informatik (GI Frauen und Informatik), http://www.frauen-informatik.de/

Planerinnen, Ingenieurinnen und Architektinnen (PIA), http://www.pia-net.de/

Vereinigung für Frauen im Management (FIM), http://www.fim.de/

webgrrls, Frauen in den neuen Medien, http://www.webgrrls.de/

Als Mann im Frauennetzwerk erfolgreich sein

Herr M. wurde vom Management bestimmt, sich in dem internen Frauennetzwerk zu engagieren und diesem zum Erfolg zu verhelfen. Herr M. war als Abteilungsleiter dafür bekannt, sich durchaus lautstark Gehör zu verschaffen, wenn die Situation es erforderte. Im Frauennetzwerk wurde dieses Verhalten niemals beobachtet. Er wusste, dass ein Frauennetzwerk seinen ganzen Respekt verdiente, denn Frauen, die sich dort engagierten, waren der Gefahr, als Emanzen oder Männerfeindinnen diffamiert zu werden, ausgesetzt. Jedem Hinweis oder jeder Bitte um Unterstützung ging Herr M. sofort nach. So wurde er eingesetzt, um die drohende Kündigung von Frauen abzuwenden, deren Vorgesetzte die Situation von Frauen in der Arbeitswelt nicht kannten, oder um die Anliegen des Netzwerks dem Management vorzutragen. Auch Herrn M. ist es nicht immer gelungen, alle Situationen zu klären, aber sein starkes Engagement hat dem Netzwerk signalisiert, dass dessen Existenz und Arbeit anerkannt wird. Nicht zuletzt wegen seines geschickten Verhaltens war das Netzwerk über viele Jahre sehr aktiv und konnte viel Aufklärungsarbeit im Unternehmen leisten.

5.7 Offenheit und Querdenken erlauben

Damit Frauen und Männer erfolgreich miteinander arbeiten können, ist ein Höchstmaß an Achtung für das jeweils „Andere" (Offenheit) notwendig. Um nicht auf die allgegenwärtigen Rollenstereotype hereinzufallen, müssen alle eigenen Glaubensgrundsätze ständig in Frage gestellt werden. Rollen- und Berufsstereotype müssen hinterfragt und aufgehoben werden. Im Prozess des gegenseitigen Verstehens muss eine Gesprächskultur entwickelt werden, die den unterschiedlichen Kommunikationsstilen von Frauen und Männern gerecht wird. In einem solch offenen Arbeitsklima gelingt es, QuerdenkerInnen zu integrieren und das enorme Innovationspotenzial dieser Menschen zu nutzen. Mit geeigneten Arbeitsprozessschritten kann die Kreativität kanalisiert werden und zu innovativen Produkten oder Dienstleistungen führen.

5.7.1 Definition der Basispraktik

Die Arbeitskultur ist offen, respektvoll und fordert zum Querdenken auf. Weibliche und männliche Kommunikationskulturen werden gegenseitig respektiert.

5.7.2 Umsetzung

Offenheit in der Arbeitsumgebung ist schwer herzustellen und muss immer wieder neu erarbeitet werden. Die Fähigkeit, offen auf andere Menschen oder Situationen einzugehen, ist individuell ausgeprägt und bei unterschiedlichen Personen in unterschiedlichem Maße vorhanden. Offenheit in der Arbeitsumgebung ist abhängig davon, ob Menschen die Fähigkeit zu Offenheit mitbringen und sich gegenseitig vertrauen. Organisationsformen mit starren Hierarchien, autoritärem Führungsstil und willkürlich erscheinenden Entscheidungen rufen Misstrauen hervor und stehen einem offenen Arbeitsklima entgegen. Ausgrenzung Einzelner oder von Gruppen ist zu vermeiden, da MitarbeiterInnen in der Regel einen klaren Sinn für Ungerechtigkeiten haben und wissen, dass, wenn andere ausgegrenzt werden, es sie ebenso treffen kann. Das so entstehende Klima der Angst und des gegenseitigen Argwohns verhindert Offenheit. Nur über einen integrativen Führungsstil lassen sich Menschen in Unternehmen zu maximaler Offenheit bringen.

Querdenken erfordert zudem neben Offenheit den Respekt vor dem Neuen oder Unbekannten. Wie schwer sich Neues durchsetzt, ist bei der Einführung neuer Technologien immer wieder zu beobachten. Vor allem tradierte Werte und Vorstellungen, die es auch der Technik gegenüber gibt, lassen häufig nicht zu, gute neue Ideen zu erkennen. Es braucht viel Mut und Beharrlichkeit, bis neue Produkte als verkäuflich erkannt werden — egal, ob es sich um neue Sitzmöbel oder Dienste in der Internet-Cloud handelt.

Wünsche und Forderungen nach Offenheit und Querdenken sind in der Unternehmensführung nicht neu. Auch ist der Zusammenhang mit dem integrativen Führungsstil meist bekannt. In der Umsetzung ergeben sich aber immer wieder Schwierigkeiten, insbesondere bei der Integration von Frauen und Männern. Das Haupthindernis ist dabei zumeist die unterschiedliche Art zu kommunizieren.

Frauen und Männer haben unterschiedliche Kommunikationskulturen, die sich aus ihrer unterschiedlichen Sozialisation und der gesellschaftlichen Anerkennung von weiblichen und männlichen Werten ergibt. Innerhalb von geschlechtshomogenen Gruppen entsteht in der Regel ein gutes Miteinander, weil die Sprachregeln bekannt und eingeübt sind. Die Kommunikation und Durchsetzung eigener Ideen hängt davon ab, wie „mächtig" eine Person ist. Unter Männern gilt dieses Prinzip mehr als unter Frauen. In gemischten Gruppen kommt es deswegen fast zwangsläufig zu weniger Redebeiträgen durch Frauen als durch Männer und entsprechend geringeren Durchsetzungschancen von „weiblichen" Impulsen.

Eine Studie[71] der Universität Bonn hat das Kommunikationsverhalten von Frauen und Männern in Arbeitsbesprechungen untersucht und kommt zu folgenden Ergebnissen:

- Männer formulieren Aufforderungen direkter als Frauen, die eher fragen und den Konjunktiv verwenden.
- Lösungen werden von Männern eher als endgültig dargestellt, während Frauen offen und tolerant ihre Lösung als eine Möglichkeit anbieten.
- Die eigene Person und ihre Leistung werden von Männern häufig aufgewertet und von Frauen eher abgewertet.

Frauen weisen in der Regel einen integrativen Kommunikationsstil auf, während Männer bewusst über Sprache und Körpersprache Macht ausüben[72]. Das bescheidenere Vorgehen der Frauen kann vom männlichen Kommunikationsstil schnell zerredet werden. In der gemeinsamen Kommunikation sind Regeln zu etablieren, die beiden Kommunikationsstilen Raum verschaffen und damit die notwendige Offenheit und Querdenken ermöglichen. Für das Risikomanagement ist Offenheit entscheidend und deswegen sollten hier notwendige Kommunikationsregeln, evtl. unterstützt durch geschulte ModeratorInnen, eingehalten werden (Kapitel 7.3).

---

[71] Ebert (2006)
[72] Modler (2010)

5.7.3 Besonderheiten in technischen Unternehmen

Unternehmen, die Systeme herstellen, die für die Gesundheit oder das Leben von Menschen ein Risiko darstellen können, müssen besondere Vorschriften für die Abwendung der Risiken einhalten. In der Automobilindustrie beispielsweise schreibt die Norm ISO 26262[73] für Unternehmen, die sicherheitskritische Systeme im Fahrzeug entwickeln, vor, ein offenes Arbeitsklima nachzuweisen. Nur mit einer ausreichenden Offenheit können Risiken erkannt und identifiziert werden. Dies betrifft nicht nur die offizielle Risikoanalyse und Technikfolgeabschätzung, sondern den gesamten Lebenszyklus eines Produkts. Risiken müssen jederzeit durch veränderte Umstände erkannt und berücsichtigt werden und es muss erlaubt sein, Fehler zuzugeben.

Die generelle Offenheit in allen Bereichen der Technikentwicklung kann über den integrativen Führungsstil — der bei Frauen häufiger anzutreffen ist — erreicht werden. Dabei ist es wünschenswert, viele Frauen auch im Team zu haben, im Prinzip reicht es jedoch, gender-geschulte Führungsteams geschlechtergemischt zu besetzen. Für die Technikfolgeabschätzung und die Risikoanalyse müssen Frauen und Männer als End-KundInnen mit ihrer speziellen Sichtweise und Verwendung der Technik berücksichtigt werden.

BESONDERE Fallstricke

Die bloße Aussage, dass im Unternehmen alle MitarbeiterInnen offen reden können, ohne Konsequenzen befürchten zu müssen, ist nicht ausreichend. Es ist zu prüfen, ob die Teamzusammensetzungen und Organisation bei z. B. Risikoanalysen, Feedbackgesprächen, Brainstormings usw. den richtigen Rahmen (wie z. B. der Einsatz von geschulten ModeratorInnen oder TeilnehmerInnen mit ausreichender Gender-Kompetenz) bieten.

Wenn die Interessen von Frauen oder Männern vertreten sein sollen, dann ist ein Gruppenanteil von mindestens 30 % notwendig, damit die Sichtweisen von Frauen und Männern angemessen vertreten werden. Während des Gender-Assessments sollte darauf geachtet werden, wie die anwesenden Frauen und Männer miteinander umgehen. Häufiges Unterbrechen, längere Redebeiträge (die nichts zur Sache beitragen) und abwertende Bemerkungen weisen auf ein Dominanzverhalten hin, das durch die AssessorInnen angesprochen und in der Bewertung berücksichtigt werden muss.

---

[73]   ISO 26262 (2001)

EXKURS: Implizite Assoziationen/Ausgrenzungsmechanismen

Alle Menschen haben Vorurteile gegenüber anderen Menschen. Unsere Gesell-schaft beruht zu einem großen Teil auf der Ausgrenzung anderer, die ein in-ternes Zusammengehörigkeitsgefühl herstellt. Dies gilt für Nationen, Berufe, Altersgruppen, Berufsverbände, politische Parteien und viele andere Gruppen. Viele der Vorurteile sind unbewusst und damit mit hoher Überzeugungskraft ausgrenzend gegenüber den anderen. Der Implicit Association Test (IAT) von Greenwald, Banaji und Nosek kann genutzt werden, um die eigenen Vorurteile bewusst zu machen und zu hinterfragen[74].

Die folgenden Verhaltensweisen grenzen Menschen aus, auch ohne, dass dies explizit formuliert wird:

- Redewendungen und Witze, die sich auf Rollenstereotype beziehen,
- Pausenthemen, die nur für einen Teil der Anwesenden von Interesse sind,
- Schweigen zu Redebeiträgen,
- keine Erwiderung von Grüßen,
- Kommunikationsstile oder Sprachen, die nur von einigen beherrscht werden,
- nonverbales Verhalten (z. B. Körperhaltung), das Missachtung ausdrückt.

5.8 Change-Management durchführen

Die Einführung und Durchsetzung von Gender Diversity geht häufig mit einem grundlegenden Wertewandel im Unternehmen einher, der sachkundig begleitet werden muss. Dazu muss ein Change-Management-Prozess etabliert werden, der dafür sorgt, dass der Unternehmenswandel nachhaltig ist und möglichst ohne Pro-duktivitätsverluste oder Fluktuation durchgeführt werden kann.

5.8.1 Definition der Basispraktik

Die Änderung der Firmenkultur wird durch ein effektives Änderungsmanagement (Change-Management) begleitet. Die MitarbeiterInnen werden dort abgeholt, wo sie stehen, und sie werden durch Bottom-up-Prozesse in die Veränderung mit ein-bezogen.

---

[74] Greenwald, Banaji, Nossek (o.J.)

5.8.2 Umsetzung

Change-Management betrachtet vier verschiedene Ansätze für die Ausbreitung der Veränderung in einem Unternehmen. Je nach Größe und Struktur des Unternehmens kann ein anderer Ansatz sinnvoll oder erforderlich sein:

- Top-Down, bei dem das Management die Vorgaben macht und die Veränderung vorlebt,
- Bottom-Up, bei dem die Veränderungen aus dem Team angestoßen und auch dort umgesetzt werden,
- Both directions („Gegenstromverfahren"), bei dem Top-Down und Bottom-Up verknüpft werden,
- Multiple Nucleus („Fleckenstrategie"), bei dem die Veränderung von mehreren Seiten aus vorangetrieben wird.

ARBEITSHILFE
ONLINE

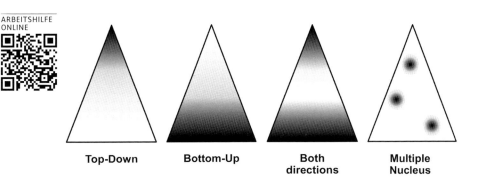

Abb. 20: Die vier Ansätze für Change-Management

Für die emotional aufgeladene Situation bei der Einführung von Gender Diversity ist in den meisten Fällen die Mischstrategie Both directions zu empfehlen, wobei hier allerdings der Top-Down-Ausprägung eine höhere Bedeutung zukommt als der Bottom-Up-Ausprägung.

ARBEITSHILFE
ONLINE

DEFINITION Change-Management

Change-Management wird auch häufig mit Veränderungsmanagement übersetzt. Darunter werden alle Tätigkeiten verstanden, die zur Begleitung von weitreichenden Veränderungsprozessen zur Einführung neuer Strategien oder Strukturen in einem Unternehmen eingesetzt werden.

Veränderungen stoßen meist zunächst auf Ablehnung, wenn der unmittelbare Bedarf von den Betroffenen nicht erkannt wird. Es muss damit gerechnet werden, dass MitarbeiterInnen während der Veränderung das Unternehmen verlassen oder sich heftig dagegen wehren.

Nach dem Top-Down-Ansatz startet das Change-Management unmittelbar nachdem in der Unternehmensführung die Entscheidung für Gender Diversity-Verbesserungsmaßnahmen getroffen wurde. Zusammen mit den Stakeholdern wird eine Vision entwickelt und eine gemeinschaftliche Gender Diversity-Strategie festgelegt. Daraus werden die einzelnen Projekte abgeleitet.

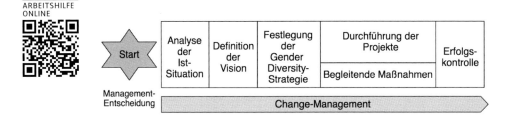

Abb. 21: Change-Management begleitet die Veränderung der Unternehmenskultur

Die einzelnen Projekte für die Verbesserung der Gender Diversity-Fähigkeit werden über Metriken (Kapitel 5.4) gesteuert, die der Gender Diversity-Strategie entsprechen. Damit die Veränderungen nachhaltig sind, müssen Misstrauen und innere Widerstände gegen die Änderungen systematisch mit begleitenden Maßnahmen abgebaut werden. Begleitende Maßnahmen können Gender Diversity-Roundtables, Podiumsdiskussionen mit dem Management über einzelne Themen oder aber Diskussionen über Vielfalt im Allgemeinen sein. Abbildung 21 zeigt ein generelles Vorgehen für Veränderungsprozesse, das mit der Entscheidung des Managements beginnt und über die Schritte der genaueren Analyse der IST-Situation bis hin zur Erfolgskontrolle reicht.

Die Gender Diversity-Strategie muss den immer wieder neuen Gegebenheiten angepasst werden. Das Wissen über Gender Diversity wird steigen und weitere Aspekte werden wichtig werden. So ist davon auszugehen, dass spezielle Fragestellungen für Frauen und Männer im Alter, mit Migrationshintergrund und mit Behinderung erst sinnvoll beantwortet werden können, wenn die allgemeinen Gender-Fragen geklärt sind. Alle Änderungen der Gender Diversity-Strategie sind mit den jeweiligen Stakeholdern abzustimmen und allen MitarbeiterInnen transparent zu machen.

> **BESONDERE Fallstricke**
>
> Bei der Festlegung der Gender Diversity-Strategie müssen alle Stakeholder ein-
> bezogen werden, wozu evtl. vorher Sensibilisierungsseminare besucht werden
> müssen, wenn das Wissen um das Gender Diversity-Thema zu gering ist. Die
> Einbeziehung der Stakeholder ist über entsprechende Sitzungsprotokolle und/
> oder Einladungsverteiler nachzuweisen. Änderungen an der Gender Diversity-
> Strategie müssen allen Stakeholdern bekannt gemacht werden. Dies ist eben-
> falls nachzuweisen.

5.9 Klare Verantwortung festlegen

Durch eine klare Zuordnung der Verantwortung für das Gender Diversity-Management im obersten Management wird die Einbindung in die allgemeinen Geschäftsziele und damit der Erfolg sichergestellt.

5.9.1 Definition der Basispraktik

Die Verantwortung für das Gender Diversity-Management ist festgelegt, bekannt
und der obersten Firmenleitung unterstellt.

5.9.2 Umsetzung

Strategische Veränderungsprozesse gelingen nur, wenn diese im Management verankert sind, der Erfolg kontrolliert wird, das Management eindeutig Stellung bezieht und regulierend eingreift, sobald Ziele nicht erreicht werden.

Durch die Zuordnung zum obersten Management ist sichergestellt, dass

- notwendige Budgetentscheidungen schnell getroffen werden können,
- die Bedeutung von Gender Diversity für das Unternehmen bei allen Stakeholdern (z. B. auch KundInnen, MitarbeiterInnen) bekannt und akzeptiert ist,
- alle einzubeziehenden Abteilungen, wie z. B. die Rechtsabteilung, Marketing,
  Vertrieb und die Personalabteilung, stets über die Aktivitäten informiert sind.

Die Definition der Gender Diversity-Strategie (Kapitel 5.1) und die Aufsetzung eines effektiven Change-Management-Prozesses (Kapitel 5.8) wird unmittelbar vom

obersten Management verantwortet. Neben der übergeordneten Verantwortung ist auch für alle Einzelaktivitäten oder Teilbereiche die Verantwortung klar festzulegen. Dies kann durch verschiedene Organisationsformen gewährleistet werden, die miteinander kombiniert werden können:

- (Gender-)Diversity-Beauftragte,
- (Gender-)Diversity-Abteilungen,
- Gleichstellungsbeauftragte,
- Beauftragte für Chancengleichheit,
- Beauftragte für Gender Mainstreaming.

Für alle Beauftragten und eine etwaige Gender Diversity-Abteilung sind die jeweiligen Aufgaben und Befugnisse festzulegen und von anderen Verantwortungsbereichen, wie dem Personalmanagement, klar abzugrenzen.

BESONDERE Fallstricke

Die Verantwortung für Gender Diversity sollte nicht allein in der Personalabteilung liegen, da es sich nicht nur um eine Personalentwicklungsmaßnahme handelt. Die Kontrolle durch das oberste Management muss nachgewiesen werden. Dies geschieht in der Regel über abgeschlossene Aktionseinträge im Management-Sitzungs-Protokoll.

In früheren Jahren wurde eher der Ansatz der Frauenförderung verfolgt und es wurden Stellen für Frauenbeauftragte geschaffen, die speziell die Förderung von Frauen vorantreiben sollen. Dieser Ansatz kann unter Umständen auch Gender-Aspekte abdecken, wenn das Gebiet weit genug definiert wurde oder tatsächlich nur ein Bedarf an Frauenförderung vorliegt. Dies ist jedoch sehr selten zutreffend, so dass diese Lösung häufig nicht zielführend ist.

ZUSAMMENFASSUNG

Nach den vier grundlegenden Basispraktiken folgen weitere fünf Schritte der erfolgreichen Implementierung von Gender Diversity-Management im Unternehmen. Diese betreffen die praktische Umsetzung.

- Eine regelmäßige Berichterstattung in internen und externen Zusammenhängen ist für den Erfolg unabdingbar. Neben der Kontrolle der relevanten Kennzahlen (in Jahresberichten, Bilanzen, Balanced Scorecards, etc.) gewährleistet dies eine Steuerung und rechtzeitige Korrektureingriffe bei Fehlentwicklungen. Die Erfolgskontrolle der Implementierung sollte im Vorfeld in Meilensteinen festgelegt werden und eine anschauliche und transparente Darstellung sowie der Einbezug aller Stakeholder gewählt werden. Wichtig ist zudem die Verfolgbarkeit (Traceability) von Geschäftszielen, Metriken und Aktionen.

- Für Gender Diversity-kompetente Unternehmen ist die Etablierung und Unterstützung von internen und externen Frauennetzwerken unabdingbar. Dies stärkt die Bedeutung von „weiblichen" Werten und vereinfacht den Kommunikationsfluss der Frauen untereinander und mit dem Management. Durch Sponsoring durch das Management/Unternehmen und das aktive Engagement von männlichen Managern in Frauennetzwerken erfahren diese eine unternehmensinterne Aufwertung und erhalten mehr Überzeugungskraft.

- Offenheit und die Möglichkeit zum Querdenken sind unabdingbare Voraussetzungen für die Öffnung eines Unternehmens gegenüber Gender Diversity. Dies erfordert die persönliche Achtung und den Respekt gegenüber dem Anderen und gegenüber unterschiedlichen Kommunikationskulturen. Ein Arbeitsklima von Offenheit und Toleranz wird ausschließlich durch einen integrativen Führungsstil ermöglicht, der Ausgrenzungsmechanismen unterbindet.

- Die Durchführung von Gender Diversity-Management führt zwangsläufig zu einem grundlegenden Wertewandel innerhalb des gesamten Unternehmens. Dieser muss in Form eines Change-Management-Prozesses sachkundig begleitet werden und dabei die Bedürfnisse aller Stakeholder berücksichtigen.

- Die grundsätzliche Verantwortung für das Gender Diversity-Management ist im obersten Management angesiedelt. Dies erfordert die unmittelbare Einbindung in die allgemeinen Geschäftsziele. Für einzelne Teilbereiche der Implementierung und Kontrolle können weitere Verantwortlichkeiten definiert werden, wie z. B. Gender Diversity-Beauftrage, Gender Diversity-Abteilungen, Gleichstellungsbeauftrage, Beauftragte für Chancengleichheit, etc. Die Kontrolle aller Maßnahmen muss im obersten Management liegen.

Nach Umsetzung der insgesamt neun Basispraktiken ist die Einführung des Gender Diversity-Managements im Unternehmen abgeschlossen. Eine kontinuierliche Evaluation und Kontrolle der Kennzahlen ist für den nachhaltigen Erfolg unabdingbar. Darauf aufbauend geht das nächste Kapitel auf die Aufgaben für das Personalmanagement ein.

ARBEITSHILFE ONLINE

Vertiefende Inhalte

Eine Übersicht und Checkliste für die Einführung und Kontrolle der einzelnen Basispraktiken finden Sie als Zusatzmaterial auf unserer Website.

6 Personalmanagement

6	**Personalmanagement**	**125**
6.1	Der Gesamtprozess	129
6.1.1	Personalmanagement-Strategie festlegen	129
	6.1.1.1 Definition der Basispraktik	129
	6.1.1.2 Umsetzung	129
	6.1.1.3 Besonderheiten in technischen Unternehmen	132
6.1.2	Klare Datenlage herstellen	135
	6.1.2.1 Definition der Basispraktik	135
	6.1.2.2 Umsetzung	135
	6.1.2.3 Besonderheiten in technischen Unternehmen	138
6.1.3	Entlassungsstrategien kritisch überprüfen	141
	6.1.3.1 Definition der Basispraktik	141
	6.1.3.2 Umsetzung	141
	6.1.3.3 Besonderheiten in technischen Unternehmen	143
6.1.4	Familienfreundliche Unternehmensstrukturen und eine gesunde Work-Life-Balance herstellen	144
	6.1.4.1 Definition der Basispraktik	145
	6.1.4.2 Umsetzung	145
	6.1.4.3 Besonderheiten in technischen Unternehmen	148
6.2	Der Einstellungsprozess	150
6.2.1	Einstellungsstrategie definieren	151
	6.2.1.1 Definition der Basispraktik	151
	6.2.1.2 Umsetzung	152
	6.2.1.3 Besonderheiten in technischen Unternehmen	156
6.2.2	Auswahlgremium besetzen	157
	6.2.2.1 Definition der Basispraktik	158
	6.2.2.2 Umsetzung	158
	6.2.2.3 Besonderheiten in technischen Unternehmen	158
6.2.3	Zielquoten festlegen	160
	6.2.3.1 Definition der Basispraktik	160
	6.2.3.2 Umsetzung	160
	6.2.3.3 Besonderheiten in technischen Unternehmen	162
6.2.4	Frauen und Männer explizit ansprechen	164
	6.2.4.1 Definition der Basispraktik	164
	6.2.4.2 Umsetzung	164
	6.2.4.3 Besonderheiten in technischen Unternehmen	166

6.2.5	Stereotype in der Bewertung überwinden	167
	6.2.5.1 Definition der Basispraktik	167
	6.2.5.2 Umsetzung	167
	6.2.5.3 Besonderheiten in technischen Unternehmen	168
6.2.6	Stereotype in der Prozessdefinition überwinden	169
	6.2.6.1 Definition der Basispraktik	169
	6.2.6.2 Umsetzung	169
	6.2.6.3 Besonderheiten in technischen Unternehmen	170
6.2.7	Zielerreichung regelmäßig überprüfen	171
	6.2.7.1 Definition der Basispraktik	171
	6.2.7.2 Umsetzung	171
	6.2.7.3 Besonderheiten in technischen Unternehmen	173
6.3	Die Karriere-Planung	174
6.3.1	Ziele und Strategie für die Karriereplanung festlegen	175
	6.3.1.1 Definition der Basispraktik	175
	6.3.1.2 Umsetzung	175
	6.3.1.3 Besonderheiten in technischen Unternehmen	182
6.3.2	Karriere- und Ausbildungspläne erstellen	186
	6.3.2.1 Definition der Basispraktik	186
	6.3.2.2 Umsetzung	186
	6.3.2.3 Besonderheiten in technischen Unternehmen	188
6.3.3	Stereotypfreies Skills-Management implementieren	189
	6.3.3.1 Definition der Basispraktik	189
	6.3.3.2 Umsetzung	189
	6.3.3.3 Besonderheiten in technischen Unternehmen	191

MANAGEMENT SUMMARY

Nach den Basispraktiken zur Einführung von Gender Diversity-Maßnahmen steht nun die besondere Rolle des Personalmanagements im Fokus. Dieses gliedert sich in drei Bereiche, die jeweils mehrere Basispraktiken umfassen:

Der Gesamtprozess

▨ Personalmanagementstrategie festlegen,
▨ klare Datenlage erstellen,
▨ Entlassungsstrategien kritisch überprüfen,
▨ familienfreundliche Unternehmensstrukturen und eine gesunde Work-Life-Balance herstellen.

Der Einstellungsprozess

▨ Einstellungsstrategie definieren,
▨ Auswahlgremium besetzen,
▨ Zielquoten festlegen,
▨ Frauen und Männer explizit ansprechen,
▨ Stereotype in der Bewertung überwinden,
▨ Stereotype in der Prozessdefinition überwinden,
▨ Zielerreichung regelmäßig überprüfen.

Die Karriere-Planung

▨ Ziele und Strategien für die Karriereplanung festlegen,
▨ Karriere- und Ausbildungspläne erstellen,
▨ Stereotypenfreies Skills-Management implementieren.

Da das Personalmanagement mittel- und langfristige Auswirkungen auf die Unternehmensstruktur und -kultur hat, ist die Implementierung von Gender-Kompetenz in die bestehenden Prozesse von besonderer Bedeutung.

Das Personalmanagement ist ein wichtiger Bereich für die Umsetzung der Gender Diversity-Strategie eines Unternehmens. Dieser Bereich sollte — wie die übrige Organisation — einen hohen Reifegrad-Level für die Gewährleistung eines professionellen, qualitätsbezogenen Vorgehens haben. Im Folgenden wird nur auf Aspekte eingegangen, die für Gender Diversity von Bedeutung sind. Dazu werden die folgenden Teile des Personalmanagements unterschieden (Abbildung 22):

- Gesamtprozess (alles außer Einstellungen und Karriereplanung),
- Einstellungsprozess,
- Karriereplanung.

Gender Diversity-Management	Personal-Management	Operationelle Prozesse

Basispraktiken:
Strategie
Gender Diversity-Wissen
Abbau Rollenstereotype
Klare Datenlage
Berichterstattung
Frauennetzwerke
Offenheit und Querdenken
Change-Management
Klare Verantwortung
	Teilprozesse:
	Gesamtprozess
	  Strategie
	  Klare Datenlage
	  Entlassungen
	  Familienorientierung
	Einstellungsprozess
	  Strategie
	  Auswahlgremium
	  Zielquoten
	  Ansprechen
	  Stereotype
	  Berichterstattung
	Karriereplanung
	  Strategie
	  Karriere- und
	    Ausbildungspläne
	  Skillsmanagement
		Qualitätssicherung
		
		Anforderungsmanagement
		
		Risikomanagement
		
		Projektmanagement
		
		Kennzahlen
		
		Auswahl von Geschäfts-partnerInnen und Lieferfirmen
		
		Marketing

Abb. 22: Personalmanagement im Unternehmenskontext

Der Gesamtprozess wird kurz skizziert und geht lediglich auf die Teile näher ein, die neben dem Einstellungs- und Karriereplanungsprozess unbedingt zu beachten sind. Bei allen Schritten im Personalmanagement muss darauf geachtet werden, die Interessen von Frauen und Männern gleichmäßig zu berücksichtigen. Speziell gilt dies aber für die Strategie, die Datenerfassung und -auswertung, sowie für spezielle Prozesse im Fall von (notwendigen) Entlassungen und allen Prozessen, bei denen Familienorientierung eine Rolle spielt. Familienorientierung wird meist auf Wunsch von Mitarbeiterinnen eingeführt und viele Frauen nutzen die Familienservices von Unternehmen. Allerdings besteht die Gefahr, Frauenförderung mit dem Angebot von Kindergarten- oder Hortplätzen gleichzusetzen, was der fairen Leistungsbewertung von Frauen entgegensteht. Die Verstärkung des Rollensterotyps „Kinder gehören zu ihren Müttern" durch die angebotenen und auch gerne angenommenen Familienservices muss mit geeigneten Gegenmaßnahmen neutralisiert werden.

Weitere Stellschrauben für eine gender-gerechte Personalpolitik sind der Einstellungsprozess und die Karriereplanung, die in eigenen Abschnitten ausführlich erläutert werden.

Vertiefende Inhalte

Eine Übersicht und Checkliste für die Einführung und Kontrolle der einzelnen Basispraktiken finden Sie als Zusatzmaterial auf unserer Website.

6.1 Der Gesamtprozess

Im Folgenden werden nur die Basispraktiken des Personalmanagements beschrieben, die neben den Basispraktiken des Einstellungsprozesses oder der Karriereplanung für Gender Diversity eine besondere Rolle spielen.

6.1.1 Personalmanagement-Strategie festlegen

Für das Personalmanagement wird eine Strategie festgelegt, die den Umfang und den Tätigkeitsbereich des Personalmanagements in Abgrenzung zu anderen Führungsaufgaben beschreibt und die Geschäftsziele mit den Mitteln der Personalverwaltung und -führung optimal unterstützt.

6.1.1.1 Definition der Basispraktik

Die Definition und Pflege der Ziele und der Strategie für den Personalmanagement-Prozess wird durchgeführt.

6.1.1.2 Umsetzung

Die Personalmanagement-Strategie enthält generelle Aussagen zu den Werten des Unternehmens bzgl. Führung, Macht und Arbeitszeitgestaltung (Unternehmenskultur). Aus den generellen Aussagen werden die Vorgaben für die weiteren Arbeitsschritte in den einzelnen Bereichen des Personalmanagements abgeleitet.

Die einzelnen Bereiche können je nach Größe und Struktur des Unternehmens unterschiedlich ausgeprägt und gewichtet sein. Im Folgenden werden mögliche Bereiche des Personalmanagements kurz dargestellt. Wegen der besonderen Be-

deutung für Gender Diversity sind die Strategien und Ziele für den Einstellungsprozess und die Karriereplanung nach dem hier verfolgten Unternehmensmodell
in separaten Kapiteln beschrieben. Die einzelnen Strategien können aber auch in
einer Gesamtstrategie für das Personalmanagement enthalten sein. Alle Teilstrate-
gien müssen sich aufeinander und auf die Geschäftsstrategie beziehen.

Die Teilbereiche des Personalmanagements sind:

- **Personalführung**
  richtet MitarbeiterInnen und Führungskräfte nach der Unternehmenskultur
  und entsprechenden Managementmodellen auf die Unternehmensziele aus.
  Dazu werden Instrumente wie ein Vorschlagswesen, Ideenmanagement und
  verschiedene Anreizsysteme zur Verfügung gestellt.
- **Einstellungsstrategie**
  legt den Prozess der Anwerbung oder Abwerbung geeigneter Talente z. B. über
  PersonalvermittlerInnen, Inserate oder Jobbörsen fest.
- **Personalentwicklung**
  entwickelt Karrierepfade für die interne Personalbeschaffung für Fach- und
  Führungspositionen. Die Karrierepfade sind meist mit entsprechenden Ausbil-
  dungs- und Trainingsplänen verbunden.
- **Entlohnungssystem**
  legt die Gehaltsbestandteile wie Grundgehalt, Bonuszahlungen, Überstunden-
  regelungen, Altersteilzeit, Kurzarbeit, Gleitzeitregelungen und die Möglichkeit,
  unbezahlte Auszeiten von der Erwerbsarbeit nehmen zu können, fest.
- **MitarbeiterInnen-Motivation**
  umfasst Programme für Sport- und Freizeitangebote, aber auch Unterstützung
  bei Sparverträgen, Versicherungen usw.

Es ist schwer, generell festzulegen, wie die Interessen von Frauen und Männern
in den einzelnen Bereichen ausreichend berücksichtigt werden können. Der heutige Stand der Studien zu gewünschtem Führungsverhalten geht davon aus, dass
Frauen sich eher flache Hierarchien wünschen und Männer mit Rangfolgen weniger
Schwierigkeiten haben. Allerdings ist es gefährlich, solche Aussagen ungeprüft zu
übernehmen: Durch kulturelle Verschiebungen, weitere Ausbildungsprogramme,
zunehmend gleichberechtigten Zugang zu Beruf und Familie befinden sich diese
Aussagen im stetigen Wandel. Das Gleiche gilt für die Festlegung von Boni oder
Gehaltsbestandteilen, die auch als Statussymbole verstanden werden. Es kann
bestehende Rollenstereotype verfestigen, wenn davon ausgegangen wird, dass
Männer an einem repräsentativen Dienstwagen interessiert sind, während Frauen
keine zusätzlichen Anreize brauchen (da sie aufgabenorientierter sind). Besser
wäre festzulegen, welche Gehaltsbestandteile der Philosophie des Unternehmens

entsprechen und diese dann einheitlich an Frauen und Männer entsprechend der Festlegung zu verteilen.

Zur Vermeidung von unbewusster Übernahme von Rollenstereotypen oder gar Verstärkung durch eigene Arbeitsanweisungen sollte bei der Festlegung der verschiedenen Prozesse vorgeschrieben werden, dass Frauen und Männer mit ausreichender Gender-Kompetenz an der Definition beteiligt werden.

In der Personalmanagement-Strategie müssen alle rechtlichen Vorgaben, die für die eingeführten Prozesse zu beachten sind (inklusive Gleichberechtigungsgesetze[75] und Quotenregelungen, die auch für Deutschland in Zukunft bindend sein können), erwähnt werden. Die folgenden Aspekte müssen in der Gesamtstrategie auftauchen:

- Generelle Aussage zu Lohngerechtigkeit mit Zielen und Berechnungsgrundlagen[76]. Dabei sollte auf die aktuelle gesellschaftliche und politische Diskussion — wie die Gender-Gap-Berechnungen von BPW und des statistischen Bundesamtes — referenziert werden.
- Generelle Aussage zur Verwendung von Zielquoten für Frauen und Männer in bestimmten Positionen und zur Festlegung von Konsequenzen im Falle, dass die Quoten nicht erreicht werden. Die aktuelle Gesetzeslage in Deutschland und Ländern, mit denen Handelsbeziehungen bestehen, ist zu berücksichtigen. Eine Bezugnahme auf aktuelle politische und gesellschaftliche Diskussionen sollte erfolgen.

Die Lohngerechtigkeit und die erreichten Frauen- und Männerquoten im Unternehmen sind wichtige Indizien für die Gender-Fähigkeit eines Unternehmens und sollten regelmäßig überprüft werden.

Die Gesamtstrategie muss beschreiben, wie die Wirtschaftlichkeit der Personalmanagement-Prozesse nachgewiesen werden kann. In der Regel sorgt die Personalverwaltung mit einem elektronischen Personalinformationssystem für einen gesicherten Datenbestand, der die Beurteilung der Effizienz der Arbeitsprozesse inklusive der Gender-Aspekte erlaubt (Kapitel 6.1.2). Des Weiteren sollte die Gesamtstrategie allgemeine Aussagen zum Vorgehen bei Entlassungen aller Art (Kapitel 6.1.3) und im Hinblick auf Familienorientierung (Kapitel 6.1.4) enthalten.

---

[75] Die rechtlichen Rahmenbedingungen sind gut in dem Artikel „Chancengleichheit durch Personalpolitik" von Prof. (em.) Dr. Gertraude Krell und der Richterin Regine Winter beschrieben (Krell, Winter, 2011).

[76] Kapitel 6.2

6.1.1.3 Besonderheiten in technischen Unternehmen

In technischen Unternehmen ist ein Komplexitätszuwachs durch das Zusammenwachsen verschiedenster Techniken, wie etwa der Telekommunikation und der Automobilindustrie, zu beobachten. Dieser bringt eine Vereinzelung von ExpertInnen mit sich. Komplexe Systeme können fast nur noch in Teilen beherrscht werden und für jedes Teilsystem gibt es meist nur eine/n oder wenige ExpertInnen. Dies führt zu einem erhöhten Bedarf an strukturiertem und professionellen Handeln[77], das leider noch nicht überall implementiert ist. Die Auswirkungen von fehlenden Arbeitsprozessen und Qualitätssicherung sind:

- viele Überstunden,
- Stressbelastung durch Eskalation im Management und bei Kunden,
- unplanbare Freizeit oder auch Familienzeitgestaltung,
- unplanbare Abwesenheitszeiten durch Dienstreisen.

Diese Tatsache macht technische Berufe für Personen, die sich für ihre Familie engagieren, ausgesprochen unattraktiv. Auch gut gemeinte zusätzliche Angebote — wie die oben genannten Programme zur MitarbeiterInnen-Motivation — werden durch Dauerbelastung häufig unwirksam, weil ExpertInnen nicht dazu kommen, sie zu nutzen. Im Sinne des Personalmanagements sind somit sinnvolle Arbeitsprozesse im ganzen Unternehmen zu etablieren, auch wenn das Personalmanagement in der Regel nicht für die Gestaltung dieser Prozesse zuständig ist.

Indirekt, aber ausgesprochen wirksam, kann die Personalabteilung Qualität befördern, wenn sie schon bei der Einstellung und auch bei Beförderungen darauf achtet, dass Personen mit den notwendigen Fähigkeiten und Charaktereigenschaften eingestellt und berücksichtigt werden. TechnikerInnen und QuerdenkerInnen müssen Freiraum haben, sollten aber ein Mindestmaß an Verständnis für Arbeitsprozesse mitbringen. Managerinnen und Manager werden als Vorbilder in Sachen Qualität gesehen, deshalb müssen sie ein großes Wissen über Arbeitsprozessgestaltung vorweisen und sich auch selbst an professionelle Managementverfahren halten.

BESONDERE Fallstricke

Die Personalmanagement-Strategie muss sinnvoll mit der Gender Diversity-Strategie verknüpft sein.
Entlohnungssysteme sollten auf Gender-Gerechtigkeit geprüft werden.

---

[77] Siehe dazu auch die allgemeinen Zusammenhänge zwischen Qualitätsmanagement und Gender Diversity in Kapitel 4.4

Für Motivationssysteme ist darauf zu achten, dass Frauen und Männer unterschiedliche Vorlieben mitbringen. Falls bestimmte Positionen oder bestimmte Management-Level eine traditionelle Verteilung von Frauen und Männern aufweisen und eine Ablehnung von Zielquoten für Frauen und Männer besteht, lässt dies auf einen Mangel an Wissen über die zu überwindenden Hindernisse für die gender-gerechte Besetzung von Positionen schließen.

EXKURS: Zielquoten als wirtschaftliches Steuerungsinstrument

Quoten dienen als Instrument der Personalentwicklung zur Überwindung von Rollenstereotypen, die zumeist Frauen daran hindern, in Führungspositionen zu kommen. Es gibt leider keinen vollständigen Überblick über Unternehmen, die Frauen- und Männerquoten als Maßnahme einsetzen. In vielen Unternehmen ist nach außen nicht immer transparent, wenn intern eine Quotierung bzgl. der Besetzung von bestimmten Stellen oder für Teams als Mittel des Personalmanagements angewandt wird. In vielen amerikanischen Firmen sind Zielquoten für Vorgesetzte festgelegt, Frauen oder VertreterInnen aus anderen Diversity-Gruppen in ihr Team zu holen. Meist hängt die Höhe der Bonuszahlung von der Erreichung der Zielvorgabe ab.

Seit 2011 hat sich aufgrund der politischen Diskussion über die Einführung gesetzlicher Frauenquoten für Aufsichtsräte und Vorstände eine zunehmende Anzahl an Unternehmen selbst Quotenziele gegeben und veröffentlicht. Dies gilt für alle DAX-Unternehmen[78]. Ein paar Beispiele zeigen, wie unterschiedlich die jeweiligen Regelungen sind:

- Telekom AG: 30 % Frauen auf jeder Führungsebene
- Daimler AG: 20 % Frauen auf allen Führungsebenen bis 2020
- BMW: Frauenanteil im Top-Management bis 2020 von derzeit 9 auf 16 % erhöhen
- Bayer: bis 2017 jeden fünften Aufsichtsratssitz und schon bis 2015 rund jede dritte Führungsposition im Management mit einer Frau besetzen
- Allianz: Frauenanteil im Aufsichtsrat von derzeit 10 auf 25 %, den im Top-Management auf 30 % steigern

Frauenquoten in der Politik

In Deutschland haben Frauenquoten vor allem in der Politik eine längere, erfolgreiche Tradition:

- Die Grünen waren die erste Partei, die eine Frauenquote eingeführt hat: Bereits 1979 wurde eine 50-Prozent-Quote als Sollregelung beschlossen. 37 % aller Mitglieder sind Frauen.
- Die SPD hat 1988 eine 40-Prozent-Quote für Parteiämter und Wahllisten eingeführt. Rund 31 % der SPD-Mitglieder sind Frauen.

---

[78] BMFSFJ (2012)

- Die CDU beschloss 1994 ein Frauenquorum. 25 % der CDU-Mitglieder sind Frauen.
- Bei der FDP gibt es keine Quoten. 25 % der FDP-Mitglieder sind Frauen.
- Die CSU beschloss 2010 eine 40-Prozent-Quote für Kreis- und Landeslisten.
- Die Linke hat eine Mindestquote von 50 % für Frauen, die aber nicht überall eingehalten wird. Es gibt allerdings auch Gremien mit einem Frauenanteil von 75 %.

Gesetzliche Regelungen in anderen Ländern

Einige Länder haben eine gesetzliche Quote für Frauen und Männer in Aufsichtsräten, andere Länder haben Gesetze auf den Weg gebracht[79].

- Norwegen (2008)[80]:
  Jeweils 40 % Frauen und Männer müssen einen Aufsichtsrat bilden, damit das Unternehmen börsennotiert bleiben darf. Inzwischen ist der Anteil der Frauen auf 44 % gestiegen.
- Frankreich (2011):
  Bis 2017 sollen 40 % Frauen in den Aufsichtsräten vertreten sein. Falls dies nicht erreicht wird, werden die Bezüge aller Aufsichtsratsmitglieder gestrichen.
- Belgien:
  33 % Frauen im Board für staatliche (bis 2013) und börsennotierte (bis 2018) Unternehmen. Für kleinere Unternehmen gibt es eigene Regelungen.
- Island (2010):
  mindestens 40 % für Frauen und Männer bis 2013
- Italien (2011):
  33 % für das Geschlecht, das unterrepräsentiert ist. Das Gesetz gilt für börsennotierte Unternehmen.
- Spanien (2007):
  Mindestens 40 % Frauen und Männer müssen in Boards von börsennotierten Unternehmen mit mehr als 250 MitarbeiterInnen bis 2015 vertreten sein.
- Österreich:
  Staatliche Betriebe müssen bis 2018 35 % Frauen in den Kontrollgremien haben.
- EU:
  Freiwillige Erklärung zu Quoten noch bis 2012 möglich, danach soll ein EU-weites Gesetz erlassen werden

---

[79] Catalyst (2011)

[80] In Klammern steht jeweils das Jahr des Inkrafttretens des Gesetzes, sofern bekannt.

Vertiefende Inhalte

http://www.flexi-quote.de

http://www.pro-quote.de

http://www.spiegel.de/wirtschaft/soziales/eu-kommission-beschliesst-frauen-quote-fuer-aufsichtsraete-a-867142.html

6.1.2 Klare Datenlage herstellen

Die Festlegungen und Entscheidungen, die im Personalmanagement z. B. bzgl. der Entlohnungssysteme, Stellenbesetzungen und Motivationsprogramme getroffen werden, haben weitreichende Auswirkungen und können nur schwer revidiert werden. Um Entscheidungen abzusichern, Fehlentscheidungen zu verhindern oder Fehler rechtzeitig erkennen zu können, muss auf valider Datenbasis gearbeitet werden. Die Projekte im Bereich Gender Diversity unterliegen zahlreichen Einflussfaktoren und ihre Effekte lassen sich häufig nur durch erfahrene Fachleute richtig abschätzen. Die Zielerreichung der Gender Diversity-Projekte muss daher mit geeigneten Mitteln kontrolliert werden (Kapitel 5.4).

6.1.2.1 Definition der Basispraktik

Die Datenbasis für das Personalmanagement ermöglicht die statistische Differenzierung von Frauen und Männern. Dies betrifft mögliche Gehaltsunterschiede pro Stellenart, Unterschiede in Gehaltsbestandteilen (Dienstwagen, Handy, ...) und Unterschiede der Ausübung von Teilzeit (reduzierter Vollzeit) und Familienzeiten.

6.1.2.2 Umsetzung

Die Auswirkungen von Personalmaßnahmen liegen weit in der Zukunft, sind schlecht abschätzbar und meist mit hohen Kosten verbunden. So kann z. B. die Bereitstellung von Kindergartenplätzen einige tausend Euro im Jahr kosten und es muss vorab geklärt werden, ob die Maßnahmen die gewünschten Wirkungen erzielen. Werden die Kindergartenplätze durch die MitarbeiterInnen genutzt? Steigt die Motivation und Arbeitsbereitschaft der MitarbeiterInnen?

Personalmanagement

Eine der bedeutsamsten Kontrollen im Personalmanagement ist die Kontrolle der geschlechterspezifischen Lohngerechtigkeit. Seit langem wird ein Gehaltsunterschied zwischen Männern und Frauen beklagt, der in fast allen Berufsfeldern feststellbar und auch auf allen Management-Levels zu finden ist. Das Bundesministerium für Familie, Senioren, Frauen und Jugend (BMFSFJ) bietet seit 2011 einen Selbstcheck[81] zur Klärung der Frage, ob die bestehende Gehaltsstruktur gender-gerecht ist.

Gehaltsunterschiede können gewollt sein, geschehen allerdings oft unbewusst. Um unbewusstes Handeln auszuschließen sind alle Daten, die für die Erreichung von Karrierezielen interessant sein könnten, nach Geschlecht getrennt zu erfassen und darzustellen. Dazu gehört normalerweise:

- Art der Ausbildung (oder gemessen in Jahren),
- Anzahl der Dienstjahre,
- erreichter Karriere-Level (von „ohne Führung" über „Anleitung und Gruppen-/ Abteilungsleitung" bis zum „Führen von mehr als 1000 Angestellten"),
- Anforderungsniveau (von „ungelernt" bis „mit Studium und schon lange im Betrieb"),
- Unterbrechungszeiten,
- regelmäßige Wochenarbeitszeit,
- bezahlte Überstunden.

Zur Feststellung von Gehaltsunterschieden müssen die ermittelten Zahlen mit dem erreichten Jahresgehalt (bestehend aus Grundgehalt und Sonderzahlungen) in Relation gesetzt werden. Zur Ermittlung möglicher Ursachen für Unterschiede kann es notwendig sein, weitere Daten zu erfassen. Hier ein paar Beispiele:

- Alter der MitarbeiterInnen,
- erreichte Leistungsziele versus Selbsteinschätzung,
- bewilligte Überstunden versus abgelehnte Überstunden,
- Zuteilung von Dienstwagen und anderen Sachwerten, die auch als Statussymbole angesehen werden,
- Auslandsaufenthalte,
- Anzahl Dienstreisen,
- Anzahl Veröffentlichungen/Patente/Verbesserungsvorschläge,
- Weiterbildungsmaßnahmen,
- MitarbeiterInnen-Zufriedenheit,
- Mitgliedschaft in Netzwerken,
- Anzahl von Jobwechseln innerhalb des Unternehmens,

---

[81] Mit Hilfe des Tools Logik-D (BMFSFJ, 2011)

- Gründe für Kündigungen,
- Antrag auf Teilzeit (bewilligt/abgelehnt).

Für alle erfassten Daten sind zugehörige Metriken zu definieren, deren Werte interpretierbar sind. Wenn z. B. die Zuteilung von Weiterbildungsmaßnahmen pro MitarbeiterIn als Metrik definiert und verfolgt werden soll, könnten pro MitarbeiterIn die Anzahl der besuchten Kurse im Jahr oder die Anzahl der Weiterbildungstage als Metrik definiert werden. Welche Metrik geeignet ist, hängt von der Interpretierbarkeit ab. Die erste Metrik ist einfacher zu erfassen, könnte aber ohne Aussagekraft sein, wenn z. B. Kurse mit unterschiedlich langer Laufzeit besucht werden oder der Großteil der Weiterbildung nicht in Kursen sondern on-the-job erfolgt. Die zweite Metrik ist sehr schwer zu erfassen und davon abhängig, was die betroffenen Personen als Training-on-the-Job empfinden und angeben. Damit kann auch diese Metrik Ungenauigkeiten aufweisen.

Für jede Metrik muss festgelegt werden, welcher Wert im Mittel oder als exakter Wert angestrebt wird. Für Weiterbildungsmaßnahmen müsste z. B. festgelegt werden, ob pro MitarbeiterIn mindestens ein Kurs im Jahr belegt werden soll oder ob im Mittel fünf Tage im Jahr in Weiterbildung investiert werden sollen.

Die gesamte Datenerfassung und -auswertung muss sorgfältig mit allen Stakeholdern abgestimmt und auf mögliche Gefahren, wie unerwünschte Verhaltensänderungen, Datenmanipulationsmöglichkeiten oder Fehlinterpretationen geprüft werden (Plausibilisierung). Durch die gesellschaftliche Brille können in der Beurteilung des Verhaltens von Menschen leicht Fehlinterpretationen auftreten. Es ist deshalb unbedingt erforderlich, die Interpretation von Führungs- oder Beratungsleistungen, die nicht mit exakten Metriken vermessen werden können, von Frauen und Männern mit ausreichender Gender-Kompetenz durchführen zu lassen. In nachfolgendem Exkurs sind einige Beispiele aufgeführt, die die Bedeutung der Plausibilisierung von Datenerhebung unterstreichen.

Ein Effekt durch Metriken kann häufig nur festgestellt, aber nicht erklärt werden. Beispielsweise zeigen viele Studien, dass gemischte Teams in der Führungsspitze von Unternehmen einen höheren finanziellen Erfolg für das Unternehmen bedeuten. Es kann jedoch nicht nachgewiesen werden, dass dieser Erfolg den Frauen zuzurechnen ist. Die Ergebnisse der Studien zeigen nur eine hohe Wahrscheinlichkeit für einen Zusammenhang, der erst mit verfeinerten Metriken nachgewiesen werden könnte.

6.1.2.3 Besonderheiten in technischen Unternehmen

In technischen Unternehmen führt der Mangel an weiblichen Fachkräften oft zu einer geringeren Anzahl an weiblichen Führungskräften, da Führungskräfte aus der Gruppe der Ingenieure oder Techniker gewonnen werden. Diese Auswahlstrategie (Meistermodell) sollte nicht nur aufgrund des Mangels an Frauen in den technischen Berufen überdacht werden, sondern auch deshalb, weil Führung spezielle Kenntnisse und Kompetenzen erfordert. Führungsverhalten und -techniken werden Ingenieuren nur in Ausnahmefällen an den Hochschulen beigebracht und entsprechen meist auch nicht deren Neigungen und Fähigkeiten. Von Führungskräften wird verlangt, dass sie entscheidungsstark und extrovertiert sein müssen, während IngenieurInnen konzentriert viele Details beachten und gegeneinander abwägen müssen[82]. Es ist zu überlegen, ob unter bestimmten Umständen auch QuereinsteigerInnen aus anderen Fächern, wie WirtschaftsingenieurInnen, JuristInnen, FinanzexpertInnen oder ManagerInnen mit abgeschlossenem Managementstudium, als Führungskräfte in Frage kommen.

Quereinstiege sind immer mit einem gewissen Risiko verbunden und müssen gut vorbereitet und begleitet werden, bis ein gewisser Grad an Integration in die Informations- und Entscheidungsvorgänge im Unternehmen erreicht ist. Um Schwierigkeiten schnell erkennen und beheben zu können, sollten regelmäßig Gespräche mit den Betroffenen über die gemeinsame Zielsetzung und einen Abgleich von unterschiedlichen Werten, die jede/r Neue in ein Unternehmen mitbringt, geführt werden.

Um festzustellen, ob die Betreuung der Quereinstiege adäquat ist, sollten weitere Daten erhoben werden:

- Dauer der Beschäftigung nach Quereinstieg,
- Art der Begleitung (von „ohne Unterstützung" bis „internes und externes Coaching"),
- Vorbereitung der Teammitglieder (von „keine" bis „interkulturelles Training" oder „Gender-Training"),
- Diversity des aufnehmenden Teams (von „homogene Gruppe" bis „Diversity in mehreren Dimensionen").

---

[82] Umsetzer (z. B. Ingenieure) sind eher konservativ und berechenbar, während Macher (z. B. Führungskräfte) dynamisch und stark angespannt sein müssen. Perfektionisten (z. B. ExpertInnen) eignen sich noch weniger als Führungskräfte, da sie eher ängstlich sind (Belbin 1996).

Bei der Besetzung des Teams, das die Analyse der Daten vornimmt, sollte darauf geachtet werden, dass die spezielle Situation mit hoher Gender-Kompetenz eingeschätzt werden kann.

BESONDERE Fallstricke

Die Erfassung von Daten muss mit allen Stakeholdern abgestimmt sein und dem deutschen Datenschutzgesetz genügen. Es müssen Konsequenzen aus der Erhebung und der Interpretation der Messdaten feststellbar sein.

Zur Analyse der Relevanz, der Interpretationsmöglichkeiten und der Plausibilität der Metriken sollte es einen Beleg (z. B. ein Ergebnisprotokoll des Plausibilitätschecks) geben.

Die statistische Erfassung derjenigen, die das Unternehmen verlassen, muss nach Geschlechtern getrennt erfolgen. Falls sich in Arbeitsbereichen prozentual ein höherer Abgang von Frauen oder Männern ergibt, als in dem Arbeitsbereich tätig sind, dann muss dieses Missverhältnis untersucht werden.

Anregungen zur Datenerhebung, die aus dem unternehmensinternen Frauennetzwerk stammen, müssen berücksichtigt werden (Kapitel 5.6).

EXKURS

Wie Messen das Verhalten ändert

Im Personalbereich ist die Erfassung von Daten immer kritisch zu hinterfragen, da es leicht zu Verhaltensänderungen bei denen kommt, deren Verhalten gemessen wird.

Hier ein Beispiel einer Verhaltensänderung, die nicht im Sinne der Metrik war und die Sinnhaftigkeit der Metrik in Frage stellen:

> *Als ich neu in der Firma war, gab es noch eine Zeiterfassung und ich habe mich häufiger dabei erwischt, wie ich vor der Stempeluhr stand und zumindest die nächste volle Minute noch mitnehmen wollte. Mir wurde dadurch klar, dass die Zeit bezahlt wurde und nicht meine Leistung.*

Eine Zeiterfassung kann zu einer sinnlosen bis teuren Maßnahme der Datenerhebung werden und zur Aufhebung des Leistungsprinzips führen, da nicht die Leistung, sondern die Zeit im Vordergrund steht. Durch Zielvorgaben in der Mitarbeiterführung soll dieser Effekt aufgehoben werden und Leistung sichtbar werden, allerdings sind Leistungsziele meist nicht so einfach zu messen und lassen einiges an Interpretationsfreiheiten. Dieses Beispiel ist gender-neutral, belegt jedoch eindrucksvoll die Schwierigkeit, messbare Ziele zu definieren.

Das nächste Beispiel zeigt eine problemlose Datenerfassung und Zielvorgabe, die sehr häufig in Frage gestellt wird: die Quotierung von Fach- oder Führungspositionen.

Bei IBM wurde verlangt, dass eine gewisse Zielquote von Diversity-Gruppen in den Teams erreicht wurde. Das hat zu größeren Anstrengungen bei der Suche nach geeigneten KandidatInnen geführt. Ohne die Zielvorgabe wäre die Diversity nicht erreicht worden.

Olaf Henkel

Für Führungskräfte ist die Zielvorgabe, einen gewissen Prozentsatz der Positionen im Team an Diversity-Gruppen zu vergeben, eine Fokussierung auf ein Thema, das ansonsten nicht genügend Beachtung finden würde. Da die Führungskraft eine langfristige Bindung mit neuen Teammitgliedern eingeht, ist nicht damit zu rechnen, dass ungeeignete KandidatInnen ausgewählt werden. Trotzdem führt allein die Diskussion um Quoten zu heftigen Reaktionen und es muss mit Widerständen im Team gerechnet werden, wenn Quoten erstmals eingeführt werden.

Wie Messen unzuverlässig wird

Im Projekt war es üblich die Zeiterfassung zu umgehen, da wir nach dem Arbeitsschutzgesetz nicht länger als zehn Stunden am Tag arbeiten durften. Wir haben dann ausgestempelt und danach sind wir wieder ins Büro gegangen.

Um Fehleingaben zu verhindern sollten Messdaten möglichst automatisch erfasst werden. Leider kann die automatische Erfassung eine Manipulationen der Daten zwar erschweren, aber nur selten verhindern. Fast jede Metrik lässt sich manipulieren, deshalb müssen MitarbeiterInnen über die Verwendung der Messergebnisse und den eigenen Nutzen aus der Auswertung der Metrik aufgeklärt werden. Nur so können Manipulationen in ausreichendem Maße verhindert werden.

Grundlagen zur Erhebung und Auswertung von Messdaten

Um Daten richtig zu interpretieren, muss definiert werden, zu welchem Zweck sie erhoben werden und wie sie interpretiert werden können. Es muss festgelegt sein

- wer die Daten erhebt,
- wann (z. B. regelmäßig jeden Monat oder zu gewissen Anlässen/Meilensteinen),
- wie (z. B. mit Fragebögen für die Kundenzufriedenheit),
- für wen die Daten erhoben werden.

Bei der Interpretation ist zu beachten, dass Maßnahmen erforderlich sind, um auf unerwartete oder bestimmte Grenzwerte unterlaufende Messwerte zu reagieren. Falls keine Maßnahmen zur Verfügung stehen, muss überlegt werden, ob die Erhebung der Daten überhaupt sinnvoll ist. Die Messergebnisse sollten von einem Team mit ExpertInnen auf Plausibilität interpretiert werden. Wenn Daten nicht auf Anhieb interpretierbar sind, müssen diese geprüft werden. Wenn z. B. eine Kursleiterin einzelne, besonders schlechte Kundenbewertungen erhalten hat, kann dies am fehlerhaften Ausfüllen des Fragebogens einzelner KursteilnehmerInnen liegen. Die Originaldaten — in dem Beispiel die Originalfragebögen — sollten lange genug aufgehoben werden, um solche Nachfragen beantworten zu können. Manchmal muss dann die Datenbasis korrigiert werden. Im Fall von falsch abgegebenen Kursbeurteilungen muss überlegt werden, ob die jeweils fehlerhaften Bewertungen ignoriert oder nach bestem Wissen korrigiert werden sollen.

6.1.3 Entlassungsstrategien kritisch überprüfen

In angespannten Situationen, in denen Entlassungen nicht vermeidbar sind, muss sichergestellt werden, dass die Gender Diversity-Strategie beachtet wird, solange das Unternehmen weiter besteht und erfolgreich sein will.

6.1.3.1 Definition der Basispraktik

Die Entlassungsstrategie oder der Sozialplan berücksichtigt Gender Diversity-Aspekte, wie Unterbrechungszeiten, Teilzeit, Familienstand, usw. in der Art, dass sie den Anteil an Frauen und Männern in den verschiedenen Bereichen sichert oder gar den Gender Diversity-Zielen des Unternehmens näher bringt.

6.1.3.2 Umsetzung

Entlassungen sind Personalentscheidungen, die für das Weiterbestehen eines Unternehmens notwendig sein können und in der Regel den Fortbestand oder den Wiederaufbau eines Unternehmens sichern sollen. In schwierigen Zeiten sind schnelle Entscheidungen zu treffen und schmerzliche Einschnitte häufig nicht zu vermeiden. In Zusammenarbeit mit Betriebsrat oder Gewerkschaft sollten sozial verträgliche Lösungen gefunden werden. Wenn es darum geht, zu entscheiden, wer angesprochen werden soll, welche Abfindungen zu zahlen sind oder ob eine Transfergesellschaft die MitarbeiterInnen aufnimmt und neue Arbeitsplätze für sie findet, findet in der Regel keine geschlechtsspezifische Differenzierung statt. Es muss jedoch sorgfältig geprüft werden, ob es nicht zu unerwünschten Verschiebungen im Geschlechterverhältnis der Angestellten kommt, da dies ein Indiz für einen blinden Flecken in der Bewertung darstellen kann.

Eine höhere Wahrscheinlichkeit, dass Frauen ein Unternehmen verlassen müssen, birgt das Zählen von Köpfen, also von Personen, die in einem Unternehmen arbeiten, unabhängig davon, wie viel Arbeitszeit sie für das Unternehmen erbringen. Kopfzahlen vereinfachen die Statistik. In vielen Ländern, in denen Menschen hauptsächlich ganztags arbeiten, ist diese üblich. Wenn in einer Entlassungssituation gefordert wird, die absolute Mitarbeiterzahl zu reduzieren, werden häufig Teilzeitkräfte ausgewählt, weil dies hilft, die Forderung zu erfüllen. Verlässt eine Teilzeitkraft das Unternehmen, ist die Personalzahl zwar reduziert, man verliert jedoch nur eine anteilige Arbeitskraft in der Abteilung. Dies mag für die Arbeit der Abteilung hilfreich sein, führt aber zu einem erhöhten Abbau von Arbeitsplätzen für Frauen, die zumindest in Deutschland häufiger in Teilzeit arbeiten als Männer.

Kommen die Vorgaben zu Entlassungen aus einem internationalen Konzern, ist die spezielle Situation in Deutschland dem Management nicht unbedingt bekannt und zumindest die Konsequenz für die Frauen im Unternehmen nicht unbedingt gewollt.

Kündigungen erfolgen eher selten aus betriebsbedingten Gründen, zumeist versucht man, geeignete KandidatInnen für Auflösungsverträge zu finden. Die Entlassungsstrategie sollte alle Vorgänge, die zum Ausscheiden von Personen aus dem Unternehmen führen, erfassen. Die folgenden Vorgänge stellen dabei das Mindestmaß dar:

- betriebsbedingte Kündigungen,
- Kündigungen innerhalb der Probezeit,
- Auflösungsverträge,
- Outplacement-Angebote,
- Frühverrentung,
- Kündigungen, die von MitarbeiterInnen ausgehen.

Eine weitere Gefahr ist eine fehlende, von einzelnen Vorgesetzten unabhängige Karriereplanung. Wenn Vorgesetzte allein entscheiden, wer im Team entbehrlich ist und kein Abgleich mit anderen Abteilungen über weitere Einsatzmöglichkeiten erfolgt, kommt es zu überflüssigen Entlassungen oder Kündigungen. Ein solch unkoordiniertes Vorgehen wirkt sich für Frauen noch negativer aus als für Männer, weil sie häufig weniger gut im Unternehmen vernetzt sind.

Eine weit verbreitete Taktik ist es, KandidatInnen auf eine mögliche Trennung anzusprechen, in der Hoffnung, dass einige das Unternehmen freiwillig verlassen, evtl. auch in Frührente gehen. Diese Taktik verstärkt ohne Berücksichtigung von Gender Diversity den Mangel an Frauen im Unternehmen. Die weit verbreitete Annahme, dass Frauen weder emotional noch monetär auf eine Beschäftigung angewiesen sind, erleichtert es, diese für ein freiwilliges Ausscheiden vorzuschlagen und anzusprechen. Das Ressourcenproblem eines Unternehmens wird so zu Lasten der Gender Diversity gelöst, reduziert jedoch die Vielfalt im Unternehmen für zukünftige Erfolge. Bei all diesen Vorgängen, also auch bei jeder Art von Kündigung, sollte im Interesse der strategischen Gender Diversity das gewünschte Verhältnis von Frauen und Männern in der jeweiligen Arbeitsumgebung beachtet werden.

Dazu ein Beispiel: In einer Personalabteilung, in der nach Vorgaben der Gender Diversity-Strategie zu 90 % Frauen arbeiten, sollten bei Entlassungen 90 % der angesprochenen KandidatInnen Frauen sein und 10 % Männer. Falls der Anteil der Männer unternehmensstrategisch erhöht werden soll, müssen mehr Frauen angesprochen werden.

6.1.3.3 Besonderheiten in technischen Unternehmen

In technischen Unternehmen sind IngenieurInnen und TechnikerInnen die Berufsgruppe, die meist am wenigsten von Entlassungen betroffen ist, da sie unersetzbare Fähigkeiten für das Unternehmen haben. Für Entlassungen oder externe Stellenverlagerungen werden viel eher MitarbeiterInnen in Stabsabteilungen wie z. B. der Personal- oder Rechtsabteilung in Betracht gezogen. Solange ein Unternehmen die Hoffnung hat, sich wirtschaftlich wieder zu erholen, werden die Berufsgruppen mit Kernkompetenzen geschont.

Durch die gender-spezifische Auswahl von Ausbildungs- und Studienfächern betreffen Entlassungen in Technikunternehmen somit häufig eher Frauen als Männer. Dies kann nicht als frauenfeindlich ausgelegt werden. Generell gilt: Solange das bestehende Verhältnis zwischen Frauen und Männern in den jeweiligen Abteilungen vor und nach den Entlassungen gleich bleibt, kann von einer gender-gerechten Entlassungsstrategie ausgegangen werden.

Unternehmen, die den Fachkräftebedarf auch über QuereinsteigerInnen decken, sollten in kritischen Situationen ihre personelle Investition sichern (siehe die Kapitel zu Einstellungsprozess und Karriereplanung). Dazu müssen die Auswahlkriterien für EntlassungskandidatInnen neben der Berufserfahrung — die meist über die Jahre der Betriebszugehörigkeit bestimmt wird — auch die Innovationsbereitschaft und den Nutzen von diversen Teams berücksichtigen (Vielfaltsfaktor).

Ein Technikunternehmen sollte für jede weibliche Mitarbeiterin (oder auch jede andere Diversity-Gruppe), die unter „normalen" Gesichtspunkten zur Entlassung anstehen würde, sorgfältig überlegen, ob und wie eine Entlassung verhindert werden kann und ob ein Ausbau der benötigten, aber vielleicht noch fehlenden Technikkompetenzen möglich ist.

BESONDERE Fallstricke

Die Ziele der Entlassungsstrategie müssen mit den Zielen der Gender Diversity-Management-Strategie übereinstimmen.

Das Personalmanagement muss alle relevanten Metriken erheben und regelmäßig bzw. rechtzeitig vor anstehenden Personalmaßnahmen auswerten, um Fehlentscheidungen zu verhindern. Dabei ist es wichtig, alle Daten zu erfassen und mit Begründungen zu versehen, da auch Kündigungen im gegenseitigen Einvernehmen oder Kündigungen von ArbeitnehmerInnen durch eine verfehlte Personalpolitik verursacht werden können.

EXKURS: Trennung mit Abfindung

Wie Rollenstereotype zu einvernehmlichen Trennungen von Frauen von ihrem Unternehmen beitragen können, zeigt folgender Fall. Eine Geschäftsfeldleiterin hat eine großzügige Abfindung angenommen und das Unternehmen verlassen. Sie begründet ihre Entscheidung mit folgender Aussage:

> Ich bin gegangen, weil ich ja gut durch meinen Mann und mein Erspartes versorgt bin. Meine männlichen Kollegen haben alle Frauen und Kinder zuhause.

Mit dieser Entscheidung konnten alle gut leben, allerdings sind seit ihrem Weggang die Männer auf dieser Führungsetage wieder unter sich.

6.1.4 Familienfreundliche Unternehmensstrukturen und eine gesunde Work-Life-Balance herstellen

Moderne, familienfreundliche Unternehmensstrukturen erlauben es MitarbeiterInnen, Familienarbeit und Erwerbstätigkeit besser zu vereinbaren. Dies bezieht sich sowohl auf Kinderbetreuung als auch die Versorgung von älteren oder kranken Familienmitgliedern. Work-Life-Balance hat zum Ziel, MitarbeiterInnen motiviert und gesund zu erhalten, indem ausreichend Zeit für Entspannung oder ein außerberufliches Engagement zur Verfügung steht, das nicht mit familiären Verpflichtungen in Zusammenhang stehen muss.

6.1.4.1 Definition der Basispraktik

Das Unternehmen muss familienfreundlich sein und eine Work-Life-Balance für Frauen und Männer zulassen, in der beispielsweise flexible Arbeitszeiten, familienbedingte Auszeiten und/oder Kinderbetreuungsplätze angeboten werden. Für Personen, die eine berufliche Auszeit nehmen, muss das Kontakthalten zum Unternehmen und zu KollegInnen ermöglicht werden.

6.1.4.2 Umsetzung

Immer mehr Frauen und Männer wollen Familie und Beruf angemessen vereinbaren. Im ersten Halbjahr 2009 haben über 96 % der Mütter und 23 % der Väter Elternzeit genommen. Bei ca. 323.000 Geburten in diesem Zeitraum sind dies 75.000 Männer, die in Elternzeit gegangen sind[83]. Die Anzahl der Väter in Elternzeit steigt seit der Einführung der sogenannten „Vätermonate" stetig an. Vätermonate können nicht auf die Mutter übertragen werden und werden nur gewährt, wenn der Vater diese Monate für die Kinderbetreuung zuhause bleibt. Diese staatlich unterstützte Elternzeit deckt jedoch nur einen Bruchteil des Familienbedarfs ab und Unternehmen sind gefragt, weitere Angebote zu einer guten Vereinbarkeit von Beruf und Familie zu machen.

Mit der Work-Life-Balance gehen Unternehmen noch einen Schritt weiter und gestatten es MitarbeiterInnen in allen Lebensphasen, Zeit für das Leben neben und außerhalb der Arbeit zu haben und sich mit einer gesunden Einstellung den Aufgaben im Unternehmen zu stellen. Die Vereinbarkeit von Familie und Beruf gilt bei einer Umsetzung von Work-Life-Balance als zentraler Aspekt[84]. Unternehmen profitieren von einer guten Work-Life-Balance durch einen vergrößerten Pool an potenziellen MitarbeiterInnen, die Reduktion von Fehlzeiten, eine erhöhte MitarbeiterInnen-Motivation und erhöhter Arbeitgeberattraktivität.

---

[83] Statistisches Bundesamt (2010)

[84] BMFSFJ (2005)

Mit folgenden Maßnahmen können Unternehmen familienorientierte Menschen oder die Work-Life-Balance ihrer MitarbeiterInnen allgemein unterstützen:

- Angebot von Teilzeitarbeit, die individuelle Wünsche und Randbedingungen berücksichtigt. Arbeitszeitmodelle sollten die Betreuung von Kindern in jedem Alter oder von kranken oder pflegebedürftigen Familienmitgliedern berücksichtigen. Aber auch MitarbeiterInnen ohne konkreten Betreuungsbedarf, die den Wunsch nach Teilzeitarbeit haben, sollten entsprechende Angebote bekommen, um die MitarbeiterInnen-Motivation, die Gesundheit und effektive Arbeitsweisen zu fördern (Kapitel 4.4). Zu einer familienfreundlichen Teilzeitarbeit gehört die Möglichkeit, die Teilzeit jederzeit wieder in Vollzeit oder in andere Formen der Teilzeit umwandeln zu können.
- Führung in Teilzeit mit der Möglichkeit, auf allen Führungsebenen in Teilzeit zu arbeiten, wenn die Art der Aufgabe dies erlaubt. Nur wenn auch Vorgesetzte in Teilzeit arbeiten, wird Teilzeit nicht mehr als Karrierehindernis wahrgenommen.
- Zuverlässig geregelte Arbeitszeiten mit verlässlichen (aber nicht starren) Zeitpunkten für den Arbeitsbeginn und das Arbeitsende an einem Arbeitstag, damit die Betreuung der Familie organisiert werden kann.
- Arbeitsplätze mit einem hohen Grad an Eigenverantwortung und der Möglichkeit, einen Teil der Arbeit ohne Mitwirkung von anderen erledigen zu können. Für die Absprache mit KollegInnen sind familienfreundliche Zeiten vorgesehen, wie z. B. vormittags, da Betreuungsangebote tagsüber und vor allem morgens (Achtung: Deutsche Schulen sind auch 2012 meist nur vormittags zuverlässige Betreuungseinrichtungen für Kinder.) meist kein Problem sind. Wichtige Besprechungen sollten bis 16.00 Uhr beendet sein, weil zu dieser Zeit die meisten Betreuungseinrichtungen schließen und Familien die Möglichkeit haben sollten, Zeit am Tag für sich zu haben.
- Die Möglichkeit, kurzfristig den Arbeitsplatz verlassen zu können, um sich im Notfall um die Familie kümmern zu können. Normalerweise kann die Arbeit dann nach ein paar Stunden wieder aufgenommen werden. Dazu ist eine passende Arbeitsumgebung zusammen mit eingeführten Qualitätsprozessen zur Sicherung von Zwischenergebnissen und die Möglichkeit, asynchron zu den KollegInnen arbeiten zu können, hilfreich.
- Unterstützung der Familie bei Auslandsaufenthalten, Wechsel des Arbeitsortes und bei längeren Dienstreisen bei der Suche nach geeignetem Wohnraum, Schulen oder Pflegeeinrichtungen, wenn die Familie mitgenommen werden soll. Berufstätige PartnerInnen sollten bei der Suche nach geeigneten Arbeitsmöglichkeiten unterstützt werden. Wenn die Familie nicht mit umziehen will oder kann, sollte Unterstützung durch die Vermittlung von Babysittern oder Pflegediensten angeboten werden.

- Unterstützung bei Notfällen durch mobilen Elternservice für kranke Kinder oder Angehörige.
- Anerkennung der Leistung trotz reduzierter Sichtbarkeit am Arbeitsplatz (durch Teilzeit oder Remote-Arbeit). Zielorientiertes Arbeiten sollte selbstverständlich sein und die Arbeitskultur, d. h. das Miteinander am Arbeitsplatz, sollte keine persönliche Anwesenheit voraussetzen. Elektronische Kommunikationsmedien sollten als Basis für alle Arbeitsbereiche und auch die Organisation von sozialen Events oder informellen Netzwerken dienen.
- Erfahrene Vorgesetzte, die wissen oder auch selbst vorleben, dass Beruf und Familie sich verbinden lassen. Kinder bringen zwar zusätzliche Belastungen und die Notwendigkeit, sich mit ihnen zu beschäftigen, dies ist allerdings vergleichbar mit anderen „bewegten Zeiten", wie etwa Umzug, Hausbau, Partnersuche, Eheschließung oder Scheidung und sollte nicht zu einer beruflichen Abwertung führen.
- Gesundheitsprävention, die Aufklärung zu typischen Berufskrankheiten und allgemeinen Gesundheitsrisiken leistet und begleitende Serviceleistungen (z. B. Rückenschule) anbietet.

Häufig werden auch in familienfreundlichen Unternehmen die Erziehung von Kindern und die Pflege von kranken oder älteren Angehörigen als Angelegenheiten der Frauen angesehen. Eine solch einseitige Betrachtung führt dazu, dass die Selbstverständlichkeit, Erziehungszeiten zu nehmen oder in Teilzeit zu arbeiten Frauen gegenüber ausgeprägter ist als gegenüber Männern, die daher von diesen Möglichkeiten seltener Gebrauch machen. Damit werden Rollenstereotype verstärkt, die Männer und Frauen die jeweiligen Lebenswege vorschreiben. Dies schadet der Gender Diversity im Unternehmen, die eigentlich von der Familienorientierung profitieren sollte.

Um die Verstärkung der Rollenstereotype zu vermeiden, sollten die folgenden Maßnahmen durchgeführt werden:

- Ermutigung von Männern, Vätermonate/Erziehungszeiten für ihre Kinder zu nehmen und bei Bedarf auch Teilzeit zu arbeiten.
- Wertschätzung der Familienarbeit für alle sichtbar machen. Frauen und Männer, die Familienarbeit leisten, sollten regelmäßig als positive Beispiele erwähnt werden, insbesondere wenn sie in Führungspositionen arbeiten.

6.1.4.3 Besonderheiten in technischen Unternehmen

In technischen Unternehmen sind die Bedingungen für flexible Arbeitszeiten und Arbeiten von zu Hause aus (Remote-Arbeit) wesentlich günstiger als im Dienstleistungssektor, etwa im Verkauf, in medizinischen oder pflegenden Berufen mit hoher Anwesenheitspflicht.

Diese Möglichkeiten finden bei der Berufswahl von familienorientierten Menschen noch keine ausreichende Berücksichtigung. Das traditionelle Verhalten von MitarbeiterInnen in technischen Unternehmen prägt somit ein falsches Berufsbild: viele Überstunden und keine ausreichende Nutzung der technischen Kommunikationsmittel zur Vermeidung von Dienstreisen oder überflüssigen Anwesenheitszeiten am Arbeitsplatz. Ein gezieltes Marketing und Imagewerbung sowie vorbildliches Verhalten könnten hier einen Wandel des Berufsbildes herbeiführen, das technische Berufe für familienorientierte Menschen attraktiver macht.

BESONDERE Fallstricke

Es ist nachzuweisen, dass die Familienfreundlichkeit des Unternehmens die tradierten Rollenstereotype von Frauen und Männern nicht verstärkt. Wenn Teilzeitangebote unverhältnismäßig oft von Frauen beantragt oder für diese bewilligt werden, weist das darauf hin, dass traditionelle Denkmuster im Unternehmen wirksam sind. Familienfreundlichkeit kann sich unter Umständen zum Nachteil von Mitarbeiterinnen entwickeln und dem Unternehmen mögliche Potentiale für Gender Diversity entziehen. Diese Mechanismen müssen nicht gewollt sein. Das Risiko für eine Schwächung der Gender Diversity durch Familienfreundlichkeit ist allein durch die unbewusst ablaufenden Rollenstereotype sehr hoch.
Dem Risiko der Gender Diversity-Schwächung kann mit adäquaten Gegenmaßnahmen begegnet werden:

- Artikel in der Mitarbeiterzeitschrift,
- aktives Werben für Männer in Erziehungszeiten.

Mögliche negative Effekte sind über die Verfolgung von entsprechenden Metriken sichtbar zu machen, damit rechtzeitig Gegenmaßnahmen getroffen werden können. Bei Teilzeitarbeit sollte die Effizienz der Arbeit als Metrik berücksichtigt werden.

EXKURS: Gute Beispiele

Vorteile aus Work-Life-Balance

Mitarbeiterinnen und Mitarbeiter, die sich ernstgenommen fühlen, sind bereit, sich überdurchschnittlich zu engagieren. Das wiederum bedeutet, dass wir nur geringe Fehlzeiten und krankheitsbedingte Ausfälle haben. Ich bin mir sicher, dass jemand, der sich bei seiner Arbeit wohl fühlt, die Ziele des Unternehmens viel stärker ver-

innerlicht und sie mit maximalem Engagement verfolgt. Geht man noch einen Schritt weiter, kann man beobachten, dass Vorgaben deshalb auch weitestgehend erreicht oder sogar übertroffen werden, beispielsweise das Umsatzziel. Sicherlich haben wir den Vorteil, dass unsere schwedische Mutterfirma bereits langjährige Erfahrung mit dem Thema hat. Wir sprechen nicht nur von der Vereinbarkeit von Beruf und Familie, sondern leben diese wirklich.

Thomas Hofmann, Unternehmer in der IT-Branche[85]

Teilzeit und Diversity in der Geschäftsführung

Tanja Mumot und Christian Bürgel teilen sich seit April 2009 die Leitung einer Bankfiliale. Beide arbeiten Teilzeit und führen ein ausgeglichenes Leben zwischen verantwortungsvoller Führungsposition und Familie.[86]

Zertifikat Beruf-und-Familie

Die gemeinnützige Hertie-Stiftung unterstützt die Initiative Beruf-und-Familie, die ein Audit und Zertifikat für Unternehmen, Institute und Hochschulen anbietet[87]. Das Zertifikat ist für drei Jahre gültig. Danach muss es erneuert werden. Anfang 2012 konnten in Deutschland 993 Unternehmen, Institute und Hochschulen das Zertifikat vorweisen.

Politische Unterstützung durch lokale Bündnisse

Die Bundesregierung unterstützt die Willens- und Meinungsbildung im Bereich der Familienfreundlichkeit von Unternehmen. In über 650 Gemeinden gibt es in Deutschland sogenannte „lokale Bündnisse für Familien", die die Vereinbarkeit von Beruf und Familie thematisieren und konkrete Aktionen für die Verbesserung der Situation von Familien durchführen.

ZWISCHENFAZIT GESAMTPROZESS

Das strategische Unternehmensziel Gender Diversity muss insbesondere im Bereich des Personalmanagements verankert werden und bei allen personellen Entscheidungen Berücksichtigung finden.

Die Festlegung der Personalmanagementstrategie bildet die erste Basispraktik und beinhaltet generelle Werte zur Unternehmenskultur. Sowohl die Personalführung selbst als auch Einstellungen, Personalentwicklungsmaßnahmen, Entlassungen und Initiativen zur Mitarbeitermotivation müssen die Belange im Sinne der Gender Diversity widerspiegeln. Weitere Elemente sind Aussagen

---

[85] BMFSFJ (2011)

[86] Diese beiden und das letzte Beispiele aus BMFSFJ (2011)

[87] Berufundfamilie GmbH (2011)

zur Lohngerechtigkeit und mögliche Zielquoten für Frauen und Männer in bestimmten Positionen.

Die zweite Basispraktik umfasst die Erstellung einer klaren Datenlage und hat aufgrund der langfristigen Auswirkungen von Personalentscheidungen eine wichtige Informations- und Kontrollfunktion. Im Interesse der Gender Diversity müssen geeignete Metriken und Rahmendaten nach Geschlechtern getrennt erhoben und sorgfältig ausgewertet werden. Hierfür ist die Kompetenz eines/einer erfahrenen Gender-ExpertIn erforderlich.

Die Überprüfung von Entlassungsstrategien bildet die dritte Basispraktik. Dabei müssen wichtige Aspekte wie Unterbrechungszeiten, Unterschiede in der Arbeitszeit, Familienstand, etc. berücksichtigt werden, um die übergeordneten Gender Diversity-Ziele nicht zu unterlaufen.

Die vierte Basispraktik ist eine familienfreundliche Unternehmensstruktur und die Ermöglichung einer gesunden Work-Life-Balance für alle MitarbeiterInnen. Dazu zählen flexible Arbeitszeiten, familienbedingte Auszeiten (Elternzeit), Kinderbetreuungsplätze ebenso wie das Kontakthalten zu KollegInnen, die eine berufliche Auszeit nehmen. Die Organisation der Arbeitsprozesse selbst in Form von zuverlässig geregelten Arbeitszeiten, hoher Eigenverantwortung der MitarbeiterInnen und eingeführte Qualitätsprozesse gehören ebenso dazu wie Maßnahmen zur Gesundheitsprävention. Dies gilt auch für Führungsaufgaben, die ebenso in Teilzeittätigkeit ermöglicht werden sollten. Unternehmen profitieren im Gegenzug von einer hochmotivierten, gesunden Belegschaft, die mit großem Engagement zum Unternehmenserfolg beiträgt.

ARBEITSHILFE ONLINE

Vertiefende Inhalte

Eine Übersicht und Checkliste für die Einführung und Kontrolle der einzelnen Basispraktiken finden Sie als Zusatzmaterial auf unserer Website.

6.2 Der Einstellungsprozess

Der Einstellungsprozess (oder das Einstellungsverfahren) ist ein Teil des Gesamtprozesses des Personalmanagements. Er sorgt für den Nachschub von Arbeitskräften in das Unternehmen. In den meisten Fällen werden junge Leute nach der Ausbildung oder dem Studium eingestellt, ebenso können erfahrene oder ältere

Arbeitskräften im Fokus des Einstellungsprozesses stehen. Insbesondere für Führungspositionen und in Zeiten des demographischen Wandels werden Erfahrungsträgerinnen gesucht und als QuereinsteigerInnen eingestellt.

In den nachfolgenden Kapiteln werden die Basispraktiken für den Einstellungsprozess beschrieben, die für Gender Diversity eine besondere Rolle spielen. Die Einstellungsstrategie ist die Klammer um einzelne Themen, wie die Besetzung des Auswahlgremiums, die Festsetzung von Zielquoten, die explizite Ansprache von Frauen und Männern, die Vermeidung von Rollenstereotypen bei der Bewertung der KandidatInnen und bei der Definition des Einstellungsprozesses sowie der Überprüfung der Zielerreichung des Prozesses.

ARBEITSHILFE ONLINE

Vertiefende Inhalte

Eine Übersicht und Checkliste für die Einführung und Kontrolle der einzelnen Basispraktiken finden Sie als Zusatzmaterial auf unserer Website.

6.2.1 Einstellungsstrategie definieren

Als Teil des Personalmanagements muss eine Einstellungsstrategie entwickelt werden, die mit allen Stakeholdern abgestimmt und dokumentiert ist und mit den Geschäftszielen im Einklang steht. Die Strategie sollte auf die aktuelle Arbeitsmarktsituation und gesellschaftliche Randbedingungen wie die Bedeutung von Rollenstereotypen und deren Überwindung eingehen und festlegen, wie der Einstellungsprozess nachhaltig gestaltet werden kann.

6.2.1.1 Definition der Basispraktik

Es ist eine Einstellungsstrategie zu definieren und ihre Ziele sind festzulegen. Das betrifft interne und externe Einstellungsprozesse, die in enger Abstimmung mit dem Gender Diversity-Management festgelegt werden.

6.2.1.2 **Umsetzung**

Ein Einstellungsprozess ist eine komplexe Interaktion von Menschen, die ihre Erfahrungen und Werte bei der Beurteilung der KandidatInnen oder der Anforderungen, welche Fähigkeiten und Eigenschaften für eine bestimmte Berufsausübung notwendig sind, einfließen lassen. Um die Vorgaben des Diversity-Managements erfüllen zu können, müssen die Effekte der Rollenstereotype und der Berufsstereotype in allen Schritten beachtet und geeignete Gegenmaßnahmen ergriffen werden.

Im Folgenden werden die wichtigsten Fragen für ein Einstellungsverfahren aufgelistet und die jeweiligen Gender Diversity-Aspekte thematisiert:

Was sind die relevanten Inhalte der Stellenausschreibung?

Häufig zeigt sich in Stellenbeschreibungen eine traditionell männlich geprägte Sichtweise, die sich an der bisher gelebten Arbeitspraxis orientiert und diese selten in Frage stellt. So taucht immer wieder das Stereotyp auf, dass verantwortliche Stellen nicht teilbar sind oder eine hohe Reisebereitschaft erfordern. In Einzelfällen sind diese hohen Anforderungen sicherlich gerechtfertigt, häufig entsprechen sie aber auch nur einer traditionellen Vorstellung über den Beruf, der sich mit Hilfe neuer Technologien auch anders gestalten ließe. Die Deutsche Telekom geht mit gutem Beispiel voran und schreibt auch hohe Führungspositionen als teilzeitfähig aus.

Wie soll die Stellenausschreibung formuliert werden?

Der Gesetzgeber in Deutschland schreibt geschlechtsneutrale Formulierungen für Stellenausschreibungen vor. Um diese Bedingung zu erfüllen, reicht im Normalfall eine männlich formulierte Stellenausschreibung, die durch einen Zusatz (m/w) erweitert wird. Bewerberinnen erkennen daran sehr schnell, dass ein Unternehmen sich hier keine Mühe gibt, sie explizit anzusprechen.

ARBEITSHILFE
ONLINE

Vertiefende Inhalte

Einige Best-Practice-Beispiele für Stellenausschreibungen haben wir exemplarisch für Sie zusammengestellt.

Wie sollen sich potenzielle KandidatInnen bewerben?

Soll das Geschlecht von KandidatInnen vor der ersten Sichtung der Unterlagen bekannt sein? Viele Studien zeigen, dass die Chance, zu einem Vorstellungsgespräch eingeladen zu werden, für Frauen sinkt, wenn das Geschlecht in der Bewerbung sichtbar wird[88]. Ein analoger Effekt kann für Männer auftreten, die sich für sogenannte Frauenberufe bewerben.

Wie wird das Auswahlgremium besetzt?

Um homosoziale Reproduktion zu verhindern, sollten Auswahlgremien immer aus Frauen und Männern bestehen.

Wie werden die KandidatInnen für Bewerbungsgespräche ausgesucht?

Bei der untypischen Besetzung von Stellen, wenn z. B. der Frauenanteil erhöht werden soll, sollten Quoten vorgeschrieben werden, die festlegen, wie viele Frauen zum Bewerbungsgespräch eingeladen werden. Die Quoten gelten stets für die gleiche Qualifikation, die sich an den stereotypenbefreiten Anforderungen (siehe oben) für die Position orientieren.

Wie wird das Bewerbungsgespräch geführt?

Viele Institutionen schreiben die Anwesenheit von Gleichstellungsbeauftragten vor, um zu einer gender-gerechten Beurteilung zu kommen. Darüber hinaus kann die Beteiligung von jeweils einer Frau und einem Mann aus der Fachabteilung sinnvoll sein, um die fachliche Befähigung ohne Wahrnehmungsverzerrung durch Rollenstereotype zu beurteilen und den KandidatInnen zu signalisieren, dass es Frauen und Männer in Verantwortung in der Abteilung gibt. Durch diese Strategie können KandidatInnen, die sich für einen für ihr Geschlecht untypischen Beruf bewerben, erkennen, dass Gender Diversity im Unternehmen gelebt wird.

---

[88] Technische Universität Wien (2011)

Welche Fähigkeiten und Eigenschaften werden als positiv angesehen?

Die Lebensläufe von Männern weisen meist keine Lücken für Familienphasen auf, während Frauen häufiger ihre Berufstätigkeit für die Kindererziehung unterbrechen. Dieses unterschiedliche Verhalten wird mit Wertungen belegt, die meist zu Ungunsten der Frauen ausfallen. Um gender-fähig zu werden, muss für jede zu besetzende Position überlegt werden, ob Unterbrechungen der Berufslaufbahn nicht auch anders, z. B. als Flexibilität und Bereitschaft zu Neuem, gedeutet werden können. Für Positionen, die eine hohe Stressresistenz und Organisationstalent fordern, können Erziehungszeiten als Fortbildung gesehen werden.

Soll die Gender-Kompetenz der KandidatIn berücksichtigt werden?

Falls die Gender-Kompetenz berücksichtigt werden soll, können die Kenntnisse über unterschiedliche Verhaltensweisen von Frauen und Männer am Arbeitsplatz erfragt werden. Die Verwendung von geschlechtergerechter Sprache kann als Indiz für Gender-Kompetenz verwendet werden[89].

Sind die Beurteilungsverfahren im Assessment-Center gender-neutral?

Um gender-neutrale Verfahren zu gewährleisten, müssen folgende Fragen diskutiert werden:

- Wie können Situationen verhindert werden, die typischerweise stereotypes Verhalten auslösen[90]?
- Ist die Gender-Kompetenz der BeurteilerInnen gut genug, um stereotype Fehlurteile zu verhindern?

Wie werden PersonalvermittlerInnen/Headhunter für die Suche nach Talenten beauftragt?

Für untypische Stellenbesetzungen muss mehr Aufwand betrieben werden, deshalb müssen die Forderungen nachdrücklich gestellt werden. Wenn etwa der Anteil an Frauen in Führungspositionen erhöht werden soll, muss den Personalagen-

---

[89] NRW (2007)

[90] Cordelia Fine beschreibt in ihrem Buch, dass allein die Abfrage, ob ein Proband männlich oder weiblich ist, zu einer Verzerrung der Versuchsergebnisse führt (Fine 2010).

turen bzw. Headhuntern eine Zielquote an Frauen genannt werden, die für eine Erfüllung ihres Auftrags erforderlich ist.

Sind die Maßnahmen für die Personalgewinnung geeignet, Frauen bzw. Männer anzusprechen, wenn der Job für sie untypisch ist?

Wenn ein Job untypisch besetzt werden soll, muss das Berufsstereotyp überwunden werden. Dazu werden häufig Bilder eingesetzt, die zeigen, wie wohl sich Frauen bzw. Männer in diesem Beruf und bei diesem Arbeitgeber fühlen. Für junge Leute eignen sich insbesondere die neuen Medien, um ihnen die Vorzüge eines Berufs vorzustellen. Heute ist YouTube modern und so könnte es sinnvoll sein, dort Videos einzustellen, die Rollenmodelle in dem Beruf vorstellen. So verwendet z. B. eine Recruitingfirma ein YouTube-Video, um Männer als Kindergärtner anzuwerben. Das Video zeigt einen jungen Mann, der sich als Kindergärtner ausbilden lässt[91].

ARBEITSHILFE
ONLINE

Vertiefende Inhalte

http://www.youtube.com/watch?v=6xvksheoyBE

http://www.youtube.com/watch?v=Q1Z44bdgNIA

http://www.youtube.com/watch?v=gzaSvR7mujs&list=PL187CBD2D62835CAB

Nach der Einstellung sind geeignete Maßnahmen für eine reibungslose Einarbeitungsphase vorzusehen, vor allem in Situationen, in denen Frauen in Männerdomänen oder Männer in Frauendomänen zum ersten Mal eingestellt werden. Welche Maßnahmen im Einzelnen zu treffen sind, hängt von der Gender-Kompetenz aller Beteiligten ab. Die Gender-Kompetenz und die Gender Diversity-Strategie ist analog zu anderen Führungsfähigkeiten in Einführungsseminaren zu vermitteln und die einstellende Führungskraft sollte die Bedeutung der Vielfalt für die Abteilung betonen und in der Lage sein, aufkommende Probleme rechtzeitig zu erkennen und ansprechen zu können.

Bei Quereinstiegen auf Führungspositionen ist besondere Sorgfalt notwendig, da Führungskräfte meist mit mehreren Abteilungen in Kontakt kommen und einer hohen Beobachtung von allen Seiten ausgeliefert sind. Es kann notwendig sein,

---

[91] Cyquest (2012).

die Einarbeitungsphase dieser neuen Führungskräfte mit wirkungsvollen Change-Management-Aktionen zu begleiten (Kapitel 5.8).

6.2.1.3 Besonderheiten in technischen Unternehmen

In technischen Unternehmen muss die Strategie berücksichtigen, dass es trotz aller Bemühungen in absehbarer Zeit keine 50-Prozent-Aufteilung zwischen Frauen und Männern für die technischen Arbeitsbereiche geben wird. Um die Situation punktuell zu verbessern, sollte überlegt werden, ob Frauen, die in anderen Bereichen (etwa im Personalbereich) arbeiten, für eine Umschulung in Frage kommen oder ausreichend technisches Know-how und allgemeine Führungseigenschaften haben, um für Führungspositionen ausgewählt zu werden.

Wenn die Gender-Kompetenz bei der Einstellung von Fachleuten oder bei der Auswahl von Führungspositionen eine Rolle spielen soll, kann diese wie folgt ermittelt werden:

- Feststellung des Wissens über gender-spezifische Herangehensweisen in der Technik durch Fragen wie:
  Wie sehen Sie die Möglichkeiten, Frauen und Männer in Ihrem Team ihren Interessen entsprechend einzusetzen?
  Welche Vorteile sehen Sie durch gemischte Teams in der Entwicklung?
  Haben Sie Ideen, wie Frauen in Ihrem Team gefördert werden können?
- Abfrage von potenziellen Reaktionen bei der Konfrontation mit frauen- oder männerfeindlichem Verhalten:
  Stellen Sie sich vor, dass die Ingenieure ihre technischen Geräte mit Namen von weiblichen Pornostars versehen wollen. Wie reagieren Sie?
- Beobachtung des Verhaltens gegenüber den anwesenden Frauen und Männern während des Bewerbungsgesprächs:
  Werden anwesende Frauen von dem/der KandidatIn häufiger unterbrochen als die anwesenden Männer? Wie ist die Anrede, der Blickkontakt usw.?

BESONDERE Fallstricke

Die Dokumentation der Bewerberauswahl ist nach dem deutschen Allgemeinen Gleichbehandlungsgesetz (AGG) notwendig und muss nachweisen können, dass weder Frauen noch Männer diskriminiert werden.
Ein Mangel an BewerberInnen in für sie untypischen Berufen darf nicht mit einem pauschalen Argument (z. B. „Es gibt keine Frauen in technischen Beru-

fen.") begründet werden. Es muss nachgewiesen werden, dass ausreichender Aufwand für die aufwendigere Suche eingeplant und investiert wurde.

Bei Einstellungen ist eine hohe Gender-Kompetenz und Erfahrung erforderlich. Wenn dies nicht gegeben ist, kann man sich nicht auf seine Intuition verlassen, da die gesellschaftliche Brille unsere Wahrnehmung verzerrt (Kapitel 3.2).

EXKURS: Senior Trainee Programme

Der Fachkräftemangel zwingt viele Unternehmen zu neuen Wegen in der Personalgewinnung und führt dazu, dass Zielgruppen ins Auge gefasst werden, die mehr Aufwand für die Eingliederung erfordern. Das Unternehmen Lanxess legt hohen Wert auf Eigeninitiative und verantwortungsbewusstes Handeln seiner MitarbeiterInnen und hat sich deswegen einen speziellen Zugang zu Menschen erarbeitet, die seit vielen Jahren ihren Beruf nicht mehr ausgeübt haben, aber die gewünschten Fähigkeiten in ihrer Familienphase ausgebaut haben. Das Chemieunternehmen wirbt auf seinen Webseiten[92] mit einem speziellen Senior Trainee Programm um Frauen und Männer, die nach über siebenjähriger Auszeit wieder in die Berufstätigkeit einsteigen wollen.

ARBEITSHILFE ONLINE

Vertiefende Inhalte

http://karriere.lanxess.de/de/career-opportunities-hr/ihr-einstieg/senior-trainee-programm/

http://www.youtube.com/watch?v=RrjHQEKDTu0

6.2.2 Auswahlgremium besetzen

Die Zusammensetzung von Auswahlgremien ist für die Ergebnisse des Einstellungsprozesses entscheidend, da jeder Mensch seine eigene Sichtweise in die Entscheidung mit einbringt. Wenn nur eine Person entscheidet, ist zu vermuten, dass hauptsächlich die persönlichen Werte bei der Auswahl berücksichtigt werden. In der Regel sind mehrere Personen in einem Auswahlgremium oder in einer informellen Form des Auswahlgremiums beteiligt. Mit geeigneten Regeln muss gewährleistet werden, dass die Sichtweisen von Frauen und Männern vertreten sind.

---

[92] Lanxess (2012)

6.2.2.1 Definition der Basispraktik

Das Auswahlgremium muss nach dem Prinzip der Geschlechtergerechtigkeit zusammengesetzt sein. Frauen und Männer müssen jeweils zu mindestens 30 % vertreten sein.

6.2.2.2 Umsetzung

Es ist ein zutiefst menschliches Verhalten, die eigene Arbeit zu schätzen und daran zu glauben, dass der eigene Weg der richtige und auch für die Zukunft der richtige ist. Das führt dazu, dass bei der Suche von KandidatInnen oder NachfolgerInnen für eine Position sehr ähnliche Personen ausgewählt werden, was zur homosozialen Kooptation führt. Um dieses Verhalten zu durchbrechen, ist ein Prozess für die bewusste Auswahl einzuführen und für ein ausgewogenes Verhältnis von Frauen und Männern (gender-gerechte Besetzung) im Auswahlgremium zu sorgen.

In Hochschulen wurde nachgewiesen, dass schon die Besetzung der Berufungsgremien mit nur einer Frau (meist die Gleichstellungsbeauftragten der Hochschule) zu einer Erhöhung des Frauenanteils unter den ProfessorInnen beitrug. EinzelkämpferInnen haben allerdings meist keinen großen Einfluss auf die Gruppenentscheidungen, da sie sehr stark gegen die Homogenisierungseffekte der Gruppe ankämpfen müssen. Eine Minderheit muss mit einem Mindestanteil von 30 % in der Gruppe vertreten sein, damit sich ihre Werte bemerkbar machen. Gleichstellungsbeauftragte können als einzelne Person mehr erreichen, wenn sie über eine ausreichende Gender-Kompetenz und Durchsetzungskraft verfügen. Optimal wäre eine gender-gemischte Besetzung für alle Gremien.

6.2.2.3 Besonderheiten in technischen Unternehmen

In technischen Unternehmen ist die Besetzung von Auswahlgremien mit Frauen durch den geringen Frauenanteil schwierig, wenn Expertinnen aus den Fachabteilungen benannt werden müssen, in denen nur wenige oder keine Frauen arbeiten.

Diese Situation kann man lösen, indem Personen aus anderen Abteilungen in das Auswahlgremium berufen werden. Dazu muss gründlich und nicht zu pauschal ermittelt werden, welche speziellen Kenntnisse für das Auswahlgremium erforderlich sind. Die Einladung nur von SpezialistInnen und Vorgesetzten (meist Männern) aus der entsprechenden Abteilung dürfte in den meisten Fällen zu restriktiv sein. Die spezifischen fachlichen Eigenschaften, die vermutlich nur von Leuten aus der anfragenden Abteilung beurteilt werden können (zum Beispiel ob die Beherrschung einer bestimmten Methodik zu den Anforderungen der Abteilung passt), können mit einer Nachfrage in der Fachabteilung geklärt werden. Die fachlichen Kompetenzen könnten vorab von den Fachleuten beurteilt werden, die dann nur eine kurze Sachverständigenrolle im Auswahlgremium spielen. Die weniger leicht erkennbaren Fähigkeiten wie Ausdauer, Durchsetzungskraft und Integrationsfähigkeit können im Auswahlgremium zusammen mit Fachfremden, unter denen sich meist genügend Frauen befinden, beurteilt werden.

Wenn für ein Auswahlgremium weniger als 30 % Frauen zur Verfügung stehen, sollte überlegt werden, ob das Gremium verkleinert wird oder die/der Gleichstellungsbeauftragte ausreichend Einfluss hat, um Gender-Aspekte abzudecken.

BESONDERE Fallstricke

Nicht nur Auswahlgremien für Einstellungen, sondern auch die folgenden Gremien sind mit Frauen und Männern zu besetzen:

- InterviewpartnerInnen bei Einstellungsverfahren,
- Vorschlagsgremien für High-Potentials,
- Entscheidungsrunden für die Karriere-Schritte und
- Vorschlagsrunden für Entlassungen/Freisetzungen/Restrukturierungen.

Exkurs: Mindestens eine Frau im Auswahlgremium

Ich gebe zu, dass die Situation schon ein paar Jahre her ist, aber sie zeigt klar, wie blind Männer gegenüber Frauen sind. Wie üblich gingen wir im Managementteam die Telefonliste der Abteilung durch, um eine Senior-Projektleitungsstelle zu besetzen. Wir haben dabei wirklich jeden Namen vorgelesen und die Person daraufhin abgeklopft, ob sie fähig ist und zur Verfügung steht. Nachdem wir alle durchgegangen waren und niemanden Geeigneten gefunden hatten, trat eine betroffene Stille ein, da es sich um ein wichtiges Projekt gehandelt hat. Es musste also jemand gefunden werden. Mir schoss dann der Name einer sehr fähigen Kollegin in den Kopf. Wir hatten sie zwar vorher vorgelesen, aber nicht wirklich diskutiert – einfach übersehen, würde ich heute sagen. Ich warf dann in die Runde: „Wie wäre es mit Manuela[93]? Die hat doch das letzte Projekt hervorragend durchgebracht." Es war, als ob ich den Kollegen die Erleuchtung gebracht hätte. Alle waren begeistert und Manuela wurde zu einer erfolgreichen Senior-Projektleiterin. Ich glaube nicht, dass die Kollegen ohne mich diese Lösung gefunden hätten.

Sigrid Hauenstein, ehem. Abteilungsleiterin Software-Entwicklung

---

[93] Name geändert

6.2.3   **Zielquoten festlegen**

Zielquoten sind ein betriebswirtschaftliches Steuerungsinstrument, das für alle bedeutsamen Bereiche eines Unternehmens eingesetzt wird. Die Definition von Zielquoten für Gender Diversity ist ein Mittel zur Fokussierung und zum Aufbrechen der mächtigen Rollen- und Berufsstereotype, um die strategischen Unternehmensziele zu erreichen.

6.2.3.1 **Definition der Basispraktik**

Zielquoten für Frauen und Männer für Einstellungen werden festgelegt. Die Anzahl der weiblichen und männlichen BewerberInnen, die zum Bewerbungsgespräch oder Assessment-Center eingeladen werden, werden vorab festgelegt. Für jede TechnikerInnenstelle muss z. B. mindestens ein Anteil von Frauen benannt werden, der dem Anteil der Studienabsolventinnen entspricht, für Führungspositionen müssen mindestens 40 % Frauen zur Auswahl stehen.

Ein Nichterreichen der Zielquoten muss aktiv an die Geschäftsführung berichtet werden.

6.2.3.2 **Umsetzung**

Zielquoten sind das mächtigste Instrument in der Unternehmensführung und werden neben Maßnahmen zum Abbau der Rollenstereotype im Sinne der Gender Diversity seit vielen Jahren erfolgreich eingesetzt. Wo immer lediglich gut gemeinte Zusatzqualifikationen oder auch Frauenförderprogramme implementiert wurden, ist der gewünschte Anteil an Frauen oder Männern kaum erreicht worden.

Nur mit festen Vorgaben — verbunden mit finanziellen Konsequenzen bei Nichterreichen — werden die gesellschaftliche Rollen- und Berufsstereotype in absehbarer Zeit aufgebrochen. Finanzielle Anreize machen es wirtschaftlich denkenden Menschen und Organisationen leichter, sich auf das Ziel zu konzentrieren und zusätzlichen Aufwand zu betreiben. Rollenstereotype in der Bewertung von KandidatInnen sind zu überwinden und Berufsstereotype müssen bei möglichen KandidatInnen mit viel Überzeugungsarbeit aufgebrochen werden.

Berufsstereotype werden uns von klein auf beigebracht, wie ein Video der Deutschen Welle eindrucksvoll zeigt[94]. Schon im Kindergarten empfinden Jungs Männer, die in typischen Frauenberufen arbeiten, z. B. als Steward im Flugzeug, als Versager und Mädchen weisen die Frage, ob sie später einen Beruf mit Maschinen haben wollen, heftig zurück. Daraus folgt, dass die meisten Frauen in gerade mal zehn verschiedenen Berufen, z. B. als Friseurinnen, Verkäuferinnen oder in der Pflege, arbeiten. In Ausnahmefällen (siehe Exkurs) gibt es auch Verschiebungen zwischen den Zuweisungen, was Frauen- und Männerberufe sind.

ARBEITSHILFE
ONLINE

Vertiefende Inhalte

http://www.youtube.com/watch?v=iCXtV6gNkYw

Nur mit erhöhtem Aufwand sind Änderungen in der Wahl des Berufes erreichbar. Dabei muss auch über unkonventionelle Wege für die KandidatInnen-Akquise nachgedacht werden, um scheinbar aussichtslose Situationen zu meistern. Die meisten typischen Frauenberufe leiden unter einem schlechten Image, das sich in niedriger Bezahlung und Wertschätzung ausdrückt. Sie sind damit für Männer nicht sehr attraktiv. Auch für Frauen sind diese Bedingungen nicht attraktiv, sie werden dennoch als typische Frauenberufe gewählt, weil Frauen häufig davon ausgehen, dass sie auch mit wenig zufrieden sind oder sie vom Gehalt ihres Ehemannes/Partners profitieren. Wenn z. B. für Kindergärten eine Zielquote für Männer als Erzieher vorgeschrieben und mit finanziellen Sanktionen verbunden wäre, würden auch höhere Ausgaben für die Suche nach geeigneten Männern oder gar der Aufwertung des Erziehungsberufs begründet und eingesetzt. Eine andere Strategie könnte es sein, mit einer Imagekampagne die besonderen Vorteile des Berufs, wie die Vereinbarkeit von Beruf und Familie oder Teamarbeit, herauszustellen.

Ein erhöhter Aufwand ist auch notwendig, um gut ausgebildete Frauen, die sich dem Arbeitsmarkt entziehen, indem sie sich um Haushalt und Familie kümmern, für eine Berufstätigkeit zu reaktivieren. 2011 wurde die sogenannte „stille Reserve" gut ausgebildeter Frauen vom IAB auf 300.000 Personen geschätzt. Diese lassen sich nicht über reguläre Recruiting-Mechanismen wie Jobmessen oder Internetanzeigen erschließen.

Auch PersonalvermittlerInnen und Headhunter müssen mehr Aufwand betreiben, um qualifizierte Frauen für Fach- und Führungspositionen zu finden. Es ist deshalb

---

[94] Feuersenger, Schwieger (2012)

erforderlich, Personalvermittlern und Headhuntern konkrete Zielvorgaben für ihre Vorschlagsliste zu machen. Dabei sollte klar geregelt sein, dass die Vorschläge nur akzeptabel sind, wenn die gewünschte Anzahl an Frauen oder Männern in der Liste auftaucht.

Die Erfüllung der Quoten muss regelmäßig überprüft werden, da viele der Maßnahmen neu sind, die Erfahrung für eine erfolgreiche Umsetzung fehlt oder die Maßnahmen tatsächlich in der speziellen Situation nicht hilfreich sein können (siehe Kapitel 5.5).

6.2.3.3 Besonderheiten in technischen Unternehmen

Die Zahl der Frauen, die eine technische Ausbildung machen oder Ingenieursstudiengänge studieren, wächst sehr langsam. Die Gender Diversity-Strategie sollte auf diese Problematik hinweisen, sie jedoch nicht als Ausrede für Tatenlosigkeit zu verwenden. Mit ca. 22 % ist der Anteil der Studienabgängerinnen in technischen Fächern meist höher als der Prozentsatz in den meisten Belegschaften und in den Führungsetagen. Bei den Bauingenieuren verbleibt nur ein Anteil von ca. 15 % in den Unternehmen. Diesen Prozentsatz kann sich fast jedes Unternehmen als erreichbares Ziel an Fachfrauen definieren.

Um die Zielquoten erreichen zu können, ist ein guter Kontakt zu Frauennetzwerken — die es für fast jeden Beruf (z. B. Deutscher Ingenieurinnenbund) gibt — oder die Beteiligung an speziellen Recruiting-Messen —, wie die Women & Work, die seit 2011 jährlich stattfindet — zu empfehlen.

ARBEITSHILFE ONLINE

Vertiefende Inhalte

http://www.womenandwork.de/

http://www.dibev.de/

http://www.nut.de/

In der Selbstdarstellung des Unternehmens sollte darauf geachtet werden, Berufsstereotype, die den Beruf für Frauen unattraktiv machen, aufzubrechen[95]. Solange die Berufsstereotype allerdings im Unternehmen gelebt werden, weil sich MitarbeiterInnen und ihre Vorgesetzten nicht mit unnötigen Ritualen (z. B. Dominanzgehabe) und Ansprüchen („Ingenieure müssen viele Überstunden machen") auseinandersetzen, wird es schwer sein, Frauen erfolgreich im Unternehmen zu halten.

Das Argument, dass der Mangel an Fachfrauen Grund für die geringe Anzahl an weiblichen Managerinnen in der Technikbranche ist, ist nur teilweise zulässig. Es kann davon ausgegangen werden, dass je höher eine Führungsposition ist, umso weniger ist Technikerwissen erforderlich. Deswegen kann es hilfreich sein, Frauen aus anderen Unternehmen oder Teilbereichen des Unternehmens als Quereinsteigerinnen einzustellen.

BESONDERE Fallstricke

Alle Stakeholder müssen in die Diskussion und die Entscheidung zu Zielquoten eingebunden werden. Dazu gehört die Diskussion über die Berufsstereotype und die Werte des Unternehmens. Falls definierte Zielquoten nicht erfüllt wurden, ist nachzuweisen, dass Gegenmaßnahmen ergriffen wurden und die finanziellen Konsequenzen eingetreten sind.

EXKURS: Berufsstereotype

Berufsstereotype sind wandelbar. Schon seit einigen Jahren studieren und arbeiten viel mehr Frauen im Fachbereich Medizin und Architektur. Dies hat zu einem veränderten Ansehen der bisher vorrangig männerdominierten Berufe geführt. Ein umgekehrter Effekt (von Frauenberuf zu Männerdomäne) ist derzeit in Controlling-Abteilungen festzustellen. Deren Bedeutung hat durch die Professionalisierung des Managements zugenommen, der Anteil von Frauen auf den karriereträchtigen Stellen nimmt mit steigender Bedeutung kontinuierlich ab[96]. Der stärkere Anstieg von Männern in den Controlling-Bereich könnte sich auch mit der einhergehenden Einführung von speziellen betriebswirtschaftlichen Software-Systemen begründen lassen. Software-Systeme werden häufig mit männlicher Tätigkeit assoziiert, damit wird eine Stellenbesetzung mit Männern wahrscheinlicher. Die Bedienung von Software und auch das mathematische Verständnis dazu kann jedoch durchaus auch von Frauen erbracht werden.

---

[95] Kapitel 7.7 zeigt, wie die Marketingabteilung beim gender-gerechten Employer-Branding unterstützen kann.

[96] Boes, Bultemeier, Kämpf (2012)

6.2.4 Frauen und Männer explizit ansprechen

Frauen und Männer müssen sich von Stellenausschreibungen jeglicher Art (schriftlich, mündlich, visuell oder akustisch) gleichermaßen angesprochen fühlen, da es bei der Besetzung einer Stelle meist nicht um das Geschlecht geht. Dazu ist eine explizite Nennung beider Geschlechter und eine stereotypfreie Beschreibung der Aufgaben und Voraussetzung für die ausgeschriebene Stelle erforderlich.

6.2.4.1 Definition der Basispraktik

Die Texte der Stellenausschreibungen müssen beide Geschlechter explizit ansprechen. Das betrifft den Titel der Stelle (z. B. Ingenieur/in oder Ingenieurin/Ingenieur), die notwendigen Fähigkeiten inklusive der Softskills und die formalen Voraussetzungen. Die Anforderungen müssen weibliche und männliche Lebensentwürfe berücksichtigen. Identifizierte KandidatInnen, die als WunschkandidatInnen für einen Beruf, der nicht ihrem Rollenstereotyp entspricht, in Frage kommen, sollten speziell angesprochen werden.

6.2.4.2 Umsetzung

Stellenanzeigen müssen nach deutscher Rechtsprechung geschlechtsneutral sein. Da die deutsche Sprache eine Nicht-Unterscheidung nicht zulässt, müssen beide Geschlechter explizit angesprochen werden, um ungewollte Bilder in den Köpfen der LeserInnen zu vermeiden. Im Exkurs ist eine von vielen beispielhaften Richtlinien für den Umgang mit Sprache wiedergegeben, wie sie in vielen Hochschulen zu finden sind.

Da das Gesetz nicht vorschreibt, wie deutlich die Ansprache sein muss, wählen viele Unternehmen den Weg des geringsten Widerstand und fügen in ihren ansonsten männlich formulierten Stellenausschreibungen nur ein „(m/w)" hinter dem Titel der Position hinzu. Dieser minimalistische Ansatz erfüllt in keinster Weise den Anspruch auf eine explizite Ansprache, sondern ist ein Zeichen für ein Unverständnis der Zusammenhänge zwischen Sprache und Wirklichkeit.

Die folgenden Ausdrucksweisen eignen sich für eine gender-gerechte Ansprache und werden häufig genutzt:

- die Beidnennung, z. B.: Mitarbeiter und Mitarbeiterin,
- das Anfügen der weiblichen Form durch Schrägstrich, z. B.: Ingenieur/innen,
- das Anfügen der weiblichen Form durch Binnen-I, z. B.: ManagerInnen.

Relativ neu ist das Anfügen der weiblichen Form durch einen Unterstrich: Lehrer_innen, das symbolisch Platz für Zwischenformen (z. B. Transsexuelle) zwischen den Geschlechtern erlauben soll. Der Unterstrich wirkt allerdings ähnlich distanzierend wie der Schrägstrich. Das Binnen-I schafft eine direkte Verbindung ohne symbolische Trennung und wird deswegen von der feministischen Literaturkritik bevorzugt. Inzwischen ist diese Form so anerkannt, dass Microsoft ein Zusatztool für Word herausgibt, das die Rechtschreibung mit Binnen-I akzeptiert und prüft. In Stellenanzeigen taucht das Binnen-I noch selten auf, da befürchtet wird, dass sich Männer damit nicht angesprochen fühlen. Für die Verwendung in normalen Texten finden sich in Kapitel 5.3 im Exkurs Empfehlungen.

ARBEITSHILFE ONLINE

Vertiefende Inhalte

Zusatztool für Word 2010: http://gendering.codeplex.com/

Neben der sprachlichen Formulierung müssen auch die inhaltlichen Aussagen frei von Stereotypen sein. Sehr häufig werden die Anforderungen für einen bestimmten Beruf aus dem Verhalten und den Eigenschaften abgeleitet, die die bisherigen StelleninhaberInnen gezeigt haben. Für männerdominierte Berufe führt das häufig zu der Anforderung einer lückenlosen Berufslaufbahn, die sich implizit durch eine angegebene Altersgrenze ausdrückt. Diese Anforderung entspricht nicht den Lebensentwürfen vieler Frauen und ist deshalb kritisch zu hinterfragen. Wenn Berufsunterbrechungen akzeptabel sind, sollte die Stellenanzeige keine eng gefasste Altersrestriktion enthalten. Auch männlich oder weiblich assoziierte Eigenschaften müssen sorgfältig ausgewählt werden, um Frauen und Männer im gleichen Maße anzusprechen.

Im Zusatz wird in dieser Basispraktik gefordert, dass Frauen oder Männer, die als KandidatInnen für eine Stellenbesetzung infrage kommen, im Idealfall explizit angefragt werden. Das geht über die übliche Suche nach MitarbeiterInnen hinaus und verlangt eine persönliche Ansprache der/des gewünschten Kandidatin oder Kandidaten. Berufsstereotype lassen selbst mit optimaler Beschreibung nicht immer zu, dass sich eine Person angesprochen fühlt. Bei Frauen kommt verstärkend hinzu, dass sie durch ihre Sozialisation häufig zurückhaltender auftreten und oft erst durch eine gezielte Anfrage zur Bewerbung motiviert werden können.

6.2.4.3 Besonderheiten in technischen Unternehmen

Neben rechtlichen Aspekten ist eine explizite Ansprache für alle Berufsfelder wichtig, die untypisch im Sinne von Rollen- und Berufsstereotypen besetzt werden sollen. Technische Unternehmen müssen sich deshalb besonders viel Mühe geben, Frauen anzusprechen. Berufsklischees lassen sich am besten mit Bildern ändern, da diese nachhaltiger wirksam sind.

Fachkräfte sind insgesamt Mangelware und so müssen technische Unternehmen ohnehin neue Wege gehen. Auch für die Gewinnung von männlichen Fachkräften kann es sich lohnen, eine gesunde Work-Life-Balance und eine optimale Mischung aus anspruchsvollem Aufgabengebiet und Zeitsouveränität für die angebotene Stelle anzubieten. Anforderungen an Stressresistenz oder ähnlichem sind ein schlechtes Zeichen für eine gute Work-Life-Balance.

BESONDERE Fallstricke

Das Argument, Frauen fühlten sich auch von männlich formulierten Stellenanzeigen angesprochen, weist auf einen tiefgreifenden Mangel an Gender-Kompetenz hin. Stellenanzeigen sind ein Spiegelbild der Denkweise und der Firmenkultur eines Unternehmens. Sind Formulierungen nicht gender-sensibel, ist zu vermuten, dass Gender Diversity in vielen Teilen des Unternehmens nicht berücksichtigt wird.

Die für das Unternehmen gültigen Gesetze und Richtlinien müssen dokumentiert und beachtet werden.

EXKURS: Gesetze und Verordnungen

Für den öffentlichen Dienst regeln in einigen Bundesländern zusätzliche Gesetze und Verordnungen die Formulierungen in Stellenanzeigen.

Nach dem Bayerischen Gleichstellungsgesetz (BayGlG Art. 7 Abs. 2 und 3) müssen Stellenanzeigen für Fach- und Führungspositionen im öffentlichen Dienst künftig auf eine Teilzeitbeschäftigungsmöglichkeit hinweisen, auch wenn im konkreten Fall nur ein Arbeitsplatz zur Verfügung steht. Folgender Satz ist in Stellenanzeigen aufzunehmen: „Es besteht grundsätzlich die Möglichkeit der Teilzeitbeschäftigung".

In Bereichen, in denen Frauen unterrepräsentiert sind, müssen (unabhängig von wirtschaftlichen Überlegungen, ob Frauen an dieser Position einen wirtschaftlichen Nutzen bringen würden), Frauen ausdrücklich zur Bewerbung aufgefordert werden. Die — fakultative — Formulierung lautet: „Die Bewerbung von Frauen wird begrüßt" [97].

---

[97] LMU (2007)

6.2.5 Stereotype in der Bewertung überwinden

Im Einstellungsprozess müssen stereotype Verhaltensweisen, die Frauen oder Männer während der Bewerbungsphasen zeigen, erkannt und richtig bewertet werden, um die Qualifikation für den Job zu erkennen.

6.2.5.1 Definition der Basispraktik

Bewertungskriterien für Frauen und Männer müssen die stereotypen Verhaltensweisen der Menschen berücksichtigen und ausgleichen, die Frauen und Männer in Bewerbungsschreiben, im Assessment-Center oder im Bewerbungsgespräch zeigen.

6.2.5.2 Umsetzung

BewerberInnen verhalten sich häufig unbewusst entsprechend ihrer Stereotype. BewerterInnen erwarten ebenso unbewusst in der Regel ein Verhalten, das Rollenstereotypen entspricht. Diese Doppelbelastung durch Rollenstereotype zeigt Abbildung 23 schematisch.

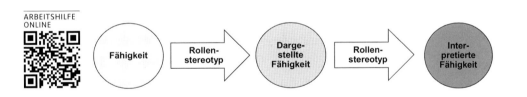

Abb. 23: Doppelbelastung durch Rollenstereotype bei der Bewertung von Fähigkeiten

Diese doppelte Verzerrung der Realität lässt die eigentlichen Fähigkeiten eines Bewerbers/einer Bewerberin kaum erkennen. Dies trifft sowohl für Frauen als auch für Männer zu, wirkt sich aber unterschiedlich aus.

Zumeist entspricht die interpretierte Fähigkeit der Beurteilung den Fähigkeiten, die Frauen und Männern allgemein nach den üblichen Rollenstereotypen zugesprochen werden:

- Männer werden als führungsstark und weniger sozial wahrgenommen, weil sie sich weitgehend so verhalten und ihre kaum sichtbaren Ansätze von sozialer Kompetenz nicht gesehen werden.
- Frauen werden als sozial kompetent und weniger führungsstark wahrgenommen, weil sie sich zurückhaltender verhalten und ihre Führungsstärke häufig eher negativ wahrgenommen wird.

Für Frauen wirkt sich die Doppelbelastung von Rollenstereotypen besonders negativ aus. Das Rollenstereotyp Bescheidenheit hindert Frauen, ihre eigenen Fähigkeiten selbstbewusst wahrzunehmen, auszuprobieren und darzustellen. Dies wirkt als selbsterfüllende Prophezeiung und führt zu einer verminderten Bereitschaft, Neues zu lernen oder auszuprobieren. Die eigentlich vorhandenen Fähigkeiten gehen nicht verloren, aber es erfordert viel Kraft, um sie zu aktivieren und Frauen zu ermutigen diese auszuleben.

Zugleich schreiben Rollenstereotype Frauen Eigenschaften zu, die der Eignung als Kandidatinnen für verantwortungsvolle Positionen entgegenstehen. Die Folge sind geringere Entlohnung und Karrierechancen. Männer profitieren unmittelbar von den stereotypen Zuschreibungen als starke und selbstbewusste Persönlichkeiten.

Zur Überwindung von Rollenstereotypen ist ein hohes Maß an Gender-Kompetenz bei den beurteilenden Personen erforderlich. Welche Verfahren zur Überwindung der Rollenstereotype verwendet werden, ist im Prinzip egal, sie müssen lediglich ihren Zweck erfüllen, die geeigneten Personen für eine Position zu finden.

Manche Personalabteilungen haben einen einfachen Trick zur gender-gerechten Bewertung: Alle Eigenschaften, die stark von Rollenstereotypen überlagert werden, werden über ihre Mittelwerte hin normiert. So kann in der Selbstdarstellung von Frauen davon ausgegangen werden, dass sie sich eher bescheiden darstellen. Wenn die Punktzahl der Bewerberinnen im Mittel stets hinter denen der Männer zurückbleibt, dann kann der Unterschied der Mittelwerte für die Normierung der Selbstdarstellung genutzt werden. Ein Mann, der dem Mittelwert für Männer entspricht, ist dann gleichgestellt mit einer Frau, die dem Mittelwert für Frauen entspricht.

6.2.5.3 Besonderheiten in technischen Unternehmen

Technische Unternehmen müssen zusätzlich zu den Rollenstereotypen, die zu einer Fehlbeurteilung bzgl. Führungsstärke oder sozialer Kompetenzen führen, das Rollenstereotyp über Frauen und Männern bzgl. Technik überwinden: Frauen wird latent eine Abneigung gegen Technik unterstellt, während Männer als technikaffin gelten.

Grundsätzlich gehen Frauen und Männer lediglich unterschiedlich an Technik heran. Frauen sind meist kritischer gegenüber der Technik und hinterfragen gerne den Nutzen, während Männer sich gern spielerisch und unvoreingenommen neuer Techniken annehmen. Dieser unterschiedliche Zugang macht den besonderen Wert von gemischten Teams aus: Eine sorgfältige Technikfolgeabschätzung wird mit der Freude an Innovation verbunden.

BESONDERE Fallstricke

Um eine optimale Stellenbesetzung zu erreichen, müssen sowohl Rollenstereotype als auch Berufsstereotype berücksichtigt und kritisch hinterfragt werden. Rollen- und Berufsstereotype unterliegen Änderungen und variieren von Land zu Land, manchmal sogar regional.

6.2.6 Stereotype in der Prozessdefinition überwinden

Der gesamte Einstellungsprozess muss die Rollen- und Berufsstereotype überwinden. Dazu muss auch der Einstellungsprozess selbst frei von Stereotypen sein.

6.2.6.1 Definition der Basispraktik

Effiziente Maßnahmen für den Ausgleich von Rollenstereotypen und unterschiedlichen Herangehensweisen sind definiert. In allen Personalmanagement-Prozessen, den Bewertungskriterien und bei der Besetzung der Personal-Auswahlgremien werden diese aktiv umgesetzt und praktiziert.

6.2.6.2 Umsetzung

Prozesse sind Handlungsanweisungen im Unternehmen, die eine gleichbleibende Qualität der Arbeitsschritte gewährleisten. Durch Prozessbeschreibungen werden die Arbeitsvorgänge transparent (Wie läuft der Vorgang ab? Was sind die Ziele? Wer ist daran interessiert? Wer trägt die Verantwortung?), die Qualität der Arbeitsergebnisse ist jederzeit wiederholbar und die Organisation kann sich verbessern, indem gezielt Arbeitsschritte verändert und angepasst werden.

Während der Suche nach geeignetem Personal muss bereits im definierten Vorgehen berücksichtigt werden, dass Frauen und Männer unterschiedlich erreicht und angesprochen werden sollten. Hier ein paar Beispiele für unterschiedliche Verhaltensweisen bei Frauen und Männern, die neben den schon ausführlich beschriebenen Rollenstereotypen und Berufsstereotypen für den Einstellungsprozess wichtig sind:

- Frauen lesen andere Zeitschriften als Männer,
- Frauen und Männer bewegen sich unterschiedlich in sozialen Netzen und im Internet,
- Beschreibungen einer ausgeschriebenen Stelle wirken auf Frauen und Männer unterschiedlich,
- Frauen und Männer beurteilen Arbeitswerkzeuge unterschiedlich. So sollte ein Tool für die Unterstützung des Skills-Managements immer von Frauen und Männern ausgesucht werden.

Bei der Definition der Prozesse in allen Bereichen des Personalmanagements müssten Frauen und Männer in ausreichendem Maße[98] vertreten sein. Nur so können alle gender-spezifischen Gesichtspunkte berücksichtigt werden. Insbesondere die Kriterien für die Auswahl der BewerberInnen und die Besetzung des Auswahlgremiums sind von Frauen und Männern festzulegen, die über entsprechende Gender-Kompetenz verfügen.

Der Personalmanagement-Prozess sollte einen Mindestreifegrad von Level 2[99] haben, der ein geplantes und gut organisiertes Vorgehen anzeigt. Ausführlich stellen wir dies in den Forderungen zur Qualitätssicherung für das Gesamtunternehmen vor (Kapitel 7.1).

6.2.6.3 Besonderheiten in technischen Unternehmen

Da Frauen und Männer einen unterschiedlichen Zugang zur Technik haben, sollte eine ausreichend große Anzahl von Frauen an der Festlegung der Kriterien für eine/n gute/n TechnikerIn beteiligt werden.

---

[98] Um gegen die homogenisierende Wirkung von Gruppen die Sichtweise einer Minderheit effektiv werden zu lassen, muss jede Untergruppe mit mindestens 30 % in der Gruppe vertreten sein.

[99] Die Definition der Reifegrad-Level entspricht der Norm ISO 15504 (siehe Kapitel 8.2).

BESONDERE Fallstricke

Die gender-gerechte Beteiligung an der Prozessdefinition sollte auch in der Qualitätsstrategie des Unternehmens erwähnt werden.

Es ist ein Nachweis der effektiven Teilnahme beider Geschlechter an der Prozessdefinition zu erbringen. Selbst wenn ein Mann und eine Frau als AutorInnen für eine Prozessbeschreibung angegeben sind, ist zu prüfen, wie viel Anteil beide an der Erstellung tatsächlich hatten.

Es ist zu berücksichtigen, dass in einigen Personalabteilungen die Männer in der Minderheit sind.

6.2.7 Zielerreichung regelmäßig überprüfen

Der Einstellungsprozess ist für Unternehmen von zentraler Bedeutung. Alle weiteren Personalentwicklungsmaßnahmen können nur dann erfolgreich sein, wenn eine gewisse Basis an Frauen und Männern im Unternehmen arbeiten. Viele Frauenfördermaßnahmen oder Weiterbildungsangebote für Gender Diversity bringen kaum den erwünschten Effekt. Um unnötige Kosten zu vermeiden, sind alle Maßnahmen mit einer Erfolgskontrolle auszustatten, die nicht nur am Ende die Ergebnisse kontrolliert, sondern auch die Erreichung von Zwischenzielen prüft.

6.2.7.1 Definition der Basispraktik

Der Einstellungsprozess wird regelmäßig auf die Erreichung der Gender Diversity-Ziele hin überprüft.

6.2.7.2 Umsetzung

Der Einstellungsprozess besteht in der Regel aus mehreren Schritten, die — wenn möglich — einzeln auf die Effekte im Sinne der Gender Diversity-Ziele kontrolliert werden müssen. Als erste Kennzahl im Einstellungsprozess muss kontrolliert werden, ob die Stellenanzeigen für eine ausreichende Anzahl an weiblichen und männlichen Bewerbern sorgen. Werden die Sollzahlen nicht erreicht, muss ggf. über die Schaltung weiterer Ausschreibungen in anderen Organen nachgedacht werden, die eher die gewünschte Zielgruppe erreichen. Möglicherweise sind auch die Ziele unrealistisch hoch gesteckt. Zur richtigen Einschätzung der Situation sollten Frauen und Männer in die Interpretation der Messergebnisse einbezogen werden.

Nach den jeweils einzelnen Prozessschritten ist zu prüfen, ob der vorhandene Anteil an Frauen und Männern für den nächsten Schritt ausreichend ist oder ob Änderungen an den vorherigen Prozessschritten notwendig sind.

Die folgende Überprüfung bietet sich an:

- Anteil Frauen/Männer, die sich bewerben,
- Anteil Frauen/Männer, die zum Bewerbungsgespräch eingeladen werden,
- Anteil Frauen/Männer, denen ein Jobangebot gemacht wird,
- Anteil Frauen/Männer, die das Jobangebot annehmen,
- Anteil Frauen/Männer, die die Probezeit erfolgreich bestehen,
- Anteil Frauen/Männer, die für Beförderungen zur Verfügung stehen.

Für den letzten Punkt ist ein direkter Einfluss auf die vorangehenden Prozesse schwer nachweisbar, da nach mehreren Berufsjahren andere Faktoren für eine (unerwünschte) Reduktion einer Diversity-Gruppe verantwortlich sein können. Der Prozess muss möglicherweise dennoch angepasst werden, um die Lücke durch QuereinsteigerInnen schließen zu können.

Der Prozess muss regelmäßig überprüft werden, da sich die gesellschaftlichen Randbedingungen stetig im Wandel befinden: Immer neue Kommunikationskanäle werden für die Suche nach Jobangeboten genutzt und auch Rollenstereotype für Frauen und Männer sind in Auflösung begriffen und müssen kontinuierlich neu hinterfragt werden. Im Prozess eingestellte Korrekturparameter für stereotypische Wahrnehmung können somit ungültig werden und müssen dann angepasst werden.

Falls die selbst gesteckten Ziele nicht erreicht werden, ist es erforderlich, alle vorhandenen Daten zu analysieren und Gespräche mit den Betroffenen zu führen, um die Ursache für das Scheitern herauszufinden. Bei dieser Analyse sollten Frauen und Männer in ausreichendem Maße beteiligt sein, damit Rollenstereotype erkannt und ausgeschaltet werden können.

Besonders schwierig sind Probleme in der Unternehmenskultur zu erkennen und zu beheben, wie z. B. fehlender Respekt vor weiblichem oder männlichem Sprachgebrauch (Kapitel 3.3). Bei Verdachtsfällen auf respektloses Verhalten kann eine Befragung der/des Gleichstellungsbeauftragten helfen, an die/den vielleicht schon Schwierigkeiten herangetragen worden sind. Wenn Frauen aus der Einstellungspipeline verschwinden, kann auch das Frauennetzwerk bei der Aufklärung behilflich sein (Kapitel 5.6).

6.2.7.3 Besonderheiten in technischen Unternehmen

In technischen Unternehmen obliegt die fachliche Beurteilung — und damit meist auch die abschließende Beurteilung einer KandidatIn — meist der Fachabteilung. Damit kommt der Gender-Kompetenz von Führungskräften eine hohe Bedeutung zu. Falls Frauen in der Pipeline von der Bewerbung bis zur bestandenen Probezeit verhältnismäßig häufig „verloren" gehen (aus welchen Gründen auch immer), sollte die Gender-Fähigkeit der Führungskräfte bzw. die Anerkennung von Gender Diversity im Team überprüft werden.

BESONDERE Fallstricke

Die Führungskraft des Personalmanagements ist für die Zielerreichung verantwortlich. Für alle Prozessschritte ist zu analysieren, welche Metriken erhoben werden sollen und das Ergebnis der Diskussion ist zu dokumentieren.
Die wichtigsten Metriken und die daraus abgeleiteten Aktivitäten sind der Geschäftsführung regelmäßig zu berichten.

ZWISCHENFAZIT EINSTELLUNGSPROZESS

Der Einstellungsprozess betrifft sowohl junge Nachwuchskräfte als auch QuereinsteigerInnen. Aufgrund seiner langfristigen Auswirkungen spielt er eine besonders wichtige Rolle für erfolgreiche Gender Diversity und ist in sieben Basispraktiken aufgeteilt.

- Einstellungsstrategie definieren
  Die Einstellungsstrategie muss an den strategischen Geschäftszielen ausgerichtet sein. Zentrale Fragen sind: Was sind die relevanten Inhalte der Stellenausschreibung? Wie soll die Ausschreibung formuliert werden? Wie sollen sich KandidatInnen bewerben? Wie wird das Auswahlgremium besetzt? Welche KandidatInnen werden eingeladen? Wie wird das Bewerbungsgespräch geführt? Welche Fähigkeiten und Eigenschaften werden positiv bewertet? Ist der/die KandidatIn gender-kompetent? Sind die Beurteilungsverfahren gender-neutral? Kann das bislang unterrepräsentierte Geschlecht zu einer Bewerbung aktiviert werden?
- Auswahlgremium besetzen
  Auswahlgremien müssen sowohl geschlechtergerecht (mindestens 3:7) als auch vielfältig besetzt werden. Nur so ist gewährleistet, dass der/die optimale KandidatIn für die Position gefunden wird.
- Zielquoten festlegen
  Die Definition von Zielquoten für Gender-Diversity ist ein Mittel zur Fokussierung und zum Aufbrechen bestehender Rollen- und Berufsstereotype. Diese müssen feste Vorgaben enthalten und mit finanziellen Konsequenzen bei Nichterreichen verbunden sein.

- Frauen und Männer explizit ansprechen
  Dies bezieht sich sowohl auf die Formulierung der Ausschreibung als auch auf die inhaltlichen Aussagen, die frei von Stereotypen sein müssen. Ggf. muss auch eine persönliche Ansprache geeigneter KandidatInnen erfolgen.
- Stereotype in der Bewertung überwinden
  Bei der Bewertung der BewerberInnen ist ein hohes Maß an Gender-Kompetenz im Hinblick auf Rollen- und Berufsstereotype erforderlich.
- Stereotype in der Prozessdefinition überwinden
  Hierzu müssen im gesamten Personalmanagement-Prozess effiziente Maßnahmen für den Ausgleich von Rollenstereotypen definiert und umgesetzt werden. Diese sind transparent zu dokumentieren.
- Zielerreichung regelmäßig überprüfen
  Wie für alle anderen Unternehmensmaßnahmen ist die Wirksamkeit der Maßnahmen und Prozesse regelmäßig durch Erfolgskontrollen im Hinblick auf Gender-Diversity zu überprüfen.

ARBEITSHILFE ONLINE

Vertiefende Inhalte

Eine Übersicht und Checkliste für die Einführung und Kontrolle der einzelnen Basispraktiken finden Sie als Zusatzmaterial auf unserer Website.

6.3 Die Karriereplanung

Neben dem Einstellungsprozess ist im Personalmanagement die Karriereplanung von entscheidender Bedeutung für erfolgreiche Gender Diversity im Unternehmen. Karriere ist sehr individuell, bedeutet nicht für jede Person das Gleiche und ist zudem von kulturellen oder politischen Einflüssen abhängig. In der deutschen Kultur ist eine hohe Wertigkeit mit dem Erreichen von Führungspositionen in der Iinie verbunden, die deswegen besonders begehrt sind. Neben der Karriere in der Linie werden häufig aber auch Fachkarrieren oder horizontale Karriereschritte angeboten.

Für die Karriereplanung spielt das im Unternehmen implementierte Management- und Führungsmodell eine große Rolle. Welche Ziele und welche Strategien umgesetzt werden, hängt auch davon ab, ob Hierarchien hoch oder flach sind und wie stark auf die Eigenverantwortung der MitarbeiterInnen gesetzt wird. Für eine Transparenz bezüglich der Anforderung an die Erreichung verschiedener Karriereschritte müssen Karriere- und Ausbildungspläne für das Unternehmen festgelegt werden. Bei fehlender Transparenz kann schnell der Eindruck entstehen, dass bestimmte Personen bevorzugt werden. Dies bringt in der Regel Unruhe in die Belegschaft. Die Einführung von Gender Diversity verlangt zumeist eine Neubewertung der Voraussetzungen, die für die Erreichung bestimmter Positionen notwendig sind. Damit diese Neubewertung transparent wird, sollte es eine schriftlich nachlesbare Beschreibung der erforderlichen Fähigkeiten geben. Auch diese wird aufgesetzt, um eine Veränderung im Sinne von mehr Gender Diversity zu erreichen. Bei der dritten und letzten Basispraktik geht es um die gender-gerechte Ausgestaltung von Skills-Management, die die Fähigkeiten von Frauen und Männern als gleichwertig darstellt und keines der Lebensmodelle präferiert.

6.3.1 Ziele und Strategie für die Karriereplanung festlegen

Die Karriereplanung muss mit der Gender Diversity-Strategie übereinstimmen und diese wirkungsvoll unterstützen, damit in den Entscheidungsgremien des Unternehmens ein ausreichendes Maß an Gender-Kompetenz für eine angemessene Kundennähe und verbesserte Profitabilität zur Verfügung steht. Die Festlegung der Ziele und der Strategie, was Karriere im Unternehmen bedeutet und welche Ziele damit verfolgt werden, führt zu einer Nachvollziehbarkeit des Vorgangs „Karriere machen" durch alle MitarbeiterInnen.

6.3.1.1 Definition der Basispraktik

Die Ziele und die unternehmenseigene Strategie für die interne Karriereplanung werden in Abstimmung mit dem Gender Diversity-Management definiert und kommuniziert. Zielquoten für Führungspositionen (mit Auswirkung auf Gehaltsbestandteile) bzgl. Gender Diversity sind festgelegt. Ein Nicht-Erreichen der Zielquoten muss aktiv an die Geschäftsführung berichtet werden.

6.3.1.2 Umsetzung

Im Folgenden werden hauptsächlich Karrierehindernisse für Frauen thematisiert, da diese ein zentrales Thema für Gender Diversity und zudem gut untersucht sind. Die negativen Mechanismen gelten jedoch ebenso für andere Diversity-Dimensionen, in denen auch Männer von der Ungleichbewertung betroffen sind.

Die Hindernisse, denen Frauen trotz hervorragender Ausbildung und steigender Berufstätigkeit auf ihrem Weg durch die Unternehmen ausgesetzt sind, werden seit 1980 thematisiert. Eine der bekanntesten Studien „Women matter" wurde von dem renommierten Unternehmensberater McKinsey erstellt[100]. Durch die gesellschaftliche Brille mit ihrer Wahrnehmungsverzerrung werden die Mechanismen für die Benachteiligung von Frauen nicht wahrgenommen und deswegen treffend als „gläserne Decke" bezeichnet[101].

ARBEITSHILFE
ONLINE

DEFINITION gläserne Decke

Die gläserne Decke bezeichnet die unsichtbaren Hindernisse, die Frauen in ihrem Berufsleben begegnen und sie an einer erfolgreichen Karriere hindern.

ARBEITSHILFE
ONLINE

Vertiefende Inhalte

http://www.euractiv.de/soziales-europa/artikel/eu-frauenquote-einreien-der-glasernen-decke-006917

http://www.youtube.com/watch?v=XSt914MJUeM&list=PLK3yPgVWaaEoWnwrvAkgliRXsfG_5cn8Q

Die gläsernen Aufzüge für Männer in den sogenannten Frauenberufen sind weit weniger bekannt, aber auch sehr wirkungsvoll. Die hohe Wertschätzung männlicher Eigenschaften und die Zuschreibung bestimmter Fähigkeiten lässt Männer in Situationen, in denen sie in der absoluten Minderheit sind, leichter aufsteigen als ihre weiblichen Kolleginnen.

ARBEITSHILFE
ONLINE

DEFINITION gläserner Aufzug

Der gläserne Aufzug beschreibt das Phänomen, dass Männer, die in den sogenannten Frauenberufen arbeiten, dort Karriere machen, obwohl viele gut qualifizierte Frauen zur Verfügung stehen.

---

[100] Desvaux, Devillard-Hoellinger, Baumgarten (2007)

[101] Die gemeinnützige Organisation Catalyst, die sich seit 1962 für Frauen im Beruf einsetzt, hat die gläserne Decke in einem ihrer Aufklärungsvideos humoristisch dargestellt (Catalyst 2011).

Mechanismen für ungleiche Karriereverläufe

Im Folgenden werden die wichtigsten Mechanismen für die ungleichen Karriereverläufe und mögliche Instrumente für die Beseitigung vorgestellt.

Ähnlichkeitsprinzip

In den Führungsetagen finden sich bis heute nur wenige Frauen, die die Wahl von weiteren Führungskräften beeinflussen könnten. Die Segregation der Geschlechter wird durch das Ähnlichkeitsprinzip, nach dem die/der Auswählende meist KollegInnen oder NachfolgerInnen mit sehr ähnlichen Eigenschaften bevorzugt, aufrechterhalten. Im Gleichstellungsbericht der Bundesregierung wird für die obersten Managementebenen gar von dem Auswahlkriterium Geschlecht (Mann) ausgegangen[102].

ARBEITSHILFE
ONLINE

DEFINITION Ähnlichkeitsprinzip (homosoziale Kooptation)

Das Ähnlichkeitsprinzip in der Stellenbesetzung sagt aus, dass diejenigen, die eine Stelle innehaben, sich als NachfolgerInnen stets sehr ähnliche Personen wünschen und suchen. Es kommt dann zu einer ständigen Reproduktion des gleichen Menschentyps (homosozial) für bestimmte Stellen oder Berufszweige.

Neben der Überwindung des Ähnlichkeitsprinzips müssen in der Karriereplanung die gängigen Rollenstereotype von Führung und Macht, das unterschiedliche Selbstbewusstsein von Frauen und Männern, die unterschiedliche Vernetzung im Unternehmen und bisher einseitig männlich definierte Beförderungsregeln durch geeignete Mittel ausgeglichen werden. Dazu ist häufig eine Quotierung[103] nötig, die auch nach dem Erreichen der Quote als Ziel festgehalten werden sollte. Ansonsten setzen sich gesellschaftlichen Rollenstereotype bald wieder durch. Die einzelnen Aspekte werden im Folgenden erläutert.

---

[102] BMFSFJ (2011), S.133

[103] Die Hintergründe zu Quoten als wirtschaftliche Messinstrumente werden im Exkurs zu Kapitel 6.1 ausführlich dargestellt.

Rollenstereotype und Klischees von Führung

Die folgenden Rollenstereotype und Klischees über Führungspositionen müssen überwunden werden:

- Frauen wollen keine Macht,
- Männer machen Karriere,
- Frauen wollen hauptsächlich zu ihren Kindern und haben den Kopf nicht frei für die Arbeit,
- Führungsaufgaben brauchen viel Zeit,
- Führungsaufgaben setzen eine hohe Reisebereitschaft voraus.

Es gibt Frauen, die keine Macht wollen, und ebenso Führungsaufgaben, bei denen ständiges Reisen notwendig ist. Eine pauschale Verallgemeinerung ist jedoch unzulässig. Auch sind die Interpretation und die impliziten Annahmen solcher Klischees im Einzelnen zu untersuchen. Meist hält das Klischee der Realität nicht stand.

Wie dies funktioniert ist gut am Beispiel Macht zu verdeutlichen. Mit Macht wird heute ein männlich geprägtes Bild verbunden. Frauen werden auf Grund der Rollenstereotype als nicht führungsstark angesehen und verhalten sich häufig auch nicht so (Kapitel Einstellungsprozess, Abbildung 23). Erst wenn die Fähigkeiten sehr gut sichtbar werden — meist mit dem idealen Mix aus Anerkennung des Vorgesetzten und eigener (bescheidener) Selbstdarstellung — wird eine geeignete Führungsstärke erkannt. Frauen, die führungsstärker sind, als ihr Rollenmodell ihnen zuspricht, werden in unserer Gesellschaft häufig als übertrieben ehrgeizig und nervig wahrgenommen. So kommt es zu einer Wahrnehmungsschere für Frauen, die nur einen engen Bereich an Führungsverhalten erlaubt, um als geeignet für eine Führungsposition in Frage zu kommen. Abbildung 24 zeigt qualitativ, wie sich die verzerrte Wahrnehmung auswirkt.

ARBEITSHILFE
ONLINE

DEFINITION Wahrnehmungsschere

Die Wahrnehmungsschere wirkt unbewusst bei der Bewertung von Menschen. Es ist schwierig, die tatsächlichen Fähigkeiten von Menschen zu erkennen, deshalb wird nach Rollenstereotypen beurteilt. Menschen, denen gemäß dem jeweiligen Rollenstereotyp eine bestimmte Fähigkeit zugesprochen wird, werden ganz automatisch besser beurteilt. Menschen, denen gemäß dem Rollenstereotyp die Fähigkeit nicht zugeschrieben wird, werden wie folgt beurteilt: Haben sie geringe Fähigkeiten, werden diese überdeutlich wahrgenommen, weil sie die Annahme über die Unfähigkeit bestätigen. Ist eine Person besser, als es ihrem Klischee entspricht, wird sie überkritisch betrachtet und mit zusätzlichen Kriterien als „zufällig gut" oder nicht ihrer Norm entsprechend abgewertet (z. B. „der verhält sich altklug", „die ist ja auch mehr ein Mann als eine Frau").

Diese Schere gilt für alle Menschen, die nicht dem Rollenstereotyp mächtiger und führungsstarker Persönlichkeiten entsprechen. Menschen, denen wir nach Rollenstereotyp die Fähigkeit zusprechen, werden häufig sogar besser beurteilt, als es ihren tatsächlichen Fähigkeiten entspricht (gläserner Aufzug). In vielen westlichen Ländern gelten hellhäutige Männer im mittleren oder höheren Alter als besonders führungsstark. So haben es auch z. B. jüngere Menschen mit Führungsambitionen schwer, der Wahrnehmungsschere zu entgehen: Wenn sie weniger gut geeignet sind, gelten sie als zu jung, und wenn sie führungsstark ihre Fähigkeiten zeigen, gelten sie als altklug.

ARBEITSHILFE
ONLINE

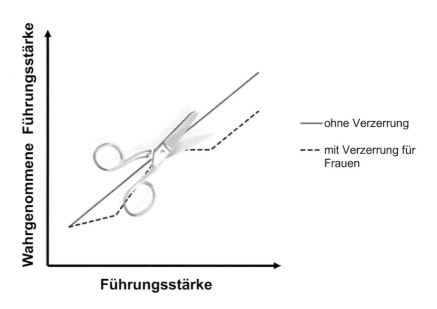

Abb. 24: Wahrnehmungsschere von Führungseigenschaften bei Frauen

Die Wahrnehmungsschere kann mit Gegenmaßnahmen, wie sie auch im Einstellungsprozess notwendig sind, abgemildert oder aufgehoben werden. Dazu gehören die gender-gerechte Besetzung von Auswahlgremien für Führungspositionen, die Festlegung von Zielquoten und eine gute Gender-Kompetenz bei allen Beteiligten.

Unterschiede im Selbstbewusstsein

Das Selbstbewusstsein, sich schwierige oder neue Tätigkeiten zuzutrauen, ist bei Männern und Frauen sehr unterschiedlich ausgeprägt. Frauen neigen dazu, eine Aufgabe erst anzunehmen, wenn sie diese vollständig verstanden und alles getan haben, um die Aufgabe beherrschen zu können. So fragen viele Frauen nach Kursen und Ausbildungsmöglichkeiten, bevor sie eine Aufgabe übernehmen wollen. Männer trauen sich eine neue Aufgabe wesentlich schneller zu. Beides sagt jedoch nichts über ihre Eignung für die neue Aufgabe aus. So können häufig die bescheidenen Frauen die Aufgabe gleich gut oder auch besser ausfüllen als die selbstbewussten Männer.

Diese Zurückhaltung verursacht für die Gewinnung von Frauen als Führungskräfte mehr Aufwand als die von Männern. Bei Positionen, die schnell besetzt werden müssen, kann es so zu einer verengten Auswahl kommen, die vielleicht nicht die beste Lösung bietet.

Karriere durch Netzwerke

Karrieren werden durch Netzwerke gefördert und beschleunigt. Dies gilt für Frauen und Männer gleichermaßen, die im Aufbau und in der Pflege von Netzwerken gleich erfolgreich sind. Die Netzwerke, die gepflegt werden und für eine Karriere gepflegt werden müssten, unterscheiden sich jedoch stark zwischen Frauen und Männern.

Männer, die Karriere machen, sind meist in Netzwerken, die zumeist

- hauptsächlich Männer als Mitglieder haben (homosoziale Netzwerke),
- von zentraler Bedeutung sind,
- neben beruflichen auch freundschaftliche Aspekte bieten (Multiplexität),
- weit über die Abteilung und das Unternehmen hinausgehen.

Ein häufiger Tipp für Frauen ist deshalb, in die Netzwerke der Männer einzudringen, um gemeinsam mit ihnen die Karrieremöglichkeiten ausloten und nutzen zu können. Dazu müssten sich die Männernetzwerke in zwei entscheidenden Punkten ändern:

- sie müssten Frauen in ihre Mitte aufnehmen (bisher sind Frauen zwar in manchen zentralen Netzwerken, aber eher im Randbereich) und

- ein freundschaftliches, kameradschaftliches Verhältnis zu Frauen aufnehmen, was in unserer Gesellschaft, in der Frauen und Männer meist nur in Paarbeziehungen als Freunde auftreten, nicht akzeptiert ist. In den zentralen Netzwerken ist es auch nicht üblich die PartnerInnen mitzubringen.

Selbst wenn die Männernetzwerke sich in dieser Hinsicht ändern, müssten weitere Hürden überwunden werden:

- Frauen sind genauso gerne in homosozialen Gruppen wie Männer. Gerade für vereinzelte Managerinnen kann ein Frauennetzwerk sehr wichtig und entspannend sein, da hier in der „gleichen Sprache" miteinander geredet werden kann und auch leichter frauenspezifische Themen angesprochen werden. Menschen, die nur aus karrieretaktischen Überlegungen Netzwerke wählen, werden in den Netzwerken nicht akzeptiert.
- Frauen, die in Männernetzwerke eindringen, müssen hierfür viel Zeit und Energie aufwenden oder auf die Unterstützung des Frauennetzwerks verzichten.
- Für Frauen sind ihre freundschaftlichen, familiären Netzwerke sehr wichtig, ohne die sie kaum die Balance zwischen Beruf und Familie erreichen könnten. Das übliche Lebensmodell bevorzugt hier die Männer, die das familiäre Netzwerk an ihre Partnerinnen delegieren können, was zu Lasten der Berufsausübung der Frauen geht.

Eine gute Lösung könnte darin bestehen, dass Frauen und Männer weiterhin ihre getrennten Netzwerke pflegen, die Gewichtung innerhalb des Unternehmens aber anders vorgenommen wird. Von der Geschäftsführung müssen Ideen aus beiden Netzwerken berücksichtigt werden. Das höchste Management sollte verpflichtet werden, in beiden Netzwerken aktiv zu sein und für ein ausgewogenes Karrierepotenzial beider Netzwerke zu sorgen.

Karriere in verschiedenen Organisationsformen

Hierarchische Unternehmen mit klaren Leitlinien für die Beförderung machen Karrieremöglichkeiten transparent, auch wenn sie sonst vielleicht einige Nachteile aufweisen. In modernen Unternehmen mit flachen Hierarchien und informellen, sehr effizienten Netzwerken ist die Auswahl von Führungskräften meist intransparent.

In modernen Unternehmen (z. B. der new economy) spielen die öffentliche Positionierung und die Übernahme zusätzlicher Verantwortung eine zentrale Rolle. Beides sind Kriterien, die Frauen seltener erfüllen, weil ihre Sozialisierung sie nicht zu einer öffentlichen Positionierung ermuntert und Ihnen weniger zusätzliche Zeit zur Verfügung steht. Damit sind moderne Unternehmen und ihre Karrieremodelle tendenziell sogar schlechter für Frauen geeignet als die alten, hierarchischen Modelle[104]. Diese Modelle sind allerdings auch für Männer, die eine gesunde Work-Life-Balance anstreben, eher ungeeignet.

Moderne Unternehmen setzen auf offene Kommunikation und den Einbezug der MitarbeiterInnen bei Entscheidungen. Diese höhere Priorisierung von typisch weiblichen Eigenschaften führt kaum zu einer Verbesserung der Beurteilung von Frauen im Hinblick auf ihre Eignung für Führungsaufgaben. Für die Führung gelten immer noch tradierte Werte wie Durchsetzungskraft und Mut, die eher männlichen Stereotypen entsprechen[105]. Leistungskriterien in Unternehmen müssen deshalb sorgfältig auf ihre Stereotype hin untersucht werden, damit die Leistung nach den tatsächlich wichtigen Kriterien beurteilt wird.

> **!** **ACHTUNG   Besonders zu berücksichtigen**
>
> Wenn die gläserne Decke durchbrochen wird und eine Frau in die Führungsetage aufsteigt, kann dies zu einem Bedeutungsverlust der Abteilung führen. Der Bedeutungsverlust ist eine Folge der allgemeinen geringeren Wertschätzung gegenüber Frauen, denen Führung nicht zugetraut wird. Der Bedeutungsverlust kann nur durch ein breites Wissen über Gender Diversity im ganzen Unternehmen verhindert werden.
>
> Im Umkehrschluss kann nicht davon ausgegangen werden, dass alle Abteilungen oder Unternehmen eine geringere Anerkennung haben, wenn sie von Frauen geführt werden. Insbesondere Unternehmen, die in Familienbesitz sind, werden öfter sehr erfolgreich von Frauen geführt, die auch kaum jemand in Frage stellt. Wenn weibliche Führung zur Tradition des Unternehmens gehört, wird diese auch nicht mehr angezweifelt.

6.3.1.3 Besonderheiten in technischen Unternehmen

In technischen Unternehmen ist häufig noch das Bild der Führungskraft als technischer Experte tief verankert. Damit ist die Beurteilung von Frauen als geeignete Führungskraft noch schwieriger als in anderen Unternehmen. Zwei mächtige Stereotype beeinflussen die Sichtbarkeit von Frauen:

---

[104] Bultemeier, Boes (2011)

[105] Boes, Bultemeier, Kämpf (2012)

- Frauen wollen keine Macht und
- Frauen mögen keine Technik.

In technischen Bereichen, in denen es im Unternehmen wenige Frauen auf der untersten Teamebene gibt, wird häufig beklagt, dass keine Frauen als Kandidatinnen für Führungsaufgaben zur Verfügung stehen. Nach dem traditionellen Meistermodell sollten die fachlichen MeisterInnen die Führung des Teams übernehmen. Im Handwerk, aus dem diese Tradition stammt, ist dieses Auswahlverfahren durchaus sinnvoll. In der heute wesentlich komplexeren Arbeitswelt, in der kaum zwei Teammitglieder das gleiche Wissen brauchen, ist es schwierig, eine Person als den/die ExpertIn schlechthin anzuerkennen und in die Leitungsfunktion zu bringen. In vielen innovativen Betrieben geht es bei Linienverantwortung eher darum, den technischen ExpertInnen im Team ein ideales Arbeitsumfeld zu bieten.

ARBEITSHILFE
ONLINE

DEFINITION Meistermodell

Der/die MeisterIn ist ein Titel in gewerblich-technischen Berufen, der nach einer mehrjährigen Ausbildung erworben werden kann. Durch die Meisterausbildung werden GesellInnen zu ExpertInnen, AusbilderInnen und UnternehmerInnen. Das Meistermodell betrachtet die fachliche Kompetenz einer Person als vorrangig, um eine Führungsaufgabe annehmen zu können. In dieser Denktradition sind Führungskräfte in erster Linie FachexpertInnen, die ihre MitarbeiterInnen anleiten und ausbilden können.

In vielen Teams sind auch auf Teamleitungsebene Führungstalente gefragt, die dem Integrationsmodell entsprechen. In einer extrem arbeitsteiligen Welt müssen Fachleute aus verschiedenen Disziplinen und mit verschiedenen Charakteren in häufig wechselnder Zusammenstellung effektiv miteinander arbeiten können. Das gelingt einer Führungskraft nur, wenn sie situativ, gruppenbezogen und offen innerhalb des Teams agiert, nach außen gut eingebunden ist und für ihr Team sichtbar vom Management geschätzt wird.

ARBEITSHILFE
ONLINE

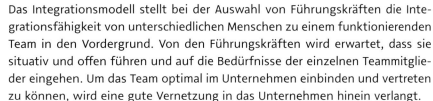

DEFINITION Integrationsmodell

Das Integrationsmodell stellt bei der Auswahl von Führungskräften die Integrationsfähigkeit von unterschiedlichen Menschen zu einem funktionierenden Team in den Vordergrund. Von den Führungskräften wird erwartet, dass sie situativ und offen führen und auf die Bedürfnisse der einzelnen Teammitglieder eingehen. Um das Team optimal im Unternehmen einbinden und vertreten zu können, wird eine gute Vernetzung in das Unternehmen hinein verlangt.

Das Integrationsmodell ist auch für Führungskräfte im mittleren bis hin zum höchsten Management von großer Bedeutung, wobei sich die Integration auf das Managementteam und externe Schnittstellen wie Kunden, Kooperationen mit anderen Unternehmen, Lieferanten oder die Zusammenarbeit mit Forschungseinrichtungen bezieht.

Integrationsfähigkeit wird durch Persönlichkeiten erreicht, die extrovertiert, konsequent und offen sind. Allerdings müssen sie auch angenehm und ausgeglichen sein. Nach dem Big-Five-Modell (siehe nachfolgende Definition) bedeutet das, dass alle fünf Eigenschaften positiv erfüllt sein müssen: Extrovertiertheit (extroversion), Gewissenhaftigkeit (conscientiousness), Offenheit (openness), Verträglichkeit (agreeableness) und fehlender Neurotizismus (neuroticism).

Heutige Top-ManagerInnen decken meist nur die ersten drei ab[106] und sind deswegen für die Integrationsarbeit nicht optimal geeignet.

ARBEITSHILFE ONLINE

DEFINITION Integrationsfähigkeit

Integrationsfähigkeit ist erforderlich, um Menschen unterschiedlichster nationaler oder sozialer Herkunft mit unterschiedlichen Charakteren oder Denkweisen effektiv zusammen arbeiten zu lassen. Integration wird durch Persönlichkeiten gefördert, die alle Eigenschaften nach dem Big-Five-Modell bieten können. Das Big-Five-Modell[107] beschreibt fünf Hauptdimensionen der Persönlichkeit:

- fehlender Neurotizismus,
- Extrovertiertheit,
- Offenheit,
- Verträglichkeit und
- Gewissenhaftigkeit.

BESONDERE Fallstricke

Eine feste Quote für den Frauenanteil auf Führungsebene, deren Nichterreichen mit einem teilweisen Verlust des Bonus für die einstellende Führungskraft verbunden ist, kann zu einem Frauenanteil von etwa 25 % führen.
Verschiedene Organisationsformen haben unterschiedliche Karrieremodelle. Während hierarchisch ausgerichtete, aber transparente Unternehmen eine Nachvollziehbarkeit der Karrieren erlauben, sind in vielen neuen Organisationsformen die Bedingungen, Karriere zu machen, vom Einsatz und der Über-

---

[106] Höhler (2002)

[107] Saum-Aldehoff (2007)

nahme von zusätzlichen Aufgaben abhängig[108]. Wichtig für eine Frauenförderung und Humanisierung des Managements sind Modelle, die es erlauben, die Befähigung während „normaler" Bürozeiten nachzuweisen.

EXKURS: Die Angst von Vorgesetzten, sich lächerlich zu machen

Es ist für Vorgesetzte schwer, jemanden für eine Führungsposition vorzuschlagen, der/die nicht der gängigen Vorstellung einer Führungsperson entspricht. „Ich mache mich lächerlich, wenn sie versagt …" wird meist nicht mehr gesagt, aber noch gedacht, wenn eine Frau in Frage kommt, die Unternehmenskultur aber noch nicht darin geübt ist, Frauen im Management zu haben.

Diese Angst ist nicht unberechtigt, da mit einer ungewöhnlichen Besetzung einer Führungsposition nicht nur die neue Führungskraft, sondern auch der/die BefürworterIn unter Beobachtung steht.

Dazu kommt die Tatsache, dass Leistung nicht neutral erkannt wird, sondern durch die Wertebrille der Gesellschaft gesehen wird. Frauen haben es nach dieser Wertebrille immer noch schwer, wahrgenommen und gerecht beurteilt zu werden. Ein Scheitern von Frauen in einer Führungsposition ist sehr leicht möglich, wenn nicht sorgfältig die Leistung anhand von messbaren Kriterien und von Menschen vorgenommen wird, die eine hinreichende Gender-Kompetenz und damit ein Verständnis für die Leistung weiblicher Führungskräfte haben.

Rollenmodelle für gute Chefs

Wie reagieren gute Chefs auf gesellschaftlich gefärbte Ablehnung von weiblichen Führungskräften? Hier ein Beispiel, so passiert vor 25 Jahren, nachdem eine Frau zur Teamleiterin wurde:

Team-Mitglied: „Herr Niemann[109], könnte ich Sie mal unter vier Augen sprechen?"

Abteilungsleiter Niemann: „Gerne, setzen Sie sich. Was gibt es denn?"

Team-Mitglied: „Ich möchte Sie bitten, mich in eine andere Abteilung zu versetzen, da ich keine Frau als Vorgesetzte akzeptieren kann."

Abteilungsleiter Niemann: „Da kann ich Ihnen leider nicht helfen. Wenn Sie mit einer Frau als Vorgesetzte nicht zurechtkommen, dann sind Sie im falschen Unternehmen."

Berichtet von Sigrid Hauenstein, ehem. Abteilungsleiterin Software-Entwicklung

---

[108] Boes, Bultemeier, Kämpf (2012)

[109] Name geändert

6.3.2 Karriere- und Ausbildungspläne erstellen

Karriere- und Ausbildungspläne dienen der Festschreibung von Qualifikationen, die für die Erreichung oder Besetzung einer bestimmten Position notwendig sind. Dies bezieht sich auf alle Fach- und Führungspositionen. MitarbeiterInnen, die eine bestimmte Position anstreben, werden bei fehlenden Qualifikationen nach dem definierten und für alle transparenten Plan ausgebildet. Durch die Festlegung der Pläne sind die Anforderungen an bestimmte Positionen nachvollziehbar und es wird ein gemeinsames Verständnis von Karriere im Unternehmen aufgebaut.

6.3.2.1 Definition der Basispraktik

Für die Vorbereitung auf Karriereschritte gibt es Karriere- und Ausbildungspläne.

6.3.2.2 Umsetzung

Ausbildungs- und Karrierepläne sind eindeutige Indizien für den Reifegrad eines Unternehmens, das langfristige Ziele mit einer stabilen MitarbeiterInnen-Basis anstrebt. Karrierepläne definieren, was in einem Unternehmen als Karriere angesehen wird und wie diese Positionen erreicht werden können. Neben dem Aufstieg in der Linie mit Personalverantwortung werden fachliche oder projektbezogene Karrieren angeboten. In unserer Gesellschaft wird Karriere häufig noch an einer Linienfunktion festgemacht, wobei die Bedeutung einer Position an der Anzahl der Untergebenen und dem zur Verfügung stehenden Budget abhängt. Die Wertschätzung für die fachlichen oder projektbezogenen Karrieren ist von der jeweiligen Ausgestaltung abhängig. Nur wenn das Gehalt und die Gehaltsbestandteile (wie Büroausstattung, Dienstwagen, …) vergleichbar sind und auch eine Einbeziehung in Strategie- und Management-Meetings sichergestellt wird, werden diese „zusätzlichen" Karrieremöglichkeiten anerkannt.

Abbildung 25 zeigt ein Beispiel für mögliche Karrierepfade in einer Hauptabteilung, wobei die Linienverantwortung am linken Rand dargestellt ist. Die drei weiteren Karrierepfade sehen vor, dass die Übernahme von Projektleitung, fachlicher Leitung und Qualitätsmanagement-Aufgaben auf der ersten Ebene der Ebene der Gruppenleitung gleichgestellt sind. Für jeden Karrierepfad ist eine Steigerung zum Senior auf die Ebene der Abteilungsleitung möglich. Die Breite der Pfeile zwischen den Karriere-Ebenen stellt die Anzahl an Möglichkeiten dar, von einer Position zur nächsten zu kommen. Mit der Darstellung wird deutlich, dass in diesem Unternehmen hauptsächlich Fachkarrieren unterstützt werden.

ARBEITSHILFE
ONLINE

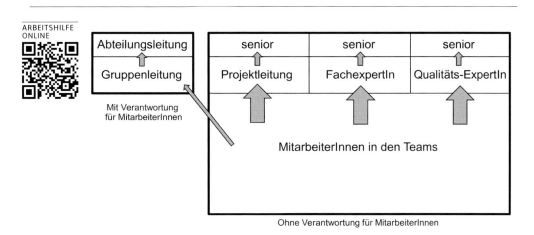

Abb. 25: Beispiel verschiedener Karrierepfade (Querbeförderungen sind nicht dargestellt)

Für Frauen und Männer ist die Transparenz der Karrieremöglichkeiten und der Auswahlkriterien für die Positionen zu gewährleisten, damit informelle Karrierewege möglichst ausgeschaltet werden. Dies ist für beide (Frauen und Männer) extrem wichtig als Signal für die leistungsgerechte Besetzung von Positionen und das Ausschalten von informellen Netzwerken.

Die Kriterien für den Aufstieg auf den Karrierepfaden sind gender-gerecht zu gestalten. Es ist nicht immer sofort ersichtlich, dass Kriterien nicht gender-gerecht sind. So sind Karrierepläne problematisch, die KandidatInnen nach dem Senioritätsprinzip aussuchen, da diese dem männlichen Lebensmodell entsprechen. Männer arbeiten in der Regel länger im Unternehmen und nehmen weniger Auszeiten.

ARBEITSHILFE
ONLINE

DEFINITION Senioritätsprinzip

Das Senioritätsprinzip gibt bei Stellenbesetzungen denjenigen MitarbeiterInnen Vorrang, die am längsten im Beruf arbeiten oder dem Unternehmen angehören (Betriebszugehörigkeit).

6.3.2.3 Besonderheiten in technischen Unternehmen

In technischen Unternehmen ist der Anteil der MitarbeiterInnen, die sich als ExpertInnen auszeichnen und eine Karriere erwarten, sehr hoch. Traditionelle Karriereschritte, die sich auf einen Aufstieg in der Linie beschränken, können den hohen Bedarf an Anerkennung kaum decken. In der Regel ist es auch nicht sinnvoll, TechnikerInnen zu Linienvorgesetzen zu machen, da deren wertvolle Kompetenzen als TechnikerInnen dem Unternehmen dann nur noch begrenzt oder gar nicht mehr zur Verfügung stehen.

Für Managementaufgaben in der Linie, Qualitäts- oder Projektmanagement müssen für TechnikerInnen Führungstrainings angeboten werden, weil Führungsfähigkeiten nur in seltenen Fällen im Studium oder der TechnikerInnen-Ausbildung erlernt werden.

Frauen fragen eher als Männer nach zusätzlichen Trainings, wenn sie mit neuen Vorgehensweisen oder Tools umgehen sollen. Diese sollten angeboten werden, da sie die Selbstsicherheit erhöhen. Die gleichen Trainings sollten auch von männlichen Kollegen besucht werden (obwohl die eher nicht danach fragen), damit Anlaufschwierigkeiten verkürzt werden können.

BESONDERE Fallstricke

Für die Anerkennung der fachlichen Laufbahn von MitarbeiterInnen ist eine tatsächliche Gleichstellung zur Laufbahn in der Linie notwendig. Das bedeutet, dass fachliche Führungskräfte zu Strategie-Workshops ihrem Level entsprechend eingeladen werden und über die gleichen Statussymbole (Einzelzimmer, Dienstwagen, …) verfügen können.
Die Kriterien für den Aufstieg sind gender-gerecht zu formulieren und auf Ungerechtigkeiten hin zu prüfen.

EXKURS: Anerkennung durch Fachkarrieren

Bei IBM gibt es seit 1963 den Karrierepfad hin zu einem/einer IBM Fellow. 238 MitarbeiterInnen wurden für ihre kontinuierliche fachliche Expertise als IBM Fellow ausgezeichnet[110]. Die Namen der IBM Fellows sind in der Fachwelt bekannt und geschätzt.
Auf dem Weg zum IBM Fellow sieht IBM den Zwischenschritt als IBM Distinguished Engineer vor, den ca. 600 MitarbeiterInnen bei IBM erreicht haben. In Deutschland ist insbesondere Herr Gunter Dueck als IBM Distinguished Engi-

---

[110] Wikipedia (2011)

neer bekannt geworden und auch heute im Ruhestand noch ein gefragter Experte. Er genießt als Querdenker seiner Firma großen Respekt und wurde 2012 als Experte für neue Technologien und Technologieabschätzung vom Deutschen Bundestag befragt.

6.3.3 Stereotypfreies Skills-Management implementieren

Das zentrale Mittel des Skills- oder Kompetenzmanagements muss mit den genderspezifischen Stereotypen und Lebensentwürfen umgehen, um Fehlbesetzungen zu vermeiden. Alle Kompetenzen müssen ermittelt und richtig gewichtet werden, um zukunftsweisend im Unternehmen eingesetzt werden zu können.

6.3.3.1 Definition der Basispraktik

Das Skills-Management vermeidet Rollenstereotype und berücksichtigt die unterschiedlichen Lebensentwürfe von Frauen und Männern.

6.3.3.2 Umsetzung

Das Skills-Management ist ein zentrales Mittel zur Kompetenzermittlung und -entwicklung. Im Idealfall gibt es einen standardisierten Prozess, der dafür sorgt, dass die Kompetenzen der MitarbeiterInnen aktuell in einer Datenbank beschrieben sind und so die Suche nach geeigneten KandidatInnen für interne Stellenbesetzungen unterstützt. Häufig kann das Skills-Managementsystem auch für die Suche nach FachexpertInnen innerhalb des Unternehmens genutzt werden.

Die Daten können auch genutzt werden, um die Kernkompetenzen des Unternehmens zu ermitteln und auszubauen. Damit dies gelingen kann, werden alle MitarbeiterInnen aufgefordert ihre Kompetenzen anzugeben und öffentlich zu machen. Dies wird typischerweise durch Vorgaben oder Auswahlmöglichkeiten von bestimmten Kompetenzen in einem Tool unterstützt. Die MitarbeiterInnen wählen die Kompetenzen und ihre Ausprägung aus, die sie für gerechtfertigt halten und/oder müssen dies mit ihren Vorgesetzten abstimmen.

Die Personalabteilung erhält so einen guten Überblick über die im Unternehmen verfügbaren Kompetenzen und kann den Überblick für folgende Aufgaben verwenden:

- Besetzung offener Stellen:
  KandidatInnen für offene Positionen können mit einer Datenbankrecherche nach den benötigten Kompetenzen schnell ausfindig gemacht werden.
- Strategische Personalentwicklung:
  Die bestehenden Kompetenzen können mit denen verglichen werden, die für das Unternehmen in Zukunft wichtig sind. Bei fehlenden Kompetenzen können rechtzeitig neue Leute eingestellt werden oder die MitarbeiterInnen geschult werden.

An mehreren Stellen in diesem Prozess sind die Auswirkungen der Rollenstereotype und der Unterschiede in weiblichen und männlichen Lebensentwürfen zu beachten:

- Die vorgegebenen Kompetenzen, die zur Auswahl gestellt werden, müssen auf versteckte Gender-Aspekte, wie die Berücksichtigung von unterschiedlichen Lebensentwürfen, untersucht werden (familienorientierte Menschen verfügen z. B. meist über weniger vertiefte Kenntnisse in unterschiedlichen Techniken oder Methoden, da dies für die aktuelle Arbeit nicht benötigt wird und die übrige Zeit für die Familie verwendet wird. Um alle Lebensentwürfe gerecht zu berücksichtigen, muss eine Schulung in der geforderten Technik in Betracht gezogen werden, zumindest, wenn weitere Qualifikationen die/den BewerberIn auszeichnen).
- Die vom Skills-Managementtool angebotenen Kompetenzen müssen Fähigkeiten anbieten, die auch außerhalb der Arbeitszeit erworben werden können (z. B. Risiko-Bereitschaft durch Sport oder Fürsorge und Belastungsfähigkeit durch Elternschaft).
- Die Abfrage- und Filtermechanismen für die Datenbank dürfen keine Annahmen treffen, die evtl. durch Rollen- oder Berufsstereotype bedingt sind. So sollten Anfragen nach Führungspersonen speziell auf die Position zugeschnitten sein und nicht grundsätzlich z. B. eine hohe Reisebereitschaft im Filter vorsehen, die nicht immer gilt.
- Die Verwaltung und Verwendung des Skills-Managementsystems ist von einem geschlechter-gemischten Team vorzunehmen, damit im Prozess in allen Schritten die unterschiedlichen Sichtweisen vertreten sind. Insbesondere bei der Definition, welche Kompetenzen in das System aufgenommen werden, wie diese Kompetenzen dargestellt und welche Auswertungsmechanismen (Filter) vorgesehen werden, sollten Frauen und Männer mit ausreichendem Gender Diversity-Know-how mitwirken.
- Bei der Benutzung des Skills-Managementtools ist zu beachten, dass Frauen und Männer ihre eigene Leistung unterschiedlich darstellen und einschätzen (Kapitel 6.2.5). Wenn Suchabfragen nicht genügend Frauen als Kandidatinnen ermitteln,

müssen die Suchanfragen auf weitere Personen ausdehnbar sein, die ihre eigene Darstellung vernachlässigen. Eine regelmäßige Kontrolle der Vergleichbarkeit der Daten hilft unterschiedliche Selbstdarstellungen zu identifizieren.

6.3.3.3 Besonderheiten in technischen Unternehmen

Technische Unternehmen sollten bei der Definition der Kompetenzen die unterschiedliche Herangehensweise von Frauen und Männern an die Technik berücksichtigen. Frauen fragen eher nach dem Sinn einer Technik, während Männer sich spielerisch einer neuen Technik nähern. Beides hat Vor- und Nachteile. Bei der Evaluation für einen Einsatz im Team oder einer Risiko-Folgeabschätzung von neuen Tools oder Methoden sollten Frauen und Männer vertreten sein, um diese unterschiedlichen Sichtweisen optimal vertreten zu können. Für ein Kompetenzmanagement-Tool bedeutet dies, dass es Abfragen der Art: „Suche gemischtes Team zur Risikofolgeabschätzung eines neuen Produktionsschrittes in der Fahrzeugproduktion" unterstützen können sollte. Die Abfrage kann auch für jede Person einzeln erfolgen, muss dann aber die Abfrage des Geschlechts erlauben: „Suche einen männlichen Mitarbeiter für …".

BESONDERE Fallstricke

Der Prozess für die Erhebung und Auswertung von Kompetenzen muss regelmäßig auf veränderte Rollen- und Berufsstereotype oder weitere Erkenntnisse bzgl. der Stereotype untersucht werden.

Die Aktualität der Daten im Skills-Managementsystem sagt einiges über den Umgang mit Wissen und dem gegenseitigen Respekt aus. Veraltete Daten können ein Hinweis auf fehlendes Vertrauen oder unprofessionelles Vorgehen sein. Da Gender Diversity nur in einem offenen Betriebsklima mit hoher Professionalität (Kapitel 4.4) erfolgreich umgesetzt werden kann, sollten veraltete Daten ein Anlass zur Prüfung des Betriebsklimas sein.

ZUSAMMENFASSUNG

Die Basispraktiken für den Gesamtprozess und den Einstellungsprozess wurden bereits in den beiden Zwischenfazits umrissen. Der dritte und letzte Bereich des Personalmanagements betrifft die unternehmensinterne Karriereplanung, die wie alle übrigen Bereiche auf die Gender Diversity-Strategie insgesamt abgestimmt werden muss. Hierzu dienen drei Basispraktiken

- Ziele und Strategien für die Karriereplanung festlegen
  Diese müssen geeignet sein, die gängigen Rollen- und Berufsstereotype zu überwinden und die Mechanismen für ungleiche Karriereverläufe außer Kraft zu setzen.

- Wirksame Mittel sind u. a. Zielquoten für Führungspositionen mit Konsequenzen bei Nichterreichen, geschlechtergemischte Netzwerke, Berücksichtigung geschlechtsspezifischer Unterschiede in der Selbstdarstellung und Abkehr vom veralteten Meistermodell hin zum Integrationsmodell für Führungspositionen.
- Karriere- und Ausbildungspläne erstellen
  Für eine geschlechter-gerechte Ausbildungs- und Karriereförderung ist die Festschreibung von Qualifikationen für bestimme Positionen unabdingbar. Diese müssen prägnant formuliert, klar dokumentiert und transparent kommuniziert werden.
- Stereotypfreies Skills-Management implementieren
  Das Skills- und Kompetenzmanagement der Personalabteilung muss mit gender-spezifischen Stereotypen und Lebensentwürfen umgehen können, um Fehlbesetzungen zu vermeiden. Im Idealfall gibt es einen standardisierten Prozess, der bei offenen Stellen über alle MitarbeiterInnen hinweg eine Recherche ermöglicht und die strategische Personalentwicklung erleichtert. Wichtig ist dabei die Berücksichtigung von geschlechtsspezifischen Lebensentwürfen, Kompetenzen, die außerhalb der Arbeitszeit erworben wurden, Ausschluss von Stereotypen, geschlechtergemischte Implementierung und Durchführung des Prozesses und Unterschiede in der Selbstdarstellung von Männern und Frauen.

Die Gender Diversity-Strategie im Bereich Personal umfasst damit insgesamt 14 Basispraktiken, die in jeweils eigenen Schritten für einzelne Unternehmen festgelegt, implementiert und regelmäßig überprüft werden können.

ARBEITSHILFE
ONLINE

Vertiefende Inhalte

Eine Übersicht und Checkliste für die Einführung und Kontrolle der einzelnen Basispraktiken finden Sie als Zusatzmaterial auf unserer Website.

7 Operationelle Prozesse

7	**Operationelle Prozesse**	**193**
7.1	Qualitätssicherung	195
7.1.1	Anforderungen an die Arbeitsprozesse	196
7.1.2	Umsetzung	196
7.1.3	Besonderheiten in technischen Unternehmen	203
7.2	Anforderungsmanagement	205
7.2.1	Anforderungen an die Arbeitsprozesse	205
7.2.2	Umsetzung	206
7.2.3	Besonderheiten in technischen Unternehmen	207
7.3	Risikomanagement	208
7.3.1	Anforderungen an die Arbeitsprozesse	209
7.3.2	Umsetzung	209
7.3.3	Besonderheiten in technischen Unternehmen	210
7.4	Projektmanagement	212
7.4.1	Anforderungen an die Arbeitsprozesse	213
7.4.2	Umsetzung	213
7.4.3	Besonderheiten in technischen Unternehmen	216
7.5	Kennzahlenermittlung	217
7.5.1	Anforderungen an die Arbeitsprozesse	218
7.5.2	Umsetzung	218
7.6	Auswahl von GeschäftspartnerInnen und Lieferfirmen	222
7.6.1	Anforderungen an die Arbeitsprozesse	223
7.6.2	Umsetzung	223
7.7	Marketing	225
7.7.1	Anforderungen an die Arbeitsprozesse	225
7.7.2	Umsetzung	225
7.7.3	Hinweise für technische Unternehmen	226

MANAGEMENT SUMMARY

Die Einführung und konsequente Umsetzung von Gender Diversity-Fähigkeiten fußt als dritte Säule — nach dem Gender Diversity-Management und dem Personalmanagement — auf der Überprüfung, Anpassung und Veränderung der operationellen Prozesse. Diese umfassen das Tagesgeschäft der Produkterstellung, der Projektdurchführung und der Dienstleistungserbringung.

Die für Gender Diversity relevanten Prozesse betreffen

- die Qualitätssicherung,
- das Anforderungsmanagement,
- das Risikomanagement,
- das Projektmanagement,
- die Kennzahlenermittlung,
- die Auswahl von GeschäftspartnerInnen und Lieferfirmen,
- das Marketing.

Nach dem Gender Diversity-Management und dem Personalmanagement widmet sich Kapitel 7 nun allen operationellen Prozessbereichen, die zum Tagesgeschäft der

- Produkterstellung,
- Projektdurchführung oder
- Dienstleistungserbringung

gehören und deren Ausgestaltung einen hohen Einfluss auf die Gender Diversity-Fähigkeit eines Unternehmens hat (Abbildung 26). Die einzelnen Prozessbereiche, die in der Regel aus mehreren Basispraktiken bestehen, werden als bekannt vorausgesetzt, da sie zum Kerngeschäft von Unternehmen gehören. Betrachtet werden lediglich die Forderungen, die aus Gender Diversity-Sicht an die Ausführung der Arbeitsprozesse gestellt werden.

Im Fall eines Assessments müssen die operationellen Prozesse von geschulten AssessorInnen aus der jeweiligen Branche oder nach dem jeweils anerkannten Assessmentkonzept auf ihren Reifegrad hin untersucht werden. Dies fließt in die Beurteilung der Gender-Fähigkeit mit ein. Für die abschließende Beurteilung der Gender Diversity-Fähigkeit sind jeweils im Bereich „Besondere Fallstricke" Indizien für versteckte Probleme angegeben, die auch für die Selbstanalyse sehr hilfreich sein können.

Gender Diversity-Management	Personal-Management	**Operationelle Prozesse**

Basispraktiken:
Strategie
Gender Diversity-Wissen
Abbau Rollensterotype
Klare Datenlage
Berichterstattung
Frauennetzwerke
Offenheit und Querdenken
Change-Management
Klare Verantwortung
	Teilprozesse:
	Gesamtprozess
	  Strategie
	  Klare Datenlage
	  Entlassungen
	  Familienorientierung
	Einstellungsprozess
	  Strategie
	  Auswahlgremium
	  Zielquoten
	  Ansprechen
	  Stereotype
	  Berichterstattung
	Karriereplanung
	  Strategie
	  Karriere- und
	    Ausbildungspläne
	  Skillsmanagement
		Qualitätssicherung
		
		Anforderungsmanagement
		
		Risikomanagement
		
		Projektmanagement
		
		Kennzahlen
		
		**Auswahl von Geschäfts-
		partnerInnen und
		Lieferfirmen**
		
		Marketing

Abb. 26: Einordnung der operationellen Prozesse für Gender Diversity-Fähigkeit

Vertiefende Inhalte

Eine Übersicht und Checkliste für die Einführung und Kontrolle der einzelnen Basispraktiken finden Sie als Zusatzmaterial auf unserer Website.

7.1   Qualitätssicherung

Die Qualitätssicherung überwacht die Einhaltung vorab definierter Vorschriften und Arbeitsschritte für die Produkterstellung oder Dienstleistungserbringung. Für Gender Diversity ist insbesondere der Aspekt der dokumentierten und gelebten Arbeitsprozesse von großer Bedeutung. Dokumentierte und gelebte Arbeitsprozesse machen die Arbeit planbar und erlauben so eine Balance zwischen Arbeit und Privatleben. Da viele Frauen und Männer an einem Ausgleich zwischen Arbeit und Privatleben interessiert sind, sollte das Unternehmen hier über einen hohen Reifegrad verfügen (Kapitel 4.4).

Darüber hinaus wird die Arbeit durch klar umrissene Prozesse transparent, so dass MitarbeiterInnen, die nicht unmittelbar in die Entscheidungsfindung einbezogen sind, die Entscheidung selbst und die damit verbundenen Abläufe leichter nachvollziehen können. Dies gilt nur, wenn die beschriebenen Arbeitsprozesse auch eingehalten werden und keine weiteren informellen Arbeits- oder Entscheidungsabläufe existieren.

Da Qualität sich an den Wünschen der KundInnen orientiert, ist der Einbezug der Sichtweise der KundInnen ein wichtiger Gesichtspunkt der Qualitätssicherung.

7.1.1 Anforderungen an die Arbeitsprozesse

Alle Arbeitsprozesse sollten auf einem hohen Reifegrad sein, der mindestens dem Level 2 der ISO-Norm 15504 entspricht. Dies bedeutet konkret: Die Prozesse werden erfolgreich durchgeführt und verwaltet.

7.1.2 Umsetzung

Warum Reifegrad-Level 2?

Die Qualitätssicherung beruht auf einer Qualitätsstrategie für das Unternehmen, das die Anforderung, den Reifegrad vom Level 2 zu erreichen, enthalten sollte. Mit Level 2 wird sichergestellt, dass die Arbeitsschritte nicht nur getan und Zwischenergebnisse erzeugt werden, sondern auch, dass mit einem sogenannten Arbeitsprodukt-Management für strukturierte und wiederauffindbare Arbeitsprodukte gesorgt wird und dass alle Prozesse, wie auch die Durchführung des Gender-Managements-Prozesses, sorgfältig geplant sind (Kapitel 8.2). Level 1 ist für die Gender-Fähigkeit nicht ausreichend, da dort nicht von einem systematischen Vorgehen ausgegangen werden kann. Die gezeigten Arbeitsschritte und Zwischenergebnisse könnten eine einmalige gute Leistung gewesen sein. Erst mit dem Reifegrad-Level 2 wird die strukturierte Arbeitsweise zu einer Fähigkeit, die unabhängig von der Leistung einzelner Personen ist und zu wiederholbar guten Leistungen führt.

Qualität und Work-Life-Balance

Der Begriff Qualität wird unterschiedlich verwendet und soll deswegen hier etwas ausführlicher dargestellt werden. Wir benutzen den Begriff, wie er in ISO definiert ist: als Merkmal eines Produktes oder einer Dienstleistung. Die Kriterien eines hochwertigen Produktes oder einer hochwertigen Dienstleistung weisen einen direkten Bezug zu den KundInnen sowie wiederholbare, gut organisierte Arbeitsschritte auf, die damit wiederum eine Grundlage für Gender Diversity darstellen.

Qualität bezieht sich auf folgende Kriterien eines Produktes oder einer Dienstleistung, die in Anlehnung an die ISO-Norm 9126 wie folgt definiert sind (siehe Abbildung 27):

- Funktionalität:
  Ein Produkt oder eine Dienstleistung soll die Erwartungen der KundInnen erfüllen.
- Zuverlässigkeit:
  Produkte und DienstleistungsanbieterInnen müssen ihre Dienste zuverlässig erbringen.
- Änderbarkeit:
  Die Erwartungen an ein Produkt oder eine Dienstleistung können sich ändern. Deswegen sollte das Produkt/die Dienstleistung leicht änderbar oder erweiterbar sein.
- Bedienbarkeit/Abrufbarkeit:
  Produkte müssen leicht bedienbar und Dienstleistungen müssen leicht abrufbar sein.
- Effizienz:
  Produkte und Dienstleistungen müssen Ressourcen sparsam einsetzen. Das gewünschte Ergebnis sollte angemessen schnell vorliegen und Kostentreiber vermeiden.
- Übertragbarkeit:
  Produkte oder Dienstleistungen könnten auch in anderen Zusammenhängen genutzt werden.

ARBEITSHILFE
ONLINE

Abb. 27: Kriterien von Qualitätsprodukten und -dienstleistungen

Die ISO-Norm 9126 (ISO 2001) bezieht sich auf Software-Entwicklungen, lässt sich jedoch auf fast alle anderen Produktions- oder Servicebereiche übertragen, da Software sowohl ein Produkt als auch einen Service darstellt.

▶ **BEISPIEL   Fallbeispiel Qualität der Hochschullehre**

Die Universalität der Kriterien kann an einem Beispiel erläutert werden: die Qualität der Lehre in Hochschulen, deren Service „Ausbildung der StudentInnen" bewertet werden soll.

Die sechs Bereiche von Qualität haben für die Lehre z. B. folgende Bedeutung:

- Funktionalität:
  Die notwendigen Inhalte nach Lehrplan müssen gelehrt werden.
- Zuverlässigkeit:
  Vorlesungen und Übungen dürfen nicht ausfallen.
- Änderbarkeit:
  Skripte und Vorlesungsinhalte sollten an neue Erkenntnisse angepasst werden können.
- Bedienbarkeit:
  Die Ausstattung an der Hochschule muss ein gutes Lernen ermöglichen.
- Effizienz:
  Die Inhalte müssen didaktisch vermittelt werden, damit das Lernen erleichtert und nachhaltig wird. Skripte und Materialien sollten auffindbar abgelegt und abrufbar sein.
- Übertragbarkeit:
  Das gelernte Wissen sollte auch in anderen Ländern oder in anderen Studiengängen anerkannt werden können.

Wenn ein Unternehmen diese Qualitätskriterien verstanden hat und einhält, werden alle Arbeitsschritte nachvollziehbar, unterbrechbar und Risiken werden rechtzeitig erkannt. Ist dies nicht der Fall, kann keine verlässliche Planung für die Erfüllung der Kundenwünsche existieren. Das Herzstück der Arbeitsprozesse bildet ein Dokumenten- und Datenmanagementsystem, das Änderungen an den Arbeitsprodukten sichtbar und nachvollziehbar macht. In Form von klar definierten Meilensteinen werden qualitätssichernde Maßnahmen durchgeführt, die Fehler rechtzeitig erkennen. Mit dieser Fehlervermeidungsstrategie und einem effizienten Risikomanagement (Kapitel 7.3) wird die Arbeit planbar.

Grundlegende Voraussetzungen für eine gesunde Work-Life-Balance sind:

- Flexible Arbeitszeiten:
  Definierte und gelebte Arbeitsschritte geben der Arbeit eine Struktur, die es erlaubt, die Arbeit zu unterbrechen und ohne viel Aufwand auf fast jedem Zwischenstand wieder auf- und fortsetzen zu können (Unterbrechbarkeit der Arbeit). Im Exkurs wird gezeigt, wie Arbeitsprozesse beschrieben werden sollten, damit sie klare Strukturen vorgeben. Auch für alle Managementaufgaben und Entscheidungsvorgänge muss es, um einen hohen Reifegrad zu erreichen, definierte Arbeitsschritte geben. Dieses qualitativ hochwertige (also transparente, geplante und wiederholbare) Management unterstützt die Work-Life-Balance im Management, so dass alle Arbeiten, die keine direkte Kommunikation mit KundInnen oder MitarbeiterInnen erfordern, auch von zu Hause aus erledigt werden können.
- Geplantes Arbeiten:
  Um funktionierende und zuverlässige Produkte oder Dienstleistungen anbieten zu können, werden Prüfschritte (Qualitätssicherung) festgelegt, die verhindern, dass Fehler entstehen oder zu spät gefunden werden. Aus spät entdeckten Fehlern resultieren unplanbare Zusatzarbeiten, die meist ohne Zeitverzögerung erledigt werden müssen, um weitere Schäden abzuwenden (z. B. bei Rückrufaktionen von fehlerhaften Bauteilen in Fahrzeugen). Diese Situationen sind zwar nicht immer vermeidbar, aber in der Regel sollten Fehler so früh erkannt werden, dass sie mit wenig Aufwand (Kostenreduktion) und ohne Hektik (Work-Life-Balance) behoben werden können.
- Flexibilität des Arbeitsplatzes:
  Mit der Verwendung eines elektronischen Dokumenten- und Datenverwaltungstools, das ein Arbeiten an verschiedenen Orten erlaubt, können Arbeiten familienfreundlich oder stressreduzierend[111] ohne Anreise zum Arbeitsort von zu Hause aus erledigt werden (siehe die Vereinfachung in Kapitel 4.4). Alle Arbeiten, die über Rechner, PC, Laptop oder Telefon abgewickelt werden können, sind von Arbeitsort und -zeit unabhängig. Damit sind etwa die meisten Ingenieurstätigkeiten, die umfangreiche Software-Programme nutzen, aber kaum direkte Interaktion mit anderen benötigen, unabhängig vom Arbeitsort und können z. B. mit der Betreuung von Kindern vereinbart werden.

Leider gibt es neben den bereits thematisierten üblichen Widerständen gegenüber Veränderungen (Kapitel 5.8) weitere Verhinderungsmechanismen, die Qualitätsver-

---

[111] Die Reduktion des Stresses entsteht nicht zwangsläufig durch die Möglichkeit von zu Hause aus zu arbeiten, sondern nur in Kombination mit effizienten Arbeitsprozessen und einer guten Planung, die Überlastung der MitarbeiterInnen weitestgehend vermeidet.

besserungsprogramme stark behindern. Für eine Verbesserung der Situation ist es unabdingbar, diese Mechanismen zu verstehen, da sie sowohl Qualität als auch eine gesunde Work-Life-Balance behindern.

Verhinderungsmechanismen

- Anwesenheitskultur:
  Menschen, die nicht sichtbar sind, werden schnell vergessen und ihre Interessen werden meist von den Anwesenden nicht vertreten. Dieses menschlich nachvollziehbare Verhalten führt zu langen Anwesenheitszeiten am Arbeitsplatz, die nicht immer nur mit der geplanten Arbeit, sondern auch mit dem Schmieden weiterer Pläne, dem Wissensaustausch über Machtstrukturen oder dem Netzwerken untereinander (von allen Anwesenden) gefüllt werden. All dies sind sehr wertvolle Tätigkeiten, die nicht am Rande der regulären Aufgabenerfüllung ausgeführt, sondern als Teil der Arbeit eingeplant und von allen wahrgenommen werden sollten. Die Anwesenheitskultur erschwert es allerdings, sinnvolle Prozesse für diese Arbeiten zu definieren. Die wichtigen Personen sind anwesend und erfahren alles, was sie brauchen. Lange Arbeitstage, die für diese Praxis notwendig sind, werden in Kauf genommen bzw. scheinen unabdingbar zu sein. Was Menschen immer so gemacht haben, erleben sie als unausweichlich (Kapitel 3.3). Prozesse, die den Informationsfluss und das Pläneschmieden kanalisieren sollen, werden als überflüssige Bürde empfunden. Dabei ist hier nicht gemeint, dass für jede Entscheidung eine Masse an Dokumenten erforderlich sein soll (dies ist ein häufiger Vorwurf gegenüber Qualitätsinitiativen). Vielmehr müssen wichtige Entscheidungen oder auch das Austragen einer Debatte in welcher Form auch immer (z. B. auch als Video-Aufzeichnung) allen Betroffenen zur Verfügung gestellt werden.
- Workaholics:
  Menschen, die nur ihre Arbeit und kein ausreichendes Privatleben kennen oder wertschätzen, werden sehr schnell zu ExpertInnen auf ihrem Gebiet. Sie sind damit häufig geschätzte DiskussionspartnerInnen, mit denen es sich niemand verderben möchte, weil man auf ihre Expertise (als Fachleute oder auch Wissensträger von Machtstrukturen) angewiesen ist. Workaholics betrachten die Einführung von systematischen Arbeitsprozessen sehr skeptisch und tragen damit zu einer intensiven Skepsis gegenüber Qualitätsinitiativen bei.
- Graue Eminenzen:
  Menschen, die informelle Informationsflüsse gekonnt für sich nutzen, weil sie die Machtausübung gegenüber anderen suchen, obwohl sie keine oder als nicht ausreichend empfundene legalisierte Macht haben. Graue Eminenzen sind Meister im Netzwerken und in der Beeinflussung anderer. Sie setzen sich

häufig auch für die Einführung effektiver Arbeitsprozesse ein, treffen die Entscheidungen dazu aber am liebsten direkt mit dem Vorgesetzten oder erledigen die Umsetzung lieber selbst als im Team. Sie verstehen es, sich unersetzbar zu machen und sind zumeist beliebt und gefürchtet zugleich. Für Menschen, die systematisch und transparent arbeiten wollen und weniger gut vernetzt sind (z. B. Teilzeitkräfte), stellen Graue Eminenzen ein großes Hindernis dar.

ARBEITSHILFE
ONLINE

DEFINITION Graue Eminenz

Neben der offiziellen Führung von Teams (Linie), der Projektleitung (Matrix) und offiziellen FachexpertInnen gibt es inoffizielle Führungspersonen (informal leader), die einen nicht zu vernachlässigenden Einfluss im Unternehmen haben können. Diese nicht offiziellen Führungskräfte werden als Graue Eminenzen bezeichnet. Diese (meist langjährigen) MitarbeiterInnen sind sehr gut im Unternehmen vernetzt (meist bis zur Geschäftsführung) und nutzen ihre informelle Machtposition geschickt.

- Heldentum:
  Alle Menschen brauchen Anerkennung. Damit ist Heldentum ein mehr oder weniger heimlicher Wunschtraum eines/r jeden, denn Helden bekommen viel Anerkennung. Arbeitsprozesse einhalten, Ergebnisse dokumentieren, sich selbst mehr oder weniger überflüssig machen, all dies widerspricht dem inneren Wunsch nach Heldentum. Es verleiht der Arbeit Spannung und etwas von Abenteuer, wenn beim Kunden Fehler behoben werden oder in Eskalationsmeetings heftige Streitgespräche geführt werden. Somit wird ein systematisches und effizientes Arbeiten von vielen skeptisch bewertet, die im Privatleben nicht genügend Anerkennung bekommen.

Diese Verhinderungsmechanismen sind im Prinzip leicht zu erkennen, aber ihre Vermeidung verlangt einen grundsätzlichen Wandel unserer Arbeitskultur. Die Anwesenheitskultur und das Heldentum können über eine verbesserte Work-Life-Balance reduziert werden, in der die Arbeit einen wichtigen Stellenwert hat, aber ein engagiertes Privatleben ebenso möglich ist[112]. Solange sich das Management selbst nicht besser organisiert und dem Privatleben hinreichend Raum im Leben zulässt, wird es sehr schwer werden, MitarbeiterInnen von einem sinnvollen Arbeitsstil zu überzeugen.

---

[112] Die renommierte Managementberaterin Prof. Dr. Gertrud Höhler beschreibt die Notwendigkeit zur Sinnstiftung so: „Firmenziele ohne die Lebensziele von Mitarbeitern zu beschreiben, wird immer weniger Sinn machen" (Höhler 2002, S. 19).

Eine weitere Reifeprüfung steht allen bevor, die den negativen Einfluss der Workaholics und der Grauen Eminenzen reduzieren wollen. Diese MitarbeiterInnen sind meist sehr wertvolle und anerkannte Menschen, die man nicht verärgern möchte. Indirekt lassen sich durch Work-Life-Balance-Initiativen jedoch auch die negativen Auswirkungen der Workaholics oder der Grauen Eminenzen — die ebenso zu den Workaholics zählen — ansprechen. Menschen, die sich seit vielen Jahren ausschließlich ihrer Arbeit widmen, verstehen zumeist nicht, dass sie selbst gemeint sein könnten und etwas an ihrem Verhalten ändern müssen. In der Regel ist es effizienter, die Verhaltensweisen und ihre Auswirkungen direkt mit den Betroffenen zu besprechen. Manchmal ist auch für langjährige, geschätzte MitarbeiterInnen eine klare Ansage sehr hilfreich und der blinde Fleck im Hinblick auf ihr Verhalten kann geklärt werden.

Effizienz durch Frauen

Die oben beschriebenen Hemmnisse für Qualitätsverbesserungen und eine gesunde Work-Life-Balance werden von beiden Geschlechtern aufrechterhalten. Allerdings wird von Frauen seit langer Zeit eine bessere Vereinbarkeit von Beruf und Familie gefordert. Auch der Wunsch nach Spannung und Abenteuer ist eine eher männlich konnotierte Eigenschaft. Die Folgerung, dass mit mehr Frauen in Unternehmen die Qualität steigt, ist nicht nachgewiesen, aber die eher weiblich besetzten Eigenschaften der „fleißigen Biene" kommen den Vorstellungen von Qualitätssicherung näher als die des einsamen (zumeist männlichen) Helden. Dies ist möglicherweise ein Grund dafür, dass zu Anfang der Entwicklung des Zertifikats Total E-Quality die Erkenntnis stand, dass Qualitätsoffensiven erfolgreicher sind, wenn sie mit Chancengleichheit für Frauen verbunden sind[113].

Zur unterschiedlichen Herangehensweise von Männern und Frauen bezüglich der Arbeitseffizienz gibt es bisher nur wenige Studien. Eine Untersuchung der Hans-Böckler-Stiftung zur Änderung der Betriebsratsarbeit durch Frauen im Betriebsrat kam zu folgendem Ergebnis:

Sie [die Frauen] legen Wert auf ausführliche Diskussionen vor Entscheidungen, sie gehen niemals alleine zu Gesprächen mit der Geschäftsführung und betreiben die schriftliche Seite der Betriebsratsarbeit systematischer. [114]

---

[113] Die Idee war das Ergebnis einer Fachkonferenz im Jahr 1994 (Welpe, Welpe 2003, S. 135).

[114] Wassermann, Rudolph (2007)

Viele Frauen berichten über ihre Erfahrungen, dass sie beim Eintritt in die Männerwelt des Managements über die ineffiziente Arbeitsweise sehr überrascht waren. Vor allem lange Besprechungen ohne Agenda und Ergebnisprotokoll wurden als Zeitverschwendung empfunden und abgelehnt.

Kundenorientierung

Durch die Beschreibung der Arbeitsschritte, der Rollen, die sie ausführen, und der Bedingungen, die vor einer Ausführung erfüllt sein müssen, wird Arbeit transparent (siehe nachfolgender Exkurs). Es wird deutlich, wer bestimmte Aufgaben wann und mit welcher Unterstützung durchführen kann oder muss.

Bei der Analyse, welche Stakeholder für welche Entscheidungen gebraucht werden, geben die Qualitätskriterien gute Hinweise, wo Frauen und/oder Männer eingesetzt werden sollten. Bei Entscheidungen über die Funktionalität, die Zuverlässigkeit, die Art und den Umfang der Änderbarkeit, die Bedienbarkeit und die Übertragbarkeit sollten die Geschlechter so vertreten sein, wie es dem Anteil der Frauen und Männer bei den EndkundInnen entspricht. Für die Umsetzung der Produkt- oder Dienstleistungsentwicklung sollten die MitarbeiterInnen eingesetzt werden, die fachlich am besten ausgewiesen sind.

Unter Qualitätsgesichtspunkten wird somit nicht verlangt, Frauen und Männer als UmsetzerInnen zu gleichen Teilen im Team zu haben. Rein männliche Teams weisen manchmal ungünstige Verhaltensweisen auf, die zumeist durch nur eine Frau im Team behoben werden können. Ob reine Frauenteams durch die Beteiligung eines Mannes eine Bereicherung erfahren oder eher nicht, ist bislang nicht hinreichend erforscht.

7.1.3 Besonderheiten in technischen Unternehmen

In technischen Unternehmen sind häufig lange, ungeplante Arbeitszeiten üblich. Dies entspricht dem beruflichen Selbstverständnis eines Ingenieurs, der unverzichtbare Arbeit leistet, die nur er als Experte lösen kann. Ingenieurinnen und auch zunehmend Väter, die sich an der Familienarbeit beteiligen wollen, haben einen anderen Anspruch an ihre Arbeit. Sie wollen zu einem gewissen Grad ersetzbar sein, damit sie selbst an Lebensqualität gewinnen, indem sie die Zeit für das Privatleben flexibel einsetzen können.

In den Qualitätsabteilungen von technischen Unternehmen arbeiten relativ viele technisch ausgebildete Frauen. Warum und in welchem Umfang dies tatsächlich der Fall ist, müsste untersucht werden. Die vermuteten Gründe für die Arbeit in Qualitätsabteilungen sind vielfältig. Hier einige mögliche Erklärungen:

- Der Projektdruck mit langen Arbeitszeiten ist in Qualitätsabteilungen nicht so stark wie in anderen Abteilungen. Teilzeitarbeit ist hier besser akzeptiert.
- Qualitätsmaßnahmen werden häufig als überflüssig und ineffizient angesehen und sind deswegen eher unbeliebt.
- Qualitätsmaßnahmen bringen die Planbarkeit, die Frauen sich für ihre Arbeit wünschen.

BESONDERE Fallstricke

Die Qualitätsstrategie sollte den Einsatz von Frauen und Männern zur Qualitätssicherung im Sinne der Kunden erläutern. Informelle Arbeitsweisen und Entscheidungswege müssen ausgeschlossen sein.

Verhaltensweisen sogenannter Grauer Eminenzen, die sich nicht an die vorgeschriebenen Arbeitsschritte halten und Entscheidungen ohne den Einbezug aller Stakeholder vorantreiben, sind zu unterbinden. Dies kann durch eine Protokollierung aller Meetings mit einer genauen Angabe über ihren Zweck und ihr Ziel erfolgen. Auch Vieraugengespräche müssen ihren Zweck und ihr Ziel bekanntgeben und dokumentieren.

Ein überdurchschnittlicher Anteil von Frauen in der Qualitätssicherung könnte ein Hinweis auf eine Geringschätzung im Unternehmen gegenüber Qualitätsverbesserungen sein.

Auch die Qualitätssicherung muss mindestens auf dem Reifegrad-Level 2 sein, damit Gender-Fähigkeit erreicht wird.

EXKURS: Prozessbeschreibungen

Arbeitsprozesse lassen sich durch zahlreiche verschiedene Möglichkeiten beschreiben. In der Norm ISO 9000 sind Mindeststandards festgelegt, die folgende Strukturelemente für die Beschreibung unterscheiden:

- Prozesse
- Aktivitäten
- Methoden
- Artefakte
- Rollen

Für jeden Prozess darf immer nur eine Person/Rolle verantwortlich sein und die Aktivitäten müssen grob beschrieben sein, um die Reihenfolge und die Zuständigkeit zu klären. Mit dem Konstrukt der Methoden werden die Aktivitäten soweit detailliert, dass die handelnden Personen ohne Nachfrage bei anderen die Aufgaben erledigen können (Arbeitsanweisungen). Für jeden Prozess werden die benötigten Inputs und die von ihm erzeugten Outputs festgelegt. Abbildung 28 veranschaulicht den obersten Level einer Prozessbeschreibung ohne die Festlegung der anzuwenden Methoden, die auch die Tools wie z. B. für das Projektmanagement oder Anforderungsmanagement einschließen.

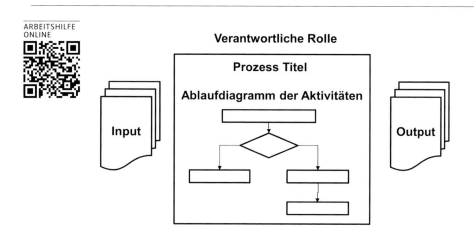

Abb. 28: Beispiel für eine Prozessbeschreibung (ohne Methodenbeschreibung)

7.2 Anforderungsmanagement

Der Zweck des Anforderungsmanagements ist es, Kundenwünsche und -anforderungen über den gesamten Lebenszyklus eines Produkts oder Services zu berücksichtigen. Die Anforderungen müssen erfasst, eingearbeitet und verfolgt werden. Dieser Prozess muss durch Frauen und Männer durchgeführt werden, die die Bedürfnisse der jeweiligen KundInnen verstehen und validieren können.

7.2.1 Anforderungen an die Arbeitsprozesse

An der Schnittstelle zur Kundschaft müssen beide Geschlechter vertreten sein, um die Anforderungen der Kunden/Kundinnen ganzheitlich zu verstehen, zu erfassen und in Produkt-/Serviceanforderungen umzudeuten. Der jeweilige Anteil von Frauen und Männern sollte dem Anteil von Frauen und Männern an der Kundschaft entsprechen.

7.2.2 Umsetzung

In vielen Fällen wissen KundInnen zu Beginn eines Projektes noch nicht, welche Anforderungen sie haben oder wie sich die Anforderungen im Laufe der Zeit ändern werden. Es reicht daher nicht aus, Anforderungen einmal zu erfassen, zu dokumentieren und dann abzuarbeiten. Die Anforderungsanalyse und das Anforderungsmanagement sind Arbeitsschritte, die immer wieder durchgeführt und adaptiert werden müssen.

Frauen und Männer haben verschiedene Perspektiven auf Produkte/Services und erwarten in der Regel auch unterschiedliche Eigenschaften. Unabhängig davon, ob die KundInnenwünsche von Frauen oder Männern geäußert werden, ist der Sprachgebrauch der KundInnen meist ein anderer als derjenigen, die das Produkt/ die Dienstleistung umsetzen sollen. KundInnen beschreiben ihre Anforderungen aus der Sicht der NutzerInnen und deren Kontext. Um Anforderungen richtig verstehen zu können, gibt es viele verschiedene Vorgehensweisen. Die bekanntesten werden hier kurz beschrieben:

- Veranstaltung von Anforderungsworkshops
- Erstellung von Anforderungsdokumenten der KundInnen und einem entsprechenden Dokument des anbietenden Unternehmens, wie die Anforderungen umgesetzt werden sollen. Das Dokument des anbietenden Unternehmens wird von den KundInnen angeschaut und abgenommen. So wird ein möglichst großer Konsens erreicht.
- Bei KundInnen, die ihre Anforderungen nicht beschreiben können, kann ein/e AnforderungsingenieurIn vor Ort die auszuführende Tätigkeit erlernen („in die Lehre gehen").
- Einige KundInnen können die Anforderungen erklären, verfügen aber nicht über die Ressourcen oder Fähigkeiten, sie zu dokumentieren. Hier hilft es, bei KundInnen die Arbeit zu beobachten und die Anforderungen selbst zu dokumentieren.
- Bei einer Vielzahl von KundInnen sind Marktanalysen oder Kundenbefragungen mit Fragebögen durchführbar.

Für alle diese Tätigkeiten sind die unterschiedlichen Erfahrungen und Fähigkeiten von Frauen und Männern ausgesprochen wertvoll.

Die Anforderungen sollten toolunterstützt verwaltet werden, da Änderungen auch später noch nachvollziehbar sein sollten. Es muss klar werden, wer die Anforderungen im Original gestellt hat, wer sie aus welchen Gründen geändert hat und wer mit den Änderungen einverstanden war. Außerdem sind Abhängigkeiten zwischen Anforderungen zu dokumentieren und müssen über das Tool leicht ersichtlich sein. Das Einpflegen und die Aktualisierung der Anforderungen werden zwar häufig als lästige Aufgaben empfunden, erst eine akkurat gepflegte Datenbasis ermöglicht jedoch effizientes Arbeiten.

7.2.3 Besonderheiten in technischen Unternehmen

Die sorgfältige Analyse der Kundenbedürfnisse und das Anforderungsmanagement sind in technischen Unternehmen mit hohem Innovationsdruck maßgeblich für den Geschäftserfolg: Kunden können häufig nicht genau beschreiben, was sie brauchen. Dadurch werden nachträgliche viele — häufig kosten- und ressourcenintensive — Änderungen notwendig.

In technischen Unternehmen sind neben der Anforderungserhebung weitere Schritte für die Ableitung von Anforderungen auf das System und Subsysteme erforderlich (siehe Exkurs). Je technischer die Anforderungsdetails für die interne Realisierung werden, desto weniger relevant wird aus Sicht der KundInnen der Gender-Aspekt. Da ein hoher Grad an Professionalisierung im Anforderungsmanagement erreicht werden soll, ist eine angemessene Beteiligung von Frauen und Männern jedoch ratsam, um die Qualitätsansprüche des Unternehmens zu erfüllen.

BESONDERE Fallstricke

Die Anforderungsanalyse auf der Ebene der Kundenwünsche erfordert hohe Softskills und sollte unbedingt die Kompetenz und Erfahrung von Frauen mit einbeziehen.
Wenn ein unzureichendes Anforderungsmanagement mit dem Verhalten der Kunden entschuldigt wird, ist dies meist ein Indiz für versteckte Hindernisse (siehe Verhinderungsmechanismen) oder für einen Mangel an Softskills an der Schnittstelle zu den KundInnen.

EXKURS: Grundlagen der technischen Anforderungsmodellierung

Ungenaue Anforderungen der KundInnen sind zu analysieren und zu präzisieren. Aus Kundenanforderungen (Lastenheft) werden Systemanforderungen abgeleitet, die alle beschriebenen Qualitätsaspekte (Kapitel 7.1) abdecken müssen. Während dieses Arbeitsschrittes kommt es häufig zu Rückfragen bei KundInnen oder bei ExpertInnen, die den Kundenwillen repräsentieren können. Falls dies sinnvoll ist, kann zunächst ein Prototyp entwickelt werden, der von den KundInnen begutachtet wird und zur Konkretisierung der Anforderungen führt.

Die Systemanforderungen (Pflichtenheft) sind mit den KundInnen abzustimmen. Aus den Systemanforderungen werden Anforderungen an eine Systemarchitektur, für einzelne Komponenten des Systems Komponentenanforderungen abgeleitet. Je nachdem wie verschachtelt das System aufgebaut ist, können mehrere Levels von Komponenten in Betracht gezogen werden.

Jede Anforderung muss verifizierbar/testbar sein, damit überprüft werden kann, ob sie erfüllt ist oder nicht. Das allgemeine Vorgehens-Modell (V-Modell) für die Produktentwicklung zeigt das abstrakte Vorgehen sehr übersichtlich (Abbildung 29). Alle kundennahen Arbeitsschritte, wie die Analyse der Kundenanforderungen und die Systemtests, sind gender-sensibel und profitieren enorm von geschlechtergemischten Teams.

Die Abhängigkeiten zwischen den verschiedenen Ebenen der Anforderungen und der dazugehörigen Tests sind toolunterstützt abzubilden, um Einflüsse von Änderungen sichtbar zu machen. Falls z. B. eine Anforderung einer Komponente nicht erfüllt werden kann, muss schnell ersichtlich sein, welche Kundenanforderung davon betroffen sein könnte. Nur mit der Verwendung solcher Tools ist ein Anforderungsmanagement planbar und kann damit zu einer gesunden Work-Life-Balance für MitarbeiterInnen führen.

ARBEITSHILFE
ONLINE

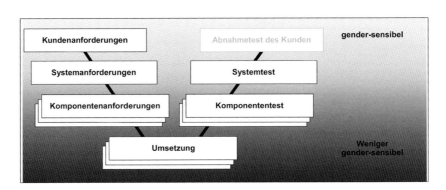

Abb. 29: Gender-sensible Bereiche des Anforderungsmanagements in komplexen Systemen

7.3 Risikomanagement

Das Risikomanagement ermittelt kontinuierlich Projekt-, Produkt oder Service-Risiken und macht sie — soweit möglich — beherrschbar. Potenzielle Probleme müssen im Vorfeld erkannt werden, um schnell und angemessen zu reagieren.

7.3.1 Anforderungen an die Arbeitsprozesse

In die Risikobeurteilung müssen die Erfahrungen von Frauen und Männern eingehen. Dies gilt gleichermaßen für technische wie wirtschaftliche Risiken.

7.3.2 Umsetzung

Risiken sind Probleme, die in Zukunft auftreten können. Jedes Risiko hat eine bestimmte Eintrittswahrscheinlichkeit und ist — bei seinem Auftreten — mit Kosten verbunden. Durch eine zweidimensionale Matrix können identifizierte Risiken dargestellt und miteinander verglichen werden (Abbildung 30). Zunächst wird eine Strategie festgelegt, die beschreibt, wie Risiken ermittelt, analysiert und verfolgt werden. Dies verhindert, dass Risiken zu Problemen werden, bzw. begrenzt den Schaden bei Eintreten der Risiken.

Risiken können in Brainstorming-Sitzungen oder mit anderen Kreativtechniken ermittelt werden. Für die identifizierten Risiken wird dann die Eintrittswahrscheinlichkeit[115] und der potenzielle Schaden ermittelt. Ist die Eintrittswahrscheinlichkeit oder der potenzielle Schaden sehr gering, ist ein Risiko zu vernachlässigen. Für alle anderen Risiken wird festgelegt, wie ihr Eintreten verhindert werden kann und wie im Falle eines Eintretens zu reagieren ist.

ARBEITSHILFE
ONLINE

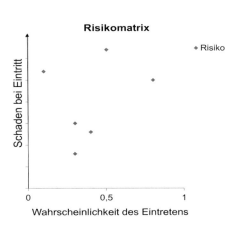

Abb. 30: Beispiel für eine Risikomatrix

---

[115] Der Wertebereich reicht meist von 0 bis 1, wobei 1 bedeutet, dass das Risiko auf jeden Fall zum Problem werden wird.

Insbesondere bei der Ermittlung und der Analyse der Risiken ist die Beteiligung beider Geschlechter notwendig, da Situationen oder Chancen von Frauen häufig anders eingeschätzt werden als von Männern. Die unterschiedliche Sozialisation führt bei Frauen und Männern zu unterschiedlichen Erfahrungen, die nur zusammen eine ganzheitliche Betrachtung der Risiken erlauben.

Frauen gelten zumeist als risikoscheu, während Männer eher Risiken eingehen. Keine der beiden Verhaltensweisen ist besser als die andere, wenn beide kombiniert werden, ist eine gute und effektive Auseinandersetzung mit den Risiken zu erwarten. Dazu sollte die Gruppenstärke der Frauen oder der Männer im Risiko-Evaluierungsteam bei jeweils mindestens 30 % liegen.

Im Risikomanagement ist ein offenes, vorurteilsfreies und faires Arbeitsklima entscheidend (Kapitel 5.7). Für gelingende Risikoanalysen muss die Organisation als Ganzen angstfrei sein. Es darf zu keiner Zeit in der Organisation oder im Projekt negative Folgen haben, eigene Fehler zuzugeben oder die Fehler von KollegInnen zu identifizieren. Bei allen MitarbeiterInnen müssen die dazu benötigten sozialen Kompetenzen (z. B. Konflikt- und Teamfähigkeiten) und integrative Führungsstile gefördert werden. Frauen bringen diese Eigenschaften durch ihre Sozialisation häufig mit und sollten deswegen in den Teams und als Führungskräfte in ausreichendem Maße vertreten sein.

Während der Risikoanalyse helfen gute Moderationsfähigkeiten dabei, QuerdenkerInnen Raum für ihre Bedenken zu geben und harmonisierende Gruppeneffekte zu minimieren. So können auch ungewöhnliche Risiken im Vorfeld aufgespürt und somit vermieden werden.

7.3.3 Besonderheiten in technischen Unternehmen

In technischen Unternehmen kommt zu den Risiken der Organisation (z. B. der Ausfall von ExpertInnen, Verzögerungen von Zwischenprodukten) und den finanziellen Risiken die Notwendigkeit, alle technischen Risiken eines Produktes abzuschätzen. Technische Risiken können während der Produktion auftreten oder während der Benutzung des Produkts.

Wenn ökologische oder gesellschaftliche Aspekte betroffen sein können, ist zudem eine Technikfolgeabschätzung erforderlich. Systeme, die die Gesundheit und das Leben von Menschen gefährden könnten, müssen einer intensiven Risikoanalyse unterzogen werden, um alle sicherheitsrelevanten Risiken zu entdecken. Da Frauen und Männer einen unterschiedlichen Umgang mit Technik und einen unterschiedlichen Körperbau (Größe, Kraft, …) haben, ist bei der Risikoanalyse die Beteiligung von beiden Geschlechtern unbedingt notwendig.

Den Mangel an Ingenieurinnen/Technikerinnen kann ein technisches Unternehmen ausgleichen, indem für die technische Risikoanalyse (wenn möglich) weibliche Kunden oder BeraterInnen gebeten werden, die Risiken aus ihrer Sicht zu beschreiben und einzuschätzen. Für die Realisierung des integrativen Führungsstils trotz eines Mangels an weiblichen Fachkräften sollte vom Meistermodell der Führung Abstand genommen werden und das Integrationsmodell der Führung angestrebt werden (Kapitel 6.3.1).

BESONDERE Fallstricke

In der Risikostrategie sollte beschrieben werden, welche Vorteile von einer geschlechtergemischten Risikobeurteilung erwartet werden.
Ein offenes Betriebsklima ist schwer nachzuweisen. Entscheidend für das Risikomanagement sind deshalb nur die Identifikation von Risiken und die Vermeidung der Schäden. Die Analyse der eingetretenen Probleme kann Hinweise auf die fehlende Beteiligung von Frauen oder Männern an der Risikoanalyse liefern. Mit zunehmender Berufstätigkeit von Frauen ist zu erwarten, dass sich die Risikobereitschaft von Frauen im Mittel dem der Männer anpasst (siehe Exkurs).

EXKURS: Studien zur Risikobereitschaft

Alle Studien zu Risikobereitschaft und ihren Einflussfaktoren weisen für Frauen und Männer eine unterschiedliche Ausprägung auf[116]. Wenn es um viel Geld geht oder auch im Straßenverkehr gehen Frauen meist weniger Risiken ein. Die Gründe für das unterschiedliche Verhalten sind meist nicht einfach zu ermitteln, werden jedoch in den unterschiedlichen Erfahrungswelten von Frauen und Männern vermutet.
Das Deutsche Institut für Wirtschaftsforschung (DIW) hat 2009 den Umgang von Frauen und Männern mit Finanzprodukten analysiert in Hinblick auf die Wahl von Finanzprodukten. Es wurde bestätigt, dass Frauen eher sichere Finanzprodukte kaufen als Männer. Allerdings konnte nachgewiesen werden, dass dies der Tatsache geschuldet ist, dass Frauen in der Regel über weniger Vermögen verfügen. Wenn Frauen und Männer das gleiche Vermögen zu verwalten haben, ist kein Unterschied in der Anlagestrategie zu bemerken[117].

---

[116] Bartke (2006)
[117] Badunenko, Barasinska, Schäfer (2009)

ZWISCHENFAZIT

Im Rahmen der operationellen Prozesse müssen zunächst folgende drei Bereiche in Bezug auf Gender Diversity überprüft und angepasst werden:

- Qualitätssicherung

  Die Kriterien eines hochwertigen Produkts oder einer Dienstleistung weisen einen direkten Bezug zu den KundInnen sowie wiederholbare, gut organisierte Arbeitsschritte auf. Beides ist für Gender Diversity unabdingbare Voraussetzung. Klar festgelegte, dokumentierte und gelebte Arbeitsprozesse führen zu Planbarkeit, Wiederholbarkeit und Transparenz und damit zu einer hohen Qualität. Für eine solch systematische Vorgehensweise ist mindestens der Reifegrad-Level 2 erforderlich (Kapitel 8.2).

  In direktem Zusammenhang mit Qualitätssicherung stehen auch die Kundenorientierung, die Effizienz von Arbeitsprozessen und eine gesunde Work-Life-Balance. Die Einführung von Qualitätssicherungsprozessen fordert nicht zu unterschätzende Widerstände heraus, die zunächst verstanden und dann aktiv angegangen werden müssen.

- Anforderungsmanagement

  Das Anforderungsmanagement erfordert eine besondere Kundennähe und Analysefähigkeit der Kundenwünsche. Die unterschiedliche weibliche oder männliche Perspektive auf Produkte und Services bedürfen einer besonderen Gender-Sensibilität und eines hohen Maßes an Softskills.

- Risikomanagement

  Das Risikomanagement ermittelt kontinuierlich Projekt-, Produkt- oder Servicerisiken und macht sie — soweit möglich — beherrschbar. Bei der Risikobeurteilung müssen die Erfahrungen von Frauen und Männern Eingang finden, da Situationen und Chancen von den Geschlechtern unterschiedlich wahrgenommen und eingeschätzt werden. Erst die gemeinsame Perspektive erlaubt eine ganzheitliche Betrachtung. Besonders wichtig ist in diesem Zusammenhang ein offenes, vorurteilsfreies und faires Arbeitsklima, das vollkommen angstfrei ist.

7.4 Projektmanagement

Das Projektmanagement ist für die zielgerichtete und kundenorientierte Durchführung eines Projektes verantwortlich. Unter Berücksichtigung der Rahmenbedingungen ist das Projekt zu planen, das Team zu etablieren und die Verwendung der Ressourcen zu überwachen.

7.4.1 Anforderungen an die Arbeitsprozesse

Das Projektmanagement darf nicht ohne die Erfahrung von Frauen und Männern aufgesetzt werden. Die Rollenbeschreibungen müssen Softskills in ausreichendem Maße gewichten und dürfen weder das männliche noch das weibliche Werteschema bevorzugen.

7.4.2 Umsetzung

Ein Projektmanagement, das den Fortschritt von Beginn bis zum Lebensende eines Projekts kontinuierlich verfolgt, ist der Motor für jedes Geschäft. Viele Projekte werden durch unsystematisches Vorgehen, unverstandene Anforderungen der Kunden, sich verändernde Randbedingungen oder plötzlich auftauchende Probleme gefährdet. Das führt neben Budgetüberschreitungen zu langen Arbeitszeiten und fremdbestimmtem Arbeiten durch Kundenbeschwerden und Eskalation im Management. Es gibt jedoch zahlreiche Aus- und Fortbildungsprogramme für Projektmanagement (zum Beispiel vom TÜV) und auch in einigen Studienfächern an Hochschulen werden Projektmanagement-Kurse angeboten.

Wenn ein Projektmanagementprozess den Reifegrad-Level 2 (Kapitel 8.2) vorweisen kann, ist die Grundlage für eine Work-Life-Balance gegeben, die für Gender Diversity eine wichtige Rolle spielt (Kapitel 4.4). Im Folgenden werden die einzelnen Basispraktiken des Projektmanagements mit ihrem Bezug zu Gender Diversity dargestellt.

Bestimmung des Arbeitsumfangs

Dies ist nur möglich, wenn die Rahmenbedingungen und Anforderungen der KundInnen für das Produkt oder den Service bekannt sind. Alle Schnittstellen zum Projekt sind in die Analyse einzubeziehen, dazu gehören neben den KundInnen die Teammitglieder, das Management, mögliche KooperationspartnerInnen und externe MitarbeiterInnen/BeraterInnen. Je komplexer die Umgebung eines Projekts ist, umso diverser sollte das Entscheidungsteam sein, um die Bedürfnisse aller Beteiligten berücksichtigen zu können.

Festlegung des Projektlebenszyklus

Entsprechend der Bedeutung, der Komplexität, der Unsicherheit und des Umfangs ist ein geeigneter Lebenszyklus für das Projekt zu definieren. Moderne Projektmanagement-Ansätze setzen meist auf kürzere Planungszeiträume und sogenannte agile Methoden, die den Menschen in den Vordergrund stellen, aber durchaus effektive Prozessvorgaben machen.

Untersuchung der Machbarkeit des Projekts

Machbarkeit beinhaltet die verfügbaren Ressourcen zur Umsetzung und Hilfsmittel, die in ausreichendem Umfang zur Verfügung stehen müssen. Um alle Aspekte und verschiedene Sichtweisen zu berücksichtigen, sollten Frauen und Männer in die Machbarkeitsstudie eingebunden sein.

Schätzungen als Projektgrundlage

Die Projektparameter — wie Zeit, Kosten und Qualität — sind vor Beginn des Projekts und bei der Erreichung von Projektmeilensteinen abzuschätzen. Um zuverlässige Abschätzungen zu erhalten, werden verschiedene Verfahren eingesetzt, die auf Erfahrungswerten beruhen. Wie im Risikomanagement sind ein offenes Arbeitsklima und die Beteiligung von Frauen und Männern notwendig, damit die relevanten Erfahrungen einfließen können.

Bestimmung der Einzelaktivitäten und Bedarfsermittlung der Fähigkeiten

Für die Erstellung eines zuverlässigen Projektplans müssen zuerst alle notwendigen Aktivitäten identifiziert werden. Aus den Aktivitäten wird dann ermittelt, welche Fähigkeiten die einzelnen Teammitglieder haben müssen. Die fachlichen (harten) Fähigkeiten lassen sich leicht aus den notwendigen Aktivitäten ableiten und werden meist vorrangig betrachtet. Projekte scheitern erfahrungsgemäß jedoch nicht an der fachlichen Kompetenz der Teammitglieder, sondern an internen Konflikten oder zu geringem Verständnis der Kundenwünsche. Frauen und Männer sollten ihre Erfahrung über die benötigten Fähigkeiten einbringen, um alle Aspekte zu berücksichtigen.

Erstellung des Projektplans

Im Projektplan werden die Verantwortlichkeiten festgelegt und die Aufgaben Personen zugewiesen. Das reine Aufstellen des Projektplans ist nicht gender-sensibel.

Überwachung des Fortschritts und der Projektparameter

Die tägliche Arbeit des Projektmanagements besteht aus der Koordination aller Beteiligten, der Überwachung des Fortschritts und der Motivation des Teams. Das erfordert ein breites Spektrum an Fähigkeiten, wie Integrations-, Konflikt- und Durchsetzungsfähigkeiten, aber auch ein hohes fachliches Verständnis. Nur in den seltensten Fällen vereint eine Person alle diese Fähigkeiten. Ein mehr oder weniger offizielles Projektleitungsteam kann die Vielfalt der Aufgaben in der Regel wesentlich besser bewältigen als eine Einzelkämpferperson.

Neuplanung bei Nichterreichung von Zwischenzielen

Wenn Zwischenziele nicht erreicht werden, müssen geeignete Maßnahmen eingeleitet werden, um den Projekterfolg sicherzustellen. Dazu gehört, dass der Aufwand für neue Maßnahmen abgeschätzt, der Bedarf an Ressourcen/Fähigkeiten ermittelt und ein neuer Plan aufgestellt wird. Die Gender-Sensibilität dieser Basispraktik entspricht der Gender-Sensibilität der oben erwähnten einzelnen Basispraktiken.

Projektabschluss-Bewertung

Nach Projektende muss eine Projektbewertung vorgenommen werden, um die Schätzverfahren und Arbeitsweisen für spätere Projekte verbessern zu können. Für die Bewertung der erreichten Ziele und der Projektereignisse sind Frauen und Männer aus dem Projekt zu befragen, um die verschiedenen Sichtweisen einbeziehen zu können. Die Anforderungen an eineN ProjektmanagerIn sind sehr hoch. Neben der fachlichen Kompetenz und der Begeisterung für das neue Produkt oder die Dienstleistung, die angeboten wird, muss die/der ProjektmanagerIn folgende Fähigkeiten haben:

- Konfliktlösungskompetenz mit KundInnen und innerhalb des Teams und
- hohe Integrationsfähigkeit bei dynamisch zusammengestellten Teams und Teammitgliedern an verschiedenen Standorten.

Gender-Kompetenz in der Projektleitung ist erforderlich, um alle Aspekte von Führung abzudecken und auch die Sprechweise von Frauen und Männern im Team adäquat berücksichtigen zu können. Ideal wäre, wenn Führungstandems aus jeweils einer Frau und einem Mann in der Verantwortung stehen. Da letztlich nur eine Person verantwortlich zeichnen kann, ist es ratsam, die Diversity der Führung über Stellvertreterregelungen oder eine Art Führungsteam (mit Delegation eines bestimmten Teils der Verantwortung) sicherzustellen. Für den Erfolg eines solchen Modells muss die Unternehmenskultur erlauben, dass auch Führungskräfte Fragen stellen dürfen und Unterstützung erhalten, ohne dass ihre Führungskompetenz bestritten wird.

Die folgende Grafik veranschaulicht die gender-sensiblen Bereiche im Lebenszyklus eines Projekts, die von Diversität am meisten profitieren. Je heller die Einfärbung, desto größer ist die Bedeutung von Gender Diversity. Die dunklen Bereiche sind nicht gender-sensibel und die geschlechtergemischte Besetzung ist nicht unbedingt erforderlich. Ausführende Ingenieursteams können auch nur aus Männern bestehen oder die Kreditvergabeabteilung in einer Bank nur aus Frauen, ohne den Erfolg der Projekte zu gefährden.

ARBEITSHILFE
ONLINE

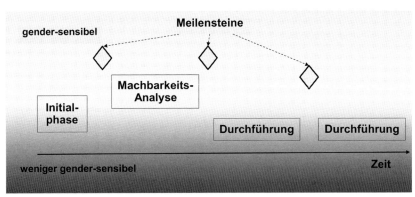

Abb. 31: Gender-sensible Bereiche im Projektverlauf

In der Prozessbeschreibung müssen zu den definierten Rollen, wie „Projektmanager", „Engineer" oder „Administrator", die notwendigen Fähigkeiten angegeben werden. Diese Fähigkeiten müssen so formuliert sein, dass sie die verschiedenen Lebensentwürfe von Frauen und Männern respektieren. Hier sind ähnliche Überlegungen für eine gender-gerechte Festlegung der Auswahlkriterien anzustellen, wie sie für den Einstellungsprozess erforderlich sind (Kapitel 6.2).

7.4.3 Besonderheiten in technischen Unternehmen

In technischen Unternehmen ist es nicht einfach, geeignete Frauen für die Projektleitung zu finden. Es ist ein hohes Maß an technischem Know-how notwendig, um die ProjektmitarbeiterInnen, KundInnen und ExpertInnen an den Schnittstellen zu jeder Zeit mit den richtigen, für sie wichtigen Informationen zu versorgen. Es ist nicht empfehlenswert, für die Projektleitung fachfremde Personen einzustellen, die eine reine Verwaltung des Projekts durchführen.

Eine Chance für mehr Frauen in der Projektleitung ergibt sich durch Wirtschafts-ingenieurinnen, die über hinreichend technischen Sachverstand verfügen. Technische ExpertInnen erkennen die Leistung von WirtschaftsingenieurInnen häufig nicht an, da sie nur selten als IngenieurInnen gearbeitet haben. Diese Beurteilung zeigt die Überbewertung von technischer Expertise, die zwar extrem wichtig ist, aber ohne Planungs- und Verwaltungsaufgaben oder das Verständnis für KundInnen keinesfalls erfolgreich sein kann. Um der Wahrnehmungsverzerrung der Fähigkeiten von Frauen entgegen zu wirken, sollten Projektleiterinnen vom männlichen Management sichtbar unterstützt und respektiert werden.

BESONDERE Fallstricke

Das Projektmanagement muss einen Reifegrad-Level 2 aufweisen, um die Grundvoraussetzung für geplantes, systematisches Vorgehen zu erfüllen.
Im Projekt ist auf eine ausreichende Mischung von Frauen und Männern zu achten. Damit werden auf der Planungsebene Risiken vermindert und die Kundenorientierung optimiert.
Im Bereich der Software-Entwicklung lässt sich Gender-Fähigkeit für traditionelle und agile Verfahren des Projektmanagements erreichen. Die MitarbeiterInnen-Orientierung von agilen Ansätzen liefert gute Einstiegspunkte für ein Miteinander. So trennt SCRUM[118] die Rollen des Scrum-Masters von der des Projekt-Owners und bietet so eine Möglichkeit, eine Frau und einen Mann in der Projektleitung zu positionieren.

7.5 Kennzahlenermittlung

Die Erhebung von Kennzahlen dient dazu, Daten über die entwickelten Produkte oder Services zur Verfügung zu stellen und analysieren zu können. Mit den Daten werden die Produkt-/Service-Qualität und die Effektivität der Prozesse objektiv bewertbar.

---

[118] Pichler (2008)

7.5.1 Anforderungen an die Arbeitsprozesse

Die Kennzahlen der gender-relevanten Aspekte müssen mit allen Beteiligten (Stakeholdern) abgesprochen und für alle Betroffenen transparent sein. Die Daten müssen regelmäßig und in geeigneter Form für alle zur Verfügung stehen.

7.5.2 Umsetzung

Die Erhebung von Kennzahlen ist immer mit Kosten verbunden und muss sorgfältig überlegt und geplant werden. Grundvoraussetzung für die Aussagekraft von Messwerten, die durch Menschen beeinflussbar sind, ist die Akzeptanz der Datenerhebung und das Vertrauen, dass sich aus der Datenermittlung keine persönlichen Nachteile ergeben. Für alle Datenerhebungen ist es entscheidend, die Betroffenen einzubeziehen, ihre Bedenken zu verstehen, ihnen vermitteln zu können, wofür die Daten erhoben werden und wie es ihnen nutzen kann. Wenn die Betroffenen männlich und weiblich sind, sollten beide Geschlechter in die Definition und die Einführung der Datenerfassung im Unternehmen eingebunden werden.

Für die Daten des Gender Diversity-Managements im Unternehmen allgemein ist die Kennzahlermittlung in Kapitel 5.4 beschrieben worden. Im operationellen Umfeld geht es darum, die in den Projekten gemessenen Metriken, die durch die adäquate Beteiligung von Frauen und Männern beeinflusst werden, so zu erheben, dass der Einfluss von Diversity ermittelt werden kann.

Die Gender-Unterscheidung ist insbesondere bei den folgenden operationellen Prozessen zu gewährleisten:

- Qualitätssicherung,
- Anforderungsmanagement,
- Risikomanagement,
- Projektmanagement,
- Auswahl von Zulieferern,
- Marketing.

Messungen müssen kontinuierlich und zielgerichtet erhoben, analysiert und bewertet werden. Messdaten sollten grundsätzlich automatisiert erhoben werden, damit eine Konsistenz und Vollständigkeit hergestellt werden kann.

Im Normalfall werden Messkonzepte und -verfahren im Unternehmen zentral zur Verfügung gestellt und von einem kompetenten Team für die Bewertung der Zahlen unterstützt. Ein Unternehmen, das die Produkt- und Serviceentwicklung nach Ablauf einiger Entwicklungszyklen über Metriken steuer- und vorhersagbar macht, kann einen hohen Reifegrad erreichen. Zur Berücksichtigung der Gender Diversity-Aspekte sind Frauen und Männer in die Definition der Ziele und Verfahren für die Datenerhebung und -auswertung einzubeziehen. Der Prozess der Kennzahlermittlung besteht aus folgenden Basispraktiken:

Anerkennung der Kennzahlenermittlung im Unternehmen

Die Zustimmung durch die MitarbeiterInnen und das Management zu den Messwerten und den Messverfahren ist nachweisbar und wird durch ein offenes Betriebsklima und einen vertrauensvollen Umgang mit den Daten ermöglicht. Für die Kennzahlermittlung wird eine Strategie entwickelt. Die Ziele des Unternehmens bestimmen die zu ermittelnden Kennzahlen. Abhängig von den zu ermittelnden Kennzahlen ist eine allgemeine Vorgehensweise zu definieren. Dazu ist festzulegen, wie das Team für die Datenermittlung, Auswertung und Analyse zusammengesetzt ist:

- Wie viele VertreterInnen aller Interessensgruppen (z. B. Management, Frauen/ Männer) sollen im Team sein?
- Welche Ausbildung/Fähigkeiten (z. B. StatistikerInnen oder FachexpertInnen) sollten sie haben?
- Wann sind welche Aktivitäten durchzuführen und zu berichten?

Ermittlung des Informationsbedarfs für die relevanten Arbeitsprozesse

Normalerweise werden die betroffenen Personen nach ihrem Informationsbedarf in Interviews oder Workshops gefragt. Der Informationsbedarf ist regelmäßig zu hinterfragen und eventuell neu festzulegen. Die Gender Diversity-Aspekte sind an den Informationsbedarf für eine erfolgreiche Produkt-/Serviceerstellung gekoppelt.

> ▶ **BEISPIEL Informationsbedarf mit Gender Diversity-Aspekten**
>
> Die Projektleitung und das Management sind an der Effektivität des Risikomanagements interessiert.
> Es soll gemessen werden, wie viele identifizierte Risiken zu Problemen geworden sind und welche Probleme aufgetaucht sind, die nicht als Risiko erkannt worden waren. Um mögliche Schwachstellen erkennen zu können, muss die Gender Diversity des Teams zusammen mit einer Reihe von relevanten Informationen erfasst werden.

Spezifikation der Kennzahlen

Der ermittelte Informationsbedarf bildet die Grundlage für die Definition der zu erfassenden Kennzahlen. Falls die Zahlen berechnet werden müssen, ist eine möglichst genaue mathematische Berechnungsformel anzugeben. Da Zahlen häufig von dem Zeitpunkt der Datenerhebung abhängen, muss klar definiert werden, wer, wann, welche Kennzahlen mit welchen Mitteln erhebt. Für die Messung der Effektivität des Risikomanagements und des Einflusses von Gender Diversity könnte die Kennzahl „Team-Gender Diversity" (Tabelle 7-1) benutzt werden.

Ermittlung der Kennzahlen

Die Ermittlung schließt das Sammeln und Speichern von zusätzlichen Daten mit ein, mithilfe derer die Ergebnisse verstanden und bewertet werden können. Bei der Ermittlung ist zu prüfen, ob die Daten genau genug erfasst wurden und ob sie in den spezifizierten Kontext gehören (z. B. eine bestimmte Berichtsperiode). Gegebenenfalls müssen die Daten auf Plausibilität geprüft und korrigiert werden, wenn Nachfragen ergeben, dass geänderte Rahmenbedingungen vorlagen. Für die Ermittlung valider Daten müssen geschulte und über den Zweck gut informierte Personen eingesetzt werden.

Analyse der Ergebnisse der Kennzahlenermittlung

Die Daten müssen in geeigneten Übersichten dargestellt werden, ohne deren Aussage zu verfälschen. Die eigentliche Datenbasis und ihre Historie (inklusive evtl. notwendiger Anpassungen) stehen im Falle von Nachfragen zur Verfügung. Datenbanken bieten sich für eine dynamische Anpassung von Filterkriterien und Darstellungen an. Am besten wird die Analyse in den regulären Projekt- oder Management-Meetings durchgeführt, da die Kennzahlen die Grundlage für Entscheidungen sind.

Kennzahlen als Entscheidungsbasis

Die Daten dienen der fundierten Entscheidungsfindung, die in Sitzungsprotokollen dokumentiert wird. Kennzahlen, die nicht für Entscheidungen gebraucht werden, verursachen unnötige Kosten.

Tabelle 7-1: Definition der Kennzahl Team-Gender Diversity

Team-Gender Diversity	
Ziel	Bestimmung der Effektivität des Teams, das die Risikoermittlung und -verfolgung durchführt. Abgrenzung zu anderen Einflussgrößen soll erfolgen können.
Frage	Wie wirkt sich Gender Diversity auf die Effektivität des Risikomanagements aus?
Beschreibung	Es werden folgende Messwerte erfasst: ■ Anzahl Frauen und Männer als TeilnehmerInnen im Risiko-Workshop ■ Anzahl Jahre an Berufserfahrung der TeilnehmerInnen gemittelt über alle TeilnehmerInnen
Bericht	Quartalsweise wird im Gender Diversity-Bericht die Zusammenstellung des Teams mit den Kennzahlen der Risikoidentifizierung und -vermeidung in Relation gebracht und berichtet.
Voraussetzungen	Eingetretene Risiken lassen sich projektweise dem Workshop zuordnen.
Quelle der Daten	Die TeilnehmerInnen werden aus dem Protokoll des Workshops entnommen. Die Anzahl der Berufsjahre wird aus der Datenbank der Personalabteilung ermittelt. Bei Teilnahme Externer muss die Anzahl der Berufsjahre erfragt werden.
Datendefinition	■ Absolute Anzahl der TeilnehmerInnen ■ Anzahl der Frauen ■ Anzahl der Männer ■ Anzahl der Berufsjahre im relevanten Umfeld pro TeilnehmerIn Davon abgeleitet: ■ Prozentsatz Frauen/Männer im Team: Anzahl Frauen/Anzahl der TeilnehmerInnen*100 ■ Mittlere Anzahl an Berufsjahren im Team: Summe der Berufsjahre aller TeilnehmerInnen/Anzahl der TeilnehmerInnen
Darstellung	Kurvendarstellung beginnend mit 0 % Frauen im Team bis 100 % Frauen im Team auf der x-Achse. In y-Richtung ist die Effektivität des Risikomanagements abgebildet. Als Kontrolle wird im Hintergrund für jeden Messwert der Mittelwert der Berufserfahrung hinterlegt.
Bewertung	Die Team-Gender Diversity ist kein Ziel an sich und wird deswegen nicht bewertet.

Kommunikation der Ergebnisse und Feedback

Um die Kosten für die Kennzahlenermittlung zu rechtfertigen und zu optimieren, sind die Ergebnisse von allen NutzerInnen zu sichten und Feedback über die Verwendbarkeit einzuholen. Dies kann regelmäßig alle paar Wochen/Monate oder zu bestimmten Meilensteinen hin durchgeführt werden.

Überprüfung der Kennzahlermittlung durch die Prozessverantwortlichen

Es muss regelmäßig geprüft werden, ob der Informationsbedarf durch die Kennzahlenermittlung und -analyse gedeckt wird und ob die Verfahren für den Zweck passend sind. Im Normalfall dauert es einige Messzyklen, bis eine Kennzahlenermittlung mit ihrer Strategie und Auswertung tatsächlich die gewünschten Aussagen liefern kann (Wie funktioniert der Prozess? Kann mit den Kennzahlen der Prozess gesteuert werden? Können Verbesserungspotenziale identifiziert werden?).

BESONDERE Fallstricke

Die Anzahl der Messgrößen ist kritisch zu hinterfragen. Eine zu hohe Anzahl an Metriken, die zwar automatisch erfasst werden kann, aber nicht ausgewertet wird, zeigt ein nicht zielgerichtetes Vorgehen.

Falls MitarbeiterInnen der Kennzahlenermittlung kritisch gegenüber stehen, ist das zu berücksichtigen. Messzahlen, die gegen den Widerstand der MitarbeiterInnen erhoben werden, sind der Gefahr der Manipulation von Seiten des Managements und der MitarbeiterInnen ausgeliefert und bieten keine gewünschte Datenbasis für die Steuerung der Projekte.

Gesetzliche Randbedingungen müssen bekannt sein und berücksichtigt werden. Insbesondere muss der Datenschutz für personenbezogene Daten berücksichtigt werden, wenn Frauen oder Männer nur vereinzelt in den vermessenen Teams vorkommen und Rückschlüsse auf die Personen möglich sind.

7.6 Auswahl von GeschäftspartnerInnen und Lieferfirmen

Die Auswahl von GeschäftspartnerInnen und LieferantInnen erfolgt anhand von festgelegten Kriterien, um den Geschäftserfolg auch über die Unternehmensgrenzen hinweg zu sichern. Bei der Auswahl von GeschäftsparterInnen und LieferantInnen wird darauf geachtet, dass Gender Diversity in den jeweiligen Unternehmen gegeben ist, da dies ein Indiz für eine verantwortungsvolle und nachhaltige Geschäftsführung ist. Dies bildet den Grundstein für eine erfolgreiche, langfristige Zusammenarbeit.

7.6.1 Anforderungen an die Arbeitsprozesse

Bei der Festlegung der Kriterien für potenzielle Geschäftspartner und Lieferfirmen muss Konsistenz zu den eigenen Werten bzgl. Gender Diversity hergestellt werden.

7.6.2 Umsetzung

Die Auswahlkriterien für GeschäftspartnerInnen und Lieferfirmen wird mit allen Stakeholdern im Unternehmen abgestimmt und vor der Auswahl festgelegt und dokumentiert. Auch das Auswahlverfahren ist festzulegen.

Wenn ein Unternehmen für sich erkannt hat, dass Gender Diversity vorteilhaft für das Geschäftsergebnis ist, ist es nur konsequent, wenn auch die GeschäftspartnerInnen mit einem gewissen Anteil danach beurteilt und ausgesucht werden, wie gut sie Gender Diversity in die Praxis umsetzen können. Der Ansatz ist mit anderen gesellschaftspolitischen Strategien vergleichbar, die sich zum Beispiel auf die Einhaltung von Menschenrechten oder Umweltstandards beziehen.

Der Nachweis der Gender Diversity-Fähigkeit kann entweder durch eine Selbstauskunft, durch entsprechende Zertifikate oder durch ein spezielles Assessment (Kapitel 8: Das Gender Diversity-Capability-Assessment) nachgewiesen werden. Im Rahmen von Qualitätsaudits kann ein Teil der Gender-Fähigkeitskriterien mit abgefragt werden, wenn AuditorInnen eine entsprechende Ausbildung vorweisen können.

> **!** **ACHTUNG: Der Begriff Diversifizierung hat in anderen Zusammenhängen eine andere Bedeutung.**
>
> Das Management von Zuliefererketten (Supply Chain Management) ist in vielen Unternehmen gängige Praxis. Auch Diversifizierung ist dort ein Thema, meint jedoch häufig die Tatsache, dass es sich lohnt, mit Zulieferfirmen fair umzugehen und mehrere verschiedene Zulieferer zur Auswahl zu haben, um Engpässe oder Lieferschwierigkeiten bei einem Zulieferer abfedern zu können.

Supplier Diversity, das sich auf Diversity-Gruppen bezieht, ist vor allem in den USA und in England bekannt. In den USA gibt es einen staatlichen Erlass, der seit 2011 vorgibt, dass 5 % aller Aufträge an Kleinbetriebe zu vergeben sind, die im Besitz von Frauen sind und von ihnen geführt werden[119]. Ausgewählte Organisationen zertifizieren Unternehmen als Kandidaten für das staatliche Förderprogramm, in dem sie die Zulassungsbestimmungen prüfen[120].

BESONDERE Fallstricke

Ein Nachweis der Gender Diversity-Fähigkeit durch das Zertifikat Total E-Quality oder die Auszeichnung SIEgER (in der aktuellen Version von 2013) ist als nicht ausreichend anzusehen, da diese Zertifikate nicht alle erforderlichen Bedingungen prüfen oder Mindeststandards z. T. unterlaufen (Kapitel 4.3).

EXKURS: Das Siemens Diversity Supplier Program

In deutschen Unternehmen ist Diversity- oder auch Gender Diversity-Fähigkeit bisher kaum ein Kriterium für die Auswahl von Zulieferfirmen. Es gibt jedoch positive Anzeichen, wie etwa bei Siemens, die zumindest in den USA Supplier-Diversity bei der Beauftragung von Subunternehmen berücksichtigen.

Siemens PLM Software ist ein globales Team und glaubt daran, dass Vielfalt mit jedem Aspekt unseres Unternehmens – von der Organisationsstruktur bis zur Lieferantenbasis – verwoben sein muss. Im Jahr 2007 wurden über 30 Prozent der amerikanischen Einkäufe für unsere weltweite Tätigkeit an kleine oder Minderheits-Einkaufspartner vergeben. Es gehört zur Politik von Siemens PLM Software, von Minderheitslieferanten zu beziehen und diese zu ermutigen, unsere Innovation durch Lieferung von PLM-Gütern und Dienstleistungen zu fördern, damit wir die dynamisch wachsenden Anforderungen unserer Kunden erfüllen können. Durch die Integration von Vielfalt in alles, was wir tun, erfassen wir sowohl interne wie externe kreative und innovative Ideen, um den größtmöglichen Nutzen zu schaffen.[121]

ARBEITSHILFE ONLINE

Vertiefende Inhalte

http://www.plm.automation.siemens.com/de_de/about_us/facts_philosophy/diversity/diversity_supplier_program/

---

[119] Adeli (2012)

[120] WBENC (2010)

[121] Siemens (2012)

7.7   Marketing

Das Marketing positioniert die Produkte oder Services eines Unternehmens bei potenziellen KäuferInnen und hat — entsprechend der Anzahl der KundInnen — eine große Reichweite in die Gesellschaft. Auch die eigenen MitarbeiterInnen und potenzielle BewerberInnen nehmen die Außendarstellung eines Unternehmens sehr genau wahr und beurteilen daran, ob sie sich mit dem Unternehmen identifizieren können oder nicht. Bei der Werbung um die besten Talente ist der Einfluss des Marketings auf die Arbeitgebermarke nicht zu unterschätzen.

Die große Außenwirkung verpflichtet ein Unternehmen, auch im Marketing seiner gesellschaftlichen Verantwortung nachzukommen. Die Perpetuierung von tradierten Rollenstereotypen schadet unserer Gesellschaft und muss in Werbekampagnen vermieden werden (Kapitel 3.3). Im Interesse des eigenen wirtschaftlichen Erfolgs sollte ein Unternehmen das Marketing als Mittel zur Veränderung der Rollenstereotype nutzen oder zumindest auf die Nutzung von Rollenstereotypen verzichten.

Frauen in Führungspositionen werden häufig unterschätzt, da Rollenstereotype ihnen keine Führungskompetenz zusprechen[122]. Unternehmen, die ihre Vorteile durch Frauen und Männer auf allen Führungsebenen verbessern wollen, müssen deshalb auch in die Veränderung der Gesellschaft investieren.

7.7.1   Anforderungen an die Arbeitsprozesse

Das Marketing verzichtet auf Rollenstereotype in der Werbung und die Erfolge beim Gender Diversity-Management werden in die Außendarstellung des Unternehmens mit einbezogen.

7.7.2   Umsetzung

ArbeitnehmerInnen und potenzielle BewerberInnen nehmen die Außendarstellung eines Unternehmens als Hinweis auf das Arbeitsklima und die Unternehmenskultur wahr. Ein Unternehmen, das nach innen bestimmte Werte vertritt, sie aber nach außen nicht sichtbar macht oder sogar andere Werte zeigt, macht sich unglaubwürdig. Unternehmen, die mit Gender Diversity in der Außendarstellung werben, sollten Gender Diversity im Unternehmen umgesetzt haben. Als Beleg für die ernst-

---

[122] Franck, Jungwirth (1998)

hafte, innerbetriebliche Auseinandersetzung mit Gender Diversity wird am besten mit den eigenen Erfolgen der Gender Diversity-Projekte geworben.

Im Folgenden sind die Anforderungen an ein gender-fähiges Marketing aufgelistet. In allen Basispraktiken müssen diese Anforderungen berücksichtigt werden.

- Diskriminierende Darstellungen von Frauen und Männern werden nicht verwendet, auch wenn es den Verkaufserlös steigern würde. Eindeutig diskriminierend sind Herabsetzungen aufgrund des Geschlechts, die meist mit negativen Rollenstereotypen einhergehen: z. B. Frauen, die pauschal als einfältig oder dumm dargestellt werden. Auch die angedeutete Verfügbarkeit von Frauen- oder Männerkörpern im Zusammenhang mit einem zum Verkauf stehenden Produkt ist diskriminierend.
- Im Marketing gibt es ausreichend Gender-Kompetenz. Es reicht keineswegs, Frauen und Männer im Marketingteam zu haben, da die Rollenstereotype von Frauen und Männern in gleicher Weise verinnerlicht sind und unbewusst aufrechterhalten werden. Viele Frauen verteidigen sogar aus Unwissenheit oder Angst davor, als humorlos oder frigide bezeichnet zu werden, frauendiskriminierende Werbung.
- Die zur Werbung eingesetzten Medien sind nach Gender-Gesichtspunkten auszuwählen, um weibliche und männliche KundInnen zu erreichen.
- KooperationspartnerInnen sind nach Gender-Fähigkeit auszuwählen (Kapitel 7.6). Zeitschriften oder andere Medien, die sich nicht um ein Mindestmaß an Gender Diversity und die Aufhebung der Rollenstereotype bemühen, sind für die eigenen Marketingmaßnahmen ungeeignet.
- Alle Bilder und die verwendete Sprache müssen gender-neutral sein oder sogar neue bzw. austauschbare Rollenmodelle propagieren. Es ist nicht immer leicht feststellbar, welche Bilder wirklich geeignet sind oder was als provokativ oder künstlerisch noch vertretbar ist. Im Prinzip ist eine Darstellung von Frauen und Männern gender-gerecht, wenn in der Darstellung alle weiblichen Personen durch männliche ersetzt werden könnten und umgekehrt, ohne Anstoß zu erzeugen.
- Das Marketingkonzept für die innerbetriebliche Selbstdarstellung sollte die Gender Diversity-Projekte im Unternehmen regelmäßig aufgreifen und über ihre Erfolge berichten.

7.7.3 Hinweise für technische Unternehmen

Das Image von technischen Berufen ist für Frauen nicht sehr attraktiv. Bilder können sehr viel dazu beitragen, mehr junge Frauen für ein technisches Studium oder eine Ausbildung zur Technikerin zu begeistern. Diese Chance, über das Marketing viele junge Frauen nicht nur als Kundinnen, sondern auch als potenzielle Mitarbeiterinnen zu gewinnen, sollten technische Unternehmen unbedingt nutzen. Sie erhalten so einen Zugang zu einem vergrößerten Talentpool und zur Gestaltung eines offenen, diversen Arbeitsumfelds.

Die Mitwirkung bei MINT[123]-Initiativen für Frauen oder die Unterstützung von Frauennetzwerken (Kapitel 5.6) kann sich langfristig günstig auf die Anzahl der BewerberInnen auswirken. In Deutschland können sich Unternehmen z. B. an die Initiative vom Kompetenzzentrum für Technik, Diversity und Chancengleichheit in Bielefeld wenden[124], wenn sie Schülerinnen für Technik begeistern wollen.

In der Technikbranche fehlen in Deutschland aktuell 199.000 Fachleute[125]. Die Initiative „MINT Zukunft schaffen" zeigt die Fachkräftelücke auf, die zum Teil auf ein schlechtes Image des Ingenieurberufs zurückzuführen ist[126]. Für familienorientierte Männer könnte der Ingenieurberuf an Attraktivität gewinnen, wenn Unternehmen neue Lebensmodelle unterstützen und dies auch sichtbar machen. Die moderne Kommunikationstechnik wird auch in Zukunft den Beruf des Ingenieurs immer ortsunabhängiger machen und somit zu einer verbesserten Work-Life-Balance oder Balance zwischen Beruf und Familie beitragen (Kapitel 4.4).

BESONDERE Fallstricke

Die Außendarstellung eines Unternehmens ist ein zentraler Prüfstein für die Ernsthaftigkeit der Bemühungen um mehr Gender Diversity. Unternehmen, die sich nur aufgrund der Bemühungen einzelner Personen in einigen Abteilungen verbessern, zeigen Fortschritte, sind aber von einer Gender-Fähigkeit weit entfernt. Erst wenn ein Unternehmen Gender-Aspekte in allen Unternehmensbereichen verfolgt, wird Gender Diversity nachhaltig.
Wenn das Marketing Gender Diversity als Thema aufgreift, wird das Unternehmen seiner gesellschaftlichen Verantwortung gerecht und zeigt den erforderlichen Mut, sich dem gesellschaftlichen Diskurs zu stellen.

---

[123] MINT steht für Mathematik, Informatik, Natur und Technik.

[124] http://www.komm-mach-mint.de/

[125] Stand: 2012

[126] Kunwald (2012)

FALLBEISPIEL: Werbekampagne der Deutschen Telekom:
„Werde Chef deines Lebens"

In einer Werbekampagne mit mehreren Plakaten und einem TV-Werbespot werden moderne Lebensentwürfe gezeigt, die von Frauen und Männern selbstbewusst und selbstbestimmt gelebt werden:

- Frauen, die berufstätig sind und im Sport Karriere machen,
- Männer, die ihre Berufsausübung mit Hilfe moderner Kommunikationsmedien mit Kinderbetreuung verbinden,
- Frauen, die sich für ein Kind entscheiden und während der Elternzeit Kontakt zur Firma halten und mit flexiblen Arbeitszeiten und mobilen Arbeitsmöglichkeiten Familie und Beruf vereinbaren können.

ARBEITSHILFE
ONLINE

Abb. 32: Plakat der Werbekampagne „Werde Chef deines Lebens" mit der Telekom-Mitarbeiterin und Profi-Fußballspielerin Katharina Baunach

ARBEITSHILFE
ONLINE

Vertiefende Inhalte

http://tv.telekom.com/index.php/lang/de_DE/video/2484/werde-chef-deines-lebens

Im Interview mit Dr. Christian Hahn, Vice President Marketing Communication Strategy & Media, wird klar, dass die Werbekampagne tatsächlich ein Zeichen des Ernstnehmens von Gender Diversity und einer unterstützenden, familienorientierten Arbeitskultur ist.

Herpers: Herr Hahn, wer hatte denn die Idee zu der Werbekampagne?

Hahn: Der Aufhänger war für uns die intensive Diskussion über die Frauen-quote in Führungspositionen, die seit 2010 in der Deutschen Telekom einge-führt wurde. Eine Quote einzuführen, ist ja nicht ausreichend und wir zeigen mit der Kampagne, wie die Deutsche Telekom die Arbeitswelt gestaltet, um für Menschen attraktiv zu sein. Die Idee stammte aus der Marketingabteilung und wurde mit dem Gender Diversity-Management abgesprochen.

Herpers: Was verspricht sich die Deutsche Telekom von der Werbekampagne?

Hahn: Wir wollen als Arbeitgeber glaubwürdig und attraktiv sein. Dies sollte zu einer höheren Anzahl an Bewerberinnen und Bewerbern führen.

Herpers: Wie wird der Erfolg der Kampagne gemessen?

Hahn: Wir führen regelmäßig Befragungen zur Arbeitgeberattraktivität durch. Die Attraktivität ist nach der Kampagne gestiegen, was uns sehr bestätigt.

Herpers: Welche Reaktionen gab es auf ihre Kampagne?

Hahn: Die Konkurrenz findet die Kampagne ganz in Ordnung, es gab keinen Unmut über die Darstellungen. Die Reaktionen in den sozialen Netzen, die von der Deutschen Telekom gepflegt werden, waren eher ruhig und verhalten. In Artikeln im Zusammenhang mit der Frauenquote oder Diskussionsforen wurde die Kampagne sehr positiv erwähnt[127].

ZUSAMMENFASSUNG

Im Rahmen der operationellen Tagesprozesse sind vier Bereiche für Gender Diversity besonders relevant und damit stetig zu prüfen bzw. anzupassen.

- Projektmanagement
  Das Projektmanagement beinhaltet zahlreiche Basispraktiken, die insgesamt eine zielgerichtete und kundenorientierte Durchführung gewährleisten und damit eine gesunde Work-Life-Balance für Männer und Frauen ermöglichen:
  - Bestimmung des Arbeitsumfangs
  - Festlegung des Projektlebenszyklus
  - Untersuchung der Machbarkeit des Projekts
  - Schätzungen der Projektgrundlage
  - Bestimmung der Einzelaktivitäten und Bedarfsermittlung der Fähigkeiten
  - Erstellung des Projektplans
  - Überwachung des Fortschritts und der Projektparameter
  - Neuplanung bei Nichterreichung von Zwischenzielen
  - Projektabschluss-Bewertung

  Insbesondere bei der Projektleitung muss ein hohes Maß an Gender-Kompetenz nachweisbar sein.

---

[127] Das Interview wurde am 20. April 2012 telefonisch durchgeführt und wird hier verkürzt wiedergegeben.

- Kennzahlenermittlung

  Im operationellen Umfeld geht es darum, die in den Projekten gemessenen Metriken, die durch eine adäquate Beteiligung von Frauen und Männern beeinflusst werden, so zu erheben, dass der Einfluss von Diversity eindeutig ermittelt werden kann. Das betrifft die folgenden Basispraktiken:
    - Akzeptanz der Kennzahlenermittlung im Unternehmen
    - Ermittlung des Informationsbedarfs
    - Spezifikation der Kennzahlen
    - Ermittlung der Kennzahlen
    - Analyse der Ergebnisse der Kennzahlenermittlung
    - Kennzahlen als Entscheidungshilfe
    - Kommunikation der Ergebnisse und Feedback
    - Überprüfung der Kennzahlenermittlung durch die Prozessverantwortlichen
- Auswahl von GeschäftspartnerInnen und Lieferfirmen

  Bei der Auswahl von GeschäftspartnerInnen und LieferantInnen muss Konsistenz zu den eigenen Werten bzgl. Gender Diversity hergestellt werden. Die Kriterien hierfür müssen mit allen Stakeholdern abgestimmt, vor der Auswahl festgelegt und dokumentiert werden.
- Marketing

  Das Marketing positioniert nicht nur die Produkte oder Services eines Unternehmens gegenüber dem/den KäuferInnen, sondern hat in Form der Außendarstellung auch einen großen Einfluss auf die eigenen MitarbeiterInnen und potenzielle BewerberInnen (Arbeitgebermarke). Das Marketing muss sich deshalb sowohl seiner gesellschaftlichen Verantwortung als auch dem eigenen wirtschaftlichen Erfolg verpflichtet fühlen. Dies geschieht durch den Verzicht auf die Perpetuierung von Rollenstereotypen in der Außendarstellung und eine gender-sensible Umsetzung von Werbekampagnen. Eigene Erfolge beim Gender Diversity-Management sollten in die Außendarstellung mit einbezogen werden und zeugen von einem ernsthaften und nachhaltigen Bemühen.

Damit wurden in Kapitel 5.7 nun die drei Unternehmensbereiche, die für Gender Diversity eine besondere Rolle spielen, ausführlich dargestellt und jeweils mit den entsprechenden Basispraktiken und Fallstricken umschrieben.

Kapitel 8 stellt abschließend das Gender Diversity-Capability-Assessment vor, mit dem der Reifegrad eines Unternehmens im Hinblick auf Gender Diversity-Fähigkeit überprüft werden kann.

ARBEITSHILFE
ONLINE

Vertiefende Inhalte

Eine Übersicht und Checkliste für die Einführung und Kontrolle der einzelnen Basispraktiken finden Sie als Zusatzmaterial auf unserer Website.

8 Das Gender Diversity-Capability-Assessment (GeDiCap)

8	**Das Gender Diversity-Capability-Assessment (GeDiCap)**	**231**
8.1	Konzepte des GeDiCap-Assessments	234
8.1.1	Ziele eines GeDiCap-Assessments	234
8.1.2	Verständnis der Prozesse und ihrer Beziehung untereinander	236
8.2	Die Stufen des Reifegrads	238
8.2.1	Durchgeführt – Level 1	240
8.2.2	Gemanagt – Level 2	242
8.2.3	Etabliert – Level 3	248
8.2.4	Vorhersagbar – Level 4	253
8.2.5	Optimierend – Level 5	258
8.3	Das Assessment-Ergebnis	263
8.3.1	Ablauf eines GeDiCap-Assessments	265
8.3.2	Ausbildung der AssessorInnen	267

MANAGEMENT SUMMARY

In den vorangegangenen Kapiteln wurden die wichtigsten Inhalte von Gender Diversity und die dazu erforderlichen Basispraktiken für Unternehmen Schritt für Schritt dargestellt. Kapitel 8 stellt das Gender Diversity-Capability-Assessment (GeDiCap) vor, mit dem Unternehmen den spezifischen Reifegrad ihrer Gender Diversity-Fähigkeit überprüfen (lassen) können.

Das GeDiCap-Assessment basiert auf dem Unternehmensmodell nach dem ISO-Standard 15504 und umfasst alle Unternehmensbereiche. Es ist ein Management-Instrument zur Qualitätssicherung und Organisationsentwicklung und hat zum Ziel:

- Stärken und Schwächen eines Unternehmens herauszuarbeiten,
- diese zu bewerten,
- Anstöße zur Verbesserung zu liefern und
- das Bewusstsein aller Beteiligten für Gender Diversity zu schärfen.

Das Unternehmensmodell setzt sich aus sechs Reifegrad-Leveln zusammen, die jeweils unterschiedliche Prozessattribute enthalten. Level 5 ist der höchste Qualitäts-Reifegrad, den ein Unternehmen erreichen kann. Die Reifegrad-Stufen des GeDiCap-Assessments definieren sich wie folgt:

- Level 0 — Unvollständig
  Es ist kein definierter Prozess erkennbar oder dieser wird nicht ausreichend umgesetzt.
- Level 1 — Durchgeführt
  Ein zweckmäßiger Prozess wird angewendet.
- Level 2 — Gemanagt
  Der durchgeführte Prozess wird geplant und es erfolgt eine Zielerreichungskontrolle.
- Level 3 — Etabliert
  Es gibt einen organisationsweiten Standardprozess, der anerkannt ist und gelebt wird.
- Level 4 — Vorhersagbar
  Die Prozessergebnisse sind vorhersagbar und werden quantitativ überwacht und gesteuert.
- Level 5 — Optimierend
  Prozessziele werden aus den Geschäftszielen abgeleitet und regelmäßig überprüft, es wird aktiv nach Optimierung gestrebt.

Der Ablauf eines GeDiCap-Assessments umfasst die folgenden Stufen:

- Planung
- Vorbereitung
- Durchführung
- Validierung und Bewertung
- Ergebnisbericht

Es können sowohl interne als auch externe Assessments erfolgen. Insbesondere bei externen Assessments ist Vertraulichkeit zwischen den AssessorInnen und dem beauftragenden Unternehmen zu vereinbaren. Der Qualifikation und Gender-Kompetenz der beauftragten AssessorInnen kommt eine besondere Bedeutung zu.

Gender Diversity kann nur gelingen, wenn die damit verbundene Denkweise in die Prozesse und Arbeitsweisen eines Unternehmens integriert und Teil des bewussten Handelns geworden sind. Für den Nachweis der Befähigung zu Gender Diversity bedarf es einer genauen Analyse der unternehmensweiten Prozesse und der Art, wie sie in einzelnen Projekten gelebt und umgesetzt werden.

ISO-Standards

Das hier vorgestellte Gender Diversity-Capability-Assessment (GeDiCap) basiert auf dem ISO-Standard 15504. Dieser hat sich in Europa in allen produzierenden Branchen, die Software in ihre Produkte oder Services einbauen — wie z. B. die Automobilindustrie, Banken, Medizingeräte — durchgesetzt. ISO 15504 misst die Fähigkeit eines Unternehmens, qualitativ hochwertige Software(-Services) zu erzeugen und anzubieten. Software ist heute in fast allen Unternehmensbereichen ein zentraler Bestandteil und macht einen Großteil der zusätzlichen Wertschöpfung aus. Dies gilt für Services, die über das Internet angeboten oder realisiert werden ebenso wie für Maschinen oder Anlagen, die über Softwaresysteme gesteuert oder ausgelegt werden. Die Universalität von Software sowie die starke Einbettung in viele andere Bereiche haben dazu geführt, dass die Norm ISO 15504 zur Bewertung von Unternehmen die ganze Unternehmensführung mit allen unterstützenden Abteilungen — wie das Personalmanagement, Projektleitung oder allgemein Messen und Steuern mit Berichterstattung an das Management — umfasst.

Das ISO-Assessment-Modell eignet sich hervorragend für die Erweiterung auf Gender Diversity-Aspekte. Organisatorische und strategische Überlegungen sind über die Norm und das Reifegradmodell abgedeckt. Die speziellen Aspekte der Software-Erstellung sind für das Gender Diversity-Assessment nicht relevant und werden im Folgenden weggelassen.

Als Software-Qualitäts-Expertin und Expertin für Gender Diversity konnte ich immer wieder erstaunliche Parallelen von Qualität und Gender Diversity beobachten:

- Qualitäts-Verbesserungs-Initiativen gelingen nur, wenn sie vom Top-Management gewollt und aktiv unterstützt werden. Das gilt ebenso für Gender Diversity.

- Gegenüber Qualitätsinitiativen und der Einführung von Prozessen gibt es große Vorbehalte („das haben wir nie so gemacht…", „Prozesse führen zu administrativem Overhead…"). Die Vorbehalte gegenüber Gender Diversity sind häufig sogar noch stärker.
- Qualität entsteht nur in einem lernenden, sich stetig verbessernden Unternehmen. Solche Unternehmen haben keine Angst vor Veränderung oder Neuem. Gender Diversity verlangt von vielen eine starke Veränderung — von Frauen und von Männern, die bereit sein müssen, gegenseitig voneinander zu lernen.
- Qualitätsinitiativen brauchen ein sehr gutes Change-Management. Viele Vorbehalte müssen abgebaut werden und die einzelnen Verbesserungsschritte dauern relativ lange. Um von einem Reifegrad-Level zum nächsten zu gelangen, werden als Minimum jeweils ein bis zwei Jahre angenommen. Gesellschaftliche Veränderungen sind ähnlich zäh und brauchen engagierte TreiberInnen, die sich nicht so schnell entmutigen lassen.

Im Vergleich zum allgemeinen Standard ISO 9000 bietet SPICE[128] den Vorteil, dass verschiedene Level des Reifegrades definiert sind und so eine exaktere Beurteilung der Unternehmen zulässt. Analog zu ISO 15504 sind für das Gender Diversity-Assessment sechs verschiedene Stufen definiert, die vom Level „0 — unvollständig" bis „5 — optimierend" reichen (Kapitel 8.2).

8.1 Konzepte des GeDiCap-Assessments

In einem Assessment werden die Stärken und die Schwächen in den dokumentierten und gelebten Prozessen eines Unternehmens herausgearbeitet. Dazu werden die betroffenen MitarbeiterInnen danach befragt, wie und nach welchen Vorgaben sie arbeiten. Im Zentrum steht nicht die Beurteilung der Leistung der Befragten, sondern die Analyse der Prozesse des Unternehmens.

8.1.1 Ziele eines GeDiCap-Assessments

Vor einem Assessment müssen die Ziele der Unternehmensseite erfragt werden, damit der Verlauf des Assessments auf diese Ziele optimiert werden kann. Dazu gehört es, die Prozesse, die bewertet werden sollen, nach dem Assessment-Modell festzulegen ebenso wie den Level, bis zu dem die Untersuchung gehen soll. Es

---

[128] SPICE = Software Process Improvement and Capability Determination = ISO Norm 15504

kann zwar immer bis zum höchsten Level 5 bewertet werden, allerdings weckt dies eventuell falsche Erwartungen. Ein Assessment sollte auch immer als Chance für Verbesserungen genutzt werden, da vor allem externe AssessorInnen viel Erfahrung aus anderen Unternehmen mitbringen.

Die Ziele eines Assessments sind:

- Bewertung der Prozesse nach dem Assessment-Modell in Reifegradstufen (1–5),
- Anstoß von Verbesserungen nach dem Assessment,
- Fokussierung des Teams (für eine gewisse Zeit) auf Gender Diversity.

Jedes Unternehmen sollte in seiner Strategie für die Prozessverbesserung interne und externe Assessments für Gender Diversity beinhalten, so dass diese zu einem Teil des Verbesserungskreislaufs werden. Ausgangspunkt für ein Assessment ist stets ein intern erkannter Bedarf an Verbesserung. Der Verbesserungszyklus ist in Abbildung 33 dargestellt. Die Assessments können zum Teil mit anderen Prozess-Assessments, wie Qualitäts-Assessment zu den Prozessen, zusammengefasst werden. Voraussetzung dazu ist eine adäquate Ausbildung der AssessorInnen.

ARBEITSHILFE
ONLINE

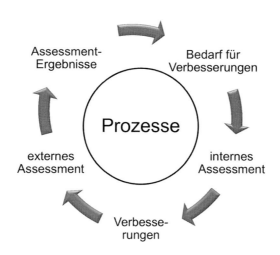

Abb. 33: Assessment im Kreislauf der Verbesserungen

8.1.2 Verständnis der Prozesse und ihrer Beziehung untereinander

Die Grundlage für die Bewertung nach dem GeDiCap-Assessment ist ein Unternehmensmodell mit einer Unterteilung in Prozessgruppen vom Einkauf bis zum Vertrieb bzw. für alle Managementbereiche eines Unternehmens basierend auf der ISO 12207:1995. In dieser Norm werden Primärprozesse, unterstützende Prozesse und organisatorische Prozesse unterschieden[129].

Primärprozesse

Primärprozesse betreffen das Kerngeschäft des Unternehmens:

- Notwendige Komponenten und Dienstleistungen müssen beschafft werden (Beschaffung),
- Produkte und Dienstleistungen müssen von der Idee zur Produktreife und Servicereife entwickelt werden (Entwicklung),
- Produkte und Dienstleistungen müssen geliefert werden (Lieferung),
- wenn das Produkt in Betrieb ist oder der Service verwendet wird (Betrieb), dann geht es um den reibungslosen Betrieb und
- die Beseitigung von Fehlern oder Anpassungen an veränderte Anforderungen (Wartung).

Organisatorische Prozesse

Hierunter werden alle Prozesse auf Organisationsebene zusammengefasst. Dazu gehören:

- das Linien- und Projektmanagement (Management),
- die Verbesserung der Prozesse (Optimierung),
- die Verwaltung der personellen und technischen Infrastruktur mit Training und Knowledge Management (Ressourcen) und
- die Prozesse, die eine Wiederverwendung von Ressourcen ermöglichen sollen (Reuse).

---

[129] Es gibt eine neuere Version der ISO/IEC 12207, die 2008 in Kraft getreten ist. Das Life-Cycle-Modell ist in der 2008-Version mehr auf die Software angepasst worden, so dass die Version von 1995 für Gender Diversity besser anwendbar ist.

Unterstützende Prozesse

Die unterstützenden Prozesse werden im Bereich der Primärprozesse und der organisatorischen Prozesse eingesetzt. Dazu gehören:

- Vorgehensweisen für das Festhalten von Ergebnissen (Dokumentation),
- die Versionierung und gesicherte, transparente Ablage von Ergebnissen und Zwischenergebnissen aller Art (Konfigurationsmanagement),
- die Sicherung der Produkt-/Service-Qualität durch Testverfahren und Einhaltung der Prozessschritte (Qualitätssicherung),
- die Prüfung, ob das Produkt/der Service den Anforderungen entspricht (Verifikation),
- die Prüfung, ob das Produkt/der Service die Erwartungen, die Kunden nicht explizit geäußert haben, aber der Verwendung entsprechen, erfüllt (Validierung),
- Abstimmungsprozesse (Review), die für alle Ergebnisse oder Zwischenergebnisse genutzt werden können,
- Verfahren für die Auditierung (Audit) und
- Vorgehensweisen um Fehler im Produkt/Service beheben zu können (Fehlermanagement) oder
- Änderungen durchführen zu können (Änderungsmanagement).

Abbildung 34 verdeutlicht die Zuordnung der Prozesse und Basispraktiken für Gender Diversity (Kapitel 5 bis 7) zu diesen drei Prozessgebieten von ISO 12207. Die weniger diversity-relevanten Prozesse sind in der Abbildung nicht aufgelistet, müssen allerdings mindestens einen Reifegrad-Level 2 aufweisen, um die Grundbedingung für Gender Diversity-Fähigkeit zu stellen.

ARBEITSHILFE
ONLINE

Primärprozesse	Organisatorische Prozesse
• **7.2 Anforderungsmanagement** • **7.6 Auswahl von GeschäftspartnerInnen und Lieferfirmen**	• **5. Gender Diversity-Management** • **6. Personalmanagement** • **7.3 Risikomanagement** • **7.4 Projektmanagement** • **7.5 Kennzahlermittlung** • **7.7 Marketing**

Unterstützende Prozesse
• **7.1 Qualitätssicherung** • **Alle Arbeitsprozesse müssen einen hohen Reifegrad vorweisen**

Abb. 34: Zuordnung der Gender Diversity-relevanten Prozesse zu den Prozessgebieten

Im Assessment untersuchen die AssessorInnen die im Unternehmen angewandten Vorgehensweisen und Prozesse und vergleichen diese mit dem Modell. Je höher die Übereinstimmung, die sie zwischen den ausgeführten Arbeitsschritten, den Unternehmensprozessen und den Basispraktiken im Assessment-Modell identifizieren können, umso besser fällt die Bewertung aus. Welche Bewertungsergebnisse möglich sind, zeigt Kapitel 8.2.

8.2   Die Stufen des Reifegrads

Die Prozesse werden für geringere Reifegrade getrennt voneinander bewertet. Einige Prozesse können Querbezüge aufweisen, bzw. die Ausführung eines Prozesses kann Voraussetzung für andere Prozesse sein. Meist können die Prozesse in diesem Modell jedoch problemlos getrennt voneinander betrachtet werden. Die folgende Definition der Stufen entspricht der Definition von ISO 15504:

Level 0: Unvollständig

Es ist kein Prozess erkennbar oder der Zweck des Prozesses wird nicht oder nur in nicht ausreichendem Ausmaß erreicht. Gute Produkte oder Services können dennoch erzeugt oder geleistet werden, jedoch beruhen diese allein auf dem Engagement und der Leistung der einzelnen Teammitglieder.

Level 1: Durchgeführt

Es wird ein Prozess angewendet, der zweckmäßig ist. Dies kann daran festgemacht werden, dass die Basispraktiken der Prozesse des Assessment-Modells durchgeführt werden und dort beschriebene Ergebnisse erzielt werden.

Level 2: Gemanagt

Der durchgeführte Prozess (z. B. das Risikomanagement) wird geplant und es wird kontrolliert, ob die Ziele erreicht werden. Um die Ergebnisse zu sichern, wird ein Konfigurationsmanagement (oder auch Dokumenten- und Datenmanagement) eingesetzt, das die Arbeit an den Arbeitsprodukten nachvollziehbar macht.

Level 3: Etabliert

Es gibt für projektbezogene Prozesse einen organisationsweiten Standardprozess, der nach gewissen Regeln für die Projekte zugeschnitten werden kann (Tailoring). Der Standardprozess ist anerkannt und wird gelebt.

Level 4: Vorhersagbar

Für einen etablierten Prozess muss für Level 4 ein detailliertes Verständnis über die Verwendung einzelner Methoden erreicht werden, so dass die Ausführung zu vorhergesagten Ergebnissen führt. Die Prozesszielerreichung wird quantitativ überwacht und gesteuert.

Level 5: Optimierend

Die Prozessziele werden aus den Geschäftszielen abgeleitet und die Zielerreichung wird regelmäßig überprüft. Es wird nicht nur — wie auf Level 4 — gegengesteuert, sondern es wird aktiv nach neuen Methoden und Erkenntnissen gesucht, die in die bestehenden Prozesse eingebaut werden, um diese zu optimieren.

Diese Abstufung wird häufig als Pyramide mit dem Level 5 „Optimierend" als Spitze dargestellt. Die Pyramide verdeutlicht den Aufstieg von einer Stufe zur nächsten, wobei die Spitze die beste Bewertung darstellt.

ARBEITSHILFE
ONLINE

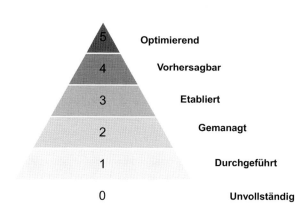

Abb. 35: Die Pyramide der Reifegradstufen

Für jede Reifegradstufe sind Prozessattribute (PA) definiert, die erfüllt sein müssen, damit die Stufe erreicht wird. Die Prozessattribute werden verwendet, da sie einen guten Hinweis geben, wo für die jeweilige Stufe die Stärken oder auch Schwächen liegen.

Auf Level 0 sind keine Prozessattribute definiert, da es entweder noch keine entsprechenden Unternehmens-Prozesse gibt oder aber die Ziele nicht erreicht werden.

Für alle anderen Level sind für die Erfüllung der Prozessattribute generische Praktiken (GP) bestimmt, die eine weitere Detaillierung der zu prüfenden Schritte ist.

ARBEITSHILFE
ONLINE

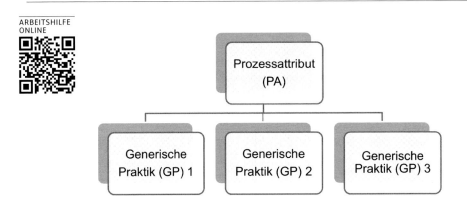

Abb. 36: Gliederung eines Prozessattributes in mehrere generische Praktiken

Falls die Definitionen der Prozessattribute und der generischen Praktiken nicht übereinstimmen sollten, sind bei einer Beurteilung die Forderungen, die durch das Prozessattribut gestellt werden, stärker zu gewichten als die der generischen Praktiken. Die Spezifikationen für die Prozessattribute (PAs) erfolgen in den nachfolgenden Abschnitten und entsprechen weitestgehend den Festlegungen der VDA-Norm (VDA 2007), die ISO 15504 ins Deutsche übersetzt hat.

8.2.1 Durchgeführt – Level 1

Das Prozessattribut PA 1.1 und die generische Praktik GP 1.1.1 sind sehr kurz und nahezu selbsterklärend (siehe unten). Die Erreichung von Level 1 stellt in den meisten Fällen eine große Hürde dar, da für die Prozessausführung ein bewusstes Handeln notwendig ist und auch alle erwähnten Ergebnisse dokumentiert sein müssen. Es spielt keine Rolle, wie und wo die Ergebnisse dokumentiert sind (als Textdateien, in Datenbanken, auf Zetteln, in E-Mails, etc.), sie müssen jedoch vorzeigbar sein. Im Assessment zählt nur, was gezeigt werden kann. Die Ziele zu jedem Prozess ergeben sich aus den Basispraktiken bzw. sind in der ISO 15504 ausführlicher mit ihren erzielten Ergebnissen, den Arbeitsprodukten bzw. Work Products beschrieben. Auf eine Spezifikation der Arbeitsprodukte für Gender Diversity wurde verzichtet, da sie analog zu vergleichbaren Arbeitsprodukten erstellt werden sollte. Die Gliederung der Gender Diversity-Strategie ist analog zu einer Qualitätsstrategie zu sehen, wobei sich die speziellen Inhalte aus den Basispraktiken des Prozessgebiets ergeben.

> **!**   **WICHTIG**   **Reifegrad-Level 1**[130]

PA 1.1   **Prozessdurchführung**

Das Attribut Prozessdurchführung ist ein Maß dafür, inwieweit der Prozesszweck erreicht wurde. Wenn dieses Attribut voll erfüllt ist, erreicht der Prozess seine definierten Ziele.

GP 1.1.1   Realisierung der Prozessergebnisse durch die Umsetzung der Basispraktiken und die Erstellung der Arbeitsprodukte, mit denen die Prozessergebnisse nachgewiesen werden.

BESONDERE Fallstricke

Für den Reifegrad-Level 1 muss ein Projekt aus dem operationellen Umfeld ausgewählt werden, dessen Arbeitsprozesse auf Gender-Fähigkeit assessiert werden sollen. Das Gender Diversity-Management und das Personalmanagement sind meist zentral im Unternehmen organisiert und müssen für ihren Bereich die Ausführung der Basispraktiken nachweisen. Es ist auf jeden Fall das für das ausgewählte Projekt verantwortliche Gender Diversity- und Personalmanagement zu bewerten und nicht ein davon unabhängiges. Aus dem Unternehmensorganigramm sollte die Zuständigkeit erkennbar sein.
Wenn keine Reifegrad-Beurteilung nach standardisierten Assessmentverfahren für die operationellen Prozesse vorliegt, kann keine endgültige Aussage über die operationellen Prozesse gemacht werden. Im GeDiCap-Assessment können nur die speziellen Anforderungen, die für eine gender-fähige Ausprägung zu erfüllen sind, geprüft werden. Für den Qualitätssicherungsprozess (Kapitel 7.1) etwa können in diesem Fall nur Indizien für die Vermeidung von Qualitätsverhinderungsmechanismen, wie Anwesenheitskultur oder Graue

---

[130] VDA (2007)

Eminenzen, oder die ausreichende Repräsentanz von Frauen und Männern in den Entscheidungsteams geprüft werden.

Falls eine ISO 9000 Zertifizierung vorliegt, kann diese als Basis angegeben werden und mit einer Beurteilung über die Gender-Aspekte ergänzt werden.

Nur ausgebildete SPICE AssessorInnen können den Reifegrad exakt bestimmen. Ohne diese Expertise ist nur eine eingeschränkte Aussage über die Prozesse und ihre Gender-Fähigkeit möglich. Die eingeschränkte Gender-Fähigkeit auf Level 1 besagt dann, dass alle Basispraktiken, soweit sie Ergebnisse oder Arbeitsschritte für die Gender-Aspekte betreffen, nachgewiesen wurden, aber keine abschließende Beurteilung der Reifegrade vorliegt.

8.2.2 Gemanagt – Level 2

Damit ein Prozess, wie z. B. der Prozess Risikomanagement, den Level 2 — „Gemanagt" erhalten kann, müssen zwei Prozessattribute erfüllt sein:

- das Durchführungs-Management (PA 2.1) und
- das Arbeitsprodukt-Management (PA 2.2).

Für das Prozessattribut PA 2.1 müssen die Ziele des Prozesses definiert sein und alle Tätigkeiten, die für den Prozess ausgeführt werden, müssen geplant sein. Kurz und knapp formuliert: Die Grundsätze guter Projektleitung sind auf den Prozess anzuwenden.

Das Prozessattribut PA 2.2 verlangt eine effiziente Verwaltung der Arbeitsprodukte, die der Art und dem Umfang der Arbeitsprodukte gerecht wird. Arbeitsprodukte sind alles, was bei der Ausführung eines Prozesses erzeugt oder verwendet wird. Das sind bei Managementprozessen meist Dokumente und Datensätze, die für alle, die damit arbeiten, zur Verfügung gestellt werden müssen und deren Aktualität ersichtlich sein muss. So sind Pläne im Projektmanagement zu versionieren und für alle Betroffenen effizient zugänglich zu machen. Für die Erreichung von Level 1 muss es bereits einen Plan geben — allerdings kann dieser in beliebiger Form vorliegen. Für Level 2 müssen vorgegebene Mindeststandards, die selbst definiert werden und ein effizientes Arbeiten unterstützen, eingehalten werden.

PA 2.2 kann recht einfach erreicht werden, wenn ein entsprechendes Tool für die Verwaltung von Dokumenten und Arbeitsprodukten verwendet wird. Tools werden jedoch nicht vorausgesetzt. Kleine Organisationen oder Projekte können auch ohne zusätzliche Tools auskommen und z. B. ein Namensschema für Versionen und eine definierte Datei-Ablagestruktur verwenden. Bei größeren Projekten sollte unbedingt Toolunterstützung verwendet werden.

Level 2 scheitert meist an PA 2.1, da hier die systematische Auseinandersetzung mit dem Prozess, dessen Zielen und der zur Ausführung benötigten Ressourcen verlangt wird. Das Management als zu verwaltende Aufgabe anzusehen, fällt vielen Unternehmen am Anfang schwer.

! **WICHTIG   Reifegrad-Level 2**[131]

PA 2.1   Durchführungs-Management

Das Attribut ist Maß dafür, inwieweit die Durchführung des Prozesses gesteuert ist.

Wenn dieses Attribut voll erfüllt ist,

a) sind die Ziele für die Prozessdurchführung ermittelt.

b) ist die Prozessdurchführung geplant und überwacht.

c) ist die Prozessdurchführung so angepasst, dass sie die Pläne erfüllt.

d) sind die Zuständigkeiten und Befugnisse für die Prozessdurchführung definiert, zugewiesen und kommuniziert.

e) sind die für die Prozessdurchführung erforderlichen Ressourcen und Informationen ermittelt, zur Verfügung gestellt, zugewiesen und genutzt.

f) sind die Schnittstellen zwischen den beteiligten Bereichen geregelt, um sowohl eine effektive Kommunikation als auch eine eindeutige Vergabe der Zuständigkeiten sicherzustellen.

GP 2.1.1 Identifikation der Ziele für die Durchführung des Prozesses

Anmerkung: Durchführungsziele können

---

[131] VDA (2007)

(1) die Qualität der erzeugten Arbeitsprodukte,

(2) die Prozessdurchlaufzeit bzw. -frequenz,

(3) den Ressourceneinsatz und

(4) die Prozessgrenzen beinhalten.

Die Durchführungsziele sind auf Basis der Prozessanforderungen identifiziert.

Der Umfang der Prozessdurchführung ist definiert.

Bei der Festlegung der Durchführungsziele sind Annahmen und Beschränkungen mit berücksichtigt.

GP 2.1.2 Planung und Überwachung der Prozessdurchführung zur Erreichung der festgelegten Ziele

Ein Plan bzw. Pläne für die Durchführung des Prozesses sind entwickelt.

Der Prozessdurchführungszyklus ist definiert.

Schlüsselmeilensteine für die Durchführung des Prozesses sind festgelegt.

Schätzungen für die Prozessdurchführungs-Attribute sind bestimmt und gepflegt.

Die Prozessaktivitäten und -aufgaben sind definiert.

Der Zeitplan ist festgelegt und auf den Ansatz zur Durchführung des Prozesses abgestimmt.

Reviews für die Arbeitsprodukte des Prozesses sind geplant.

Der Prozess ist gemäß dem Plan bzw. den Plänen durchgeführt.

Die Prozessdurchführung ist überwacht, um zu gewährleisten, dass die geplanten Ergebnisse erreicht werden.

GP 2.1.3 Anpassung der Prozessdurchführung

Probleme bei der Prozessdurchführung sind identifiziert.

Bei Nichterreichen geplanter Ergebnisse und Ziele werden geeignete Maßnahmen ergriffen.

Nach Bedarf wird der Plan/werden die Pläne angepasst.

Der Zeitplan wird entsprechend angepasst.

GP 2.1.4 Definition von Zuständigkeiten und Befugnissen für die Prozessdurchführung

Die Zuständigkeiten, Verpflichtungen und Befugnisse für die Durchführung des Prozesses sind definiert, zugewiesen und kommuniziert.

Die Zuständigkeiten und Befugnisse für die Verifikation der Prozessarbeitsprodukte sind definiert und zugewiesen.

Es ist der für die Prozessdurchführung erforderliche Bedarf an Erfahrung, Kenntnissen und Qualifikationen definiert.

GP 2.1.5 Ermittlung und Bereitstellung der Ressourcen zur planmäßigen Durchführung des Prozesses

Die für die Durchführung des Prozesses erforderlichen personellen und infrastrukturellen Ressourcen sind ermittelt, zur Verfügung gestellt, zugewiesen und genutzt.

Die für die Prozessdurchführung erforderlichen Informationen sind ermittelt und zur Verfügung gestellt.

Die erforderliche Infrastruktur und die notwendigen Hilfsmittel sind bestimmt und zur Verfügung gestellt.

GP 2.1.6 Management der Schnittstellen zwischen den Beteiligten

Die an der Prozessdurchführung beteiligten Einzelpersonen und Gruppen sind bestimmt.

Den Beteiligten sind Zuständigkeiten zugewiesen.

Die Schnittstellen zwischen den Beteiligten werden überwacht.

Die Kommunikation zwischen den Beteiligten ist sichergestellt.

Die Kommunikation zwischen den Beteiligten ist effektiv.

PA 2.2   Arbeitsprodukt-Management

Das Attribut Arbeitsprodukt-Management ist Maß dafür, inwieweit die von dem Prozess erzeugten Arbeitsprodukte angemessen verwaltet sind.

Wenn dieses Attribut voll erfüllt ist, sind

a) die Anforderungen an die Arbeitsprodukte des Prozesses definiert.

b) die Anforderungen an die Dokumentation und die Kontrolle der Arbeitsprodukte definiert.

c) die Arbeitsprodukte angemessen identifiziert, dokumentiert und kontrolliert.

d) die Arbeitsprodukte gemäß den geplanten Regelungen überprüft und nach Bedarf angepasst und erfüllen die Anforderungen.

GP 2.2.1 Definition der Anforderungen an die Arbeitsprodukte

Die Anforderungen an die zu erzeugenden Arbeitsprodukte sind definiert. Die Anforderungen können die Definition der Inhalte und der Struktur beinhalten.

Die Qualitätskriterien für die Arbeitsprodukte sind festgelegt.

Geeignete Review- und Freigabekriterien für die Arbeitsprodukte sind definiert.

GP 2.2.2 Definition der Anforderungen an die Dokumentation und Kontrolle der Arbeitsprodukte

Die Anforderungen an die Dokumentation und Kontrolle der Arbeitsprodukte sind definiert. Dazu können Anforderungen an

(1) die Verteilung,

(2) die Benennung der Arbeitsprodukte und ihrer Teile sowie

(3) die (Rück-)Verfolgbarkeit gehören.

Die Abhängigkeiten zwischen den Arbeitsprodukten sind festgestellt und verstanden.

Die Anforderungen an die Freigabe der zu kontrollierenden Arbeitsprodukte sind definiert.

GP 2.2.3 Identifikation, Dokumentation und Kontrolle der Arbeitsprodukte

Die zu kontrollierenden Arbeitsprodukte sind identifiziert.

In Bezug auf die Arbeitsprodukte ist eine Änderungskontrolle eingeführt.

Die Arbeitsprodukte sind gemäß den Anforderungen dokumentiert und kontrolliert.

Zugehörige Versionen der Arbeitsprodukte sind den Produktkonfigurationen zugewiesen.

Die Arbeitsprodukte sind über geeignete Zugangsmechanismen zur Verfügung gestellt.

Der Revisionsstatus der Arbeitsprodukte kann leicht nachgeprüft werden.

GP 2.2.4 Überprüfung und Anpassung der Arbeitsprodukte, so dass sie den definierten Anforderungen entsprechen

Die Arbeitsprodukte sind gemäß den geplanten Regelungen anhand der festgelegten Anforderungen überprüft.

Abweichungen, die bei der Überprüfung der Arbeitsprodukte identifiziert werden, werden behoben.

BESONDERE Fallstricke

Im Personalmanagement und Gender Diversity-Management ist ein Nachweis über die entsprechenden Planungs- und Managementvorgänge notwendig. Dazu sind die Verantwortlichen für die beiden Disziplinen und Ausführende zu befragen.

Den Level 2 im Bereich Personalmanagement und Gender Diversity-Management können GeDiCap-AssessorInnen mit entsprechender Erfahrung bestimmen. Für die operationellen Prozesse muss die Bewertung von jeweiligen Fach-AssessorInnen durchgeführt worden sein, um zu einer abschließenden Beurteilung zu kommen.

8.2.3 Etabliert – Level 3

Ein Prozess kann erst dann Level 3 erreichen, wenn es organisationsweit einen Standardprozess gibt, der für alle Projekte gültig ist, gelebt wird und unter bestimmten Rahmenbedingungen angepasst werden kann. Eine Organisation wird durch ihren Geschäftsbereich begrenzt und hat typischerweise Geschäftsziele und ein geschäftsführendes Management, das für die Zielerreichung verantwortlich ist.

Bis Level 2 können Prozesse auch für Unter-Organisationseinheiten oder für einzelne Projekte definiert sein. Ein Gender-Management-Prozess könnte z. B. von der Personalleitung lediglich für die eigene Abteilung definiert sein. Dies kann jedoch maximal zu einer Level 2-Bewertung des Gender-Management-Prozesses führen.

Als Steigerung zu Level 2 hat Level 3 zum Ziel, die Organisation als Ganzes durch bewusstes und effizientes Handeln

- zu einem einheitlichen Verständnis nach einem Standardprozess (PA 3.1 Prozessdefinition) zu führen und
- diesen Standardprozess auch aktiv zu leben (PA 3.2 Prozessanwendung).

Das vereinfacht den Wechsel von MitarbeiterInnen von einer Abteilung zur anderen und ermöglicht, die Prozessziele mit den Organisationszielen — wie etwa die Erreichung bestimmter Marktanteile oder Kundenzufriedenheit — miteinander zu verbinden und zu optimieren. Für Abteilungen oder Projekte kann das Tailoring von Gender-Aspekten notwendig werden. Falls eine Abteilung auf ExpertInnen aus einem bestimmten Land angewiesen ist und es dort z. B. keine Männer gibt, die den Beruf ausüben, dann kann dies ein akzeptabler Grund für eine Abweichung vom Standardprozess darstellen.

Die beiden Prozessattribute mit ihren generischen Praktiken sind im Folgenden dargestellt.

> **!**   **WICHTIG**   **Reifegrad-Level 3**[132]

PA 3.1   **Prozessdefinition**

Das Attribut Prozessdefinition ist ein Maß dafür, inwieweit ein Standardprozess in Anwendung ist, um die Durchführung des definierten Prozesses zu unterstützen.

Wenn dieses Attribut voll erfüllt ist,

a) ist ein Standardprozess (einschließlich geeigneter Tailoring Guidelines) definiert, der die grundlegenden Elemente festlegt, die in einen definierten Prozess aufgenommen werden müssen.

b) sind die Reihenfolge und das Zusammenwirken des Standardprozesses mit anderen Prozessen bestimmt.

c) sind die für die Durchführung eines Prozesses erforderlichen Kompetenzen und Rollen als Teil des Standardprozesses ermittelt.

d) sind die für die Durchführung eines Prozesses erforderliche Infrastruktur und Arbeitsumgebung als Teil des Standardprozesses ermittelt.

e) sind geeignete Methoden für die Überwachung der Effektivität und Eignung des Prozesses bestimmt.

GP 3.1.1   Definition des Standardprozesses, der die Anwendung des definierten Prozesses unterstützt

Ein Standardprozess ist entwickelt, der die grundlegenden Prozesselemente umfasst.

Durch den Standardprozess sind die Prozessziele und der Anwendungskontext festgelegt.

---

[132] VDA (2007)

Anweisungen und/oder Verfahren stehen zur Verfügung, mit denen die Umsetzung des Prozesses nach Bedarf unterstützt wird.

Nach Bedarf steht/stehen (eine) angemessene Tailoring Guideline(s) zur Verfügung.

GP 3.1.2 Bestimmung der Reihenfolge und des Zusammenwirkens der Prozesse, so dass sie als integriertes Prozesssystem funktionieren

Reihenfolge und Zusammenwirken des Standardprozesses sind mit anderen Prozessen abgestimmt.

Die Anwendung des Standardprozesses als ein definierter Prozess wahrt die Integrität der Prozesse.

GP 3.1.3 Ermittlung der Rollen und Kompetenzen für die Durchführung des Standardprozesses

Die Rollen für die Prozessdurchführung sind festgelegt.

Die für die Durchführung des Prozesses erforderlichen Kompetenzen sind ermittelt.

GP 3.1.4 Ermittlung der für die Durchführung des Standardprozesses erforderlichen Infrastruktur und Arbeitsumgebung

Die Elemente der Prozessinfrastruktur sind ermittelt (Hilfsmittel, Tools, Netzwerke, Methoden, etc.).

Die Anforderungen an die Arbeitsumgebung sind ermittelt.

GP 3.1.5 Bestimmung geeigneter Methoden für die Überwachung der Effektivität und Eignung des Standardprozesses

Methoden für die Überwachung der Effektivität und Eignung des Prozesses sind bestimmt.

Die für die Überwachung der Effektivität und Eignung des Prozesses notwendigen Kriterien und Daten sind festgelegt.

Die Charakteristika des Prozesses sind festgelegt.

Der Bedarf an internen Audits und Management-Reviews ist festgelegt.

Prozessänderungen zur Pflege des Standardprozesses sind umgesetzt.

PA 3.2   Prozessanwendung

Das Attribut Prozessanwendung ist ein Maß dafür, inwieweit der Standardprozess als ein definierter Prozess effektiv angewendet wird, um seine Prozessergebnisse zu realisieren.

Wenn dieses Attribut voll erfüllt ist,

a) ist ein auf einem adäquat gewählten und/oder zugeschnittenen Standardprozess basierender definierter Prozess angewendet.

b) sind die für die Durchführung des definierten Prozesses erforderlichen Rollen, Verantwortlichkeiten und Kompetenzen zugewiesen und mitgeteilt.

c) sind die Mitarbeiter, die den definierten Prozess durchführen, aufgrund ihrer entsprechenden Ausbildung, Schulung und Erfahrung qualifiziert.

d) sind die für die Durchführung des definierten Prozesses erforderlichen Ressourcen und Informationen zur Verfügung gestellt, zugewiesen und genutzt.

e) ist die für die Durchführung des definierten Prozesses erforderliche Infrastruktur und Arbeitsumgebung zur Verfügung gestellt, verwaltet und gepflegt.

f) sind geeignete Daten erhoben und analysiert, die als Grundlage dafür dienen, das Verhalten des Prozesses zu verstehen, die Eignung und Effektivität des Prozesses nachzuweisen und einzuschätzen, wo eine kontinuierliche Verbesserung des Prozesses erfolgen kann.

GP 3.2.1 Anwendung eines definierten Prozesses, der die kontextspezifischen Anforderungen an die Nutzung des Standardprozesses erfüllt

Der definierte Prozess ist angemessen gewählt und/oder der Standardprozess ist angepasst.

Die Konformität des definierten Prozesses mit den Standardprozessanforderungen ist verifiziert.

GP 3.2.2 Zuweisung und Bekanntgabe der Rollen, Verantwortlichkeiten und Kompetenzen für die Durchführung des definierten Prozesses

Die Rollen für die Durchführung des definierten Prozesses sind zugewiesen und kommuniziert.

Die Verantwortlichkeiten und Kompetenzen für die Durchführung des definierten Prozesses sind zugewiesen und kommuniziert.

GP 3.2.3 Sicherstellung der für die Durchführung des definierten Prozesses notwendigen Qualifikationen

Die notwendigen Qualifikationen für die mit der Durchführung des definierten Prozesses betrauten Mitarbeiter sind ermittelt.

Die mit der Durchführung des definierten Prozesses betrauten Mitarbeiter sind angemessen geschult.

GP 3.2.4 Bereitstellung von Ressourcen und Informationen, mit denen die Durchführung des definierten Prozesses unterstützt wird

Die erforderlichen personellen Ressourcen sind zur Verfügung gestellt, zugewiesen und genutzt.

Die für die Durchführung des definierten Prozesses erforderlichen Informationen sind zur Verfügung gestellt, zugewiesen und genutzt.

GP 3.2.5 Bereitstellung einer angemessenen Prozessinfrastruktur, mit der die Durchführung des definierten Prozesses unterstützt wird

Die erforderliche Infrastruktur und Arbeitsumgebung steht zur Verfügung.

Die für die effektive Verwaltung und Pflege der Infrastruktur und Arbeitsumgebung erforderliche organisatorische Unterstützung steht zur Verfügung.

Infrastruktur und Arbeitsumgebung sind genutzt und gepflegt.

GP 3.2.6 Erhebung und Analyse von Daten über die Durchführung des definierten Prozesses, um die Eignung und Effektivität des Prozesses nachzuweisen

Die Daten, die erforderlich sind, um das Verhalten, die Eignung und die Effektivität des definierten Prozesses zu verstehen, sind festgelegt.

Die Daten, um das Verhalten, die Eignung und die Effektivität des definierten Prozesses zu verstehen, sind erhoben und analysiert.

Die Ergebnisse der Analyse werden zur Ermittlung der Stellen des Standardprozesses und/oder definierten Prozesses herangezogen, an denen eine kontinuierliche Verbesserung vorgenommen werden kann.

BESONDERE Fallstricke

Für den Gender Diversity-Prozess und den Personalmanagement-Prozess ist Level 3 leicht erreichbar, sofern Level 1 und 2 erfüllt sind, da diese Prozesse meist organisationsweit definiert sind. Es ist lediglich zu prüfen, ob die Prozesse organisationsweit auch angewandt werden. Es darf hier nicht nur ein Projekt aus dem operationellen Umfeld betrachtet werden, sondern es wird geprüft, ob andere Projekte mit den gleichen Standardprozessen arbeiten.

Falls keine Reifegradbeurteilung der operationellen Prozesse von offiziellen SPICE-AssessorInnen vorliegt, kann über Level 3 der Gender-Fähigkeit keine endgültige Aussage gemacht werden. Alle operationellen Prozesse müssen dazu auf dem Reifegrad-Level 2 sein.

8.2.4   Vorhersagbar – Level 4

Für Level 4 muss ein quantitatives Verständnis der Ausführung des Prozesses erreicht sein. Begleitend zum Prozess werden Messungen durchgeführt, die die Zielerreichung sicherstellen sollen. Aufgrund der Messergebnisse wird bei Bedarf die Prozessausführung — bei Über- oder Unterschreiten bestimmter Grenzwerte — angepasst und zudem analysiert, ob die verwendeten Parameter und Grenzwerte der Situation angemessen sind (PA 4.2 Prozesskontrolle).

Für Personalmanagement-Prozesse muss beispielsweise quantitativ messbar sein, durch welche Maßnahmen die Gender Diversity-Ziele erreicht wurden und wie die verschiedenen Methoden sich auf andere Ziele (z. B. Budgetziele) auswirken.

Voraussetzung für die Vorhersagbarkeit ist eine effiziente Messmethode. Alle manuellen Messungen oder Werte, die aus einer Quelle händisch in die Auswertung übertragen werden, sind fehleranfällig. Diese Schwachstelle muss bei der Auswertung berücksichtigt werden, um Fehlinterpretationen zu vermeiden. Die beiden Prozessattribute mit ihren generischen Praktiken sind im Folgenden dargestellt.

!   **WICHTIG**   **Reifegrad-Level 4**[133]

PA 4.1   Prozessmessung

Das Attribut Prozessmessung zeigt auf, inwieweit Messergebnisse verwendet werden, um zu gewährleisten, dass die Prozessdurchführung die Realisierung der jeweiligen Prozessdurchführungsziele im Sinne der definierten Unternehmensziele unterstützt.

Wenn dieses Attribut voll erfüllt ist,

a) ist der Prozessinformationsbedarf zur Unterstützung der maßgeblichen Unternehmensziele ermittelt.

b) sind die Ziele für die Prozessmessung aus dem ermittelten Prozessinformationsbedarf abgeleitet.

c) sind die quantitativen Ziele für die Prozessdurchführung zur Unterstützung der maßgeblichen Unternehmensziele festgelegt.

d) sind in Übereinstimmung mit den Zielen für die Prozessmessung und den quantitativen Zielen für die Prozessdurchführung die Kennzahlen und die Häufigkeit der Messung ermittelt und definiert.

e) sind die Ergebnisse der Messungen erfasst, analysiert und berichtet, um zu überwachen, inwiefern die quantitativen Ziele für die Prozessdurchführung erfüllt sind.

f) sind die Messergebnisse zur Charakterisierung der Prozessdurchführung genutzt.

---

[133] VDA (2007)

GP 4.1.1 Ermittlung des Prozessinformationsbedarfs in Bezug auf die Unternehmensziele

Die für die Festlegung der quantitativen Ziele der Prozessmessung relevanten Unternehmensziele sind ermittelt.

Die am Prozess beteiligten Stakeholder sind ermittelt und ihr Informationsbedarf ist definiert.

Der Informationsbedarf unterstützt die maßgeblichen Unternehmensziele.

GP 4.1.2 Ableitung der Ziele für die Prozessmessung aus dem Prozessinformationsbedarf

Ziele der Prozessmessung sind definiert, um den definierten Prozessinformationsbedarf zu erfüllen.

GP 4.1.3 Festlegung quantitativer Ziele für die Durchführung des definierten Prozesses entsprechend der Abstimmung des Prozesses auf die Unternehmensziele

Die Prozessdurchführungsziele sind so definiert, dass sie die Unternehmensziele explizit abbilden.

Die Prozessdurchführungsziele sind zusammen mit dem zuständigen Management und dem/den Prozessverantwortlichen dahingehend verifiziert, ob sie realistisch und brauchbar sind.

GP 4.1.4 Ermittlung von Kennzahlen für die Produkte und Prozesse, die die Erfüllung der quantitativen Ziele für die Prozessdurchführung unterstützen

Detaillierte Kennzahlen sind definiert, mit deren Hilfe der Überwachungs-, Analyse- und Verifikationsbedarf der Prozess- und Produktziele unterstützt wird.

Kennzahlen sind definiert, um die Prozessmessung und Durchführungsziele zu erfüllen.

Die Häufigkeit, mit der Daten erhoben werden, ist definiert.

Gegebenenfalls sind Algorithmen und Methoden definiert, um aus direkten Kennzahlen abgeleitete Kennzahlen zu erzeugen.

Ein Verifikationsmechanismus für direkte und abgeleitete Kennzahlen ist definiert.

GP 4.1.5 Erhebung von Produkt- und Prozessmessergebnissen während der Durchführung des definierten Prozesses

Ein Datenerhebungsmechanismus für alle ermittelten Kennzahlen ist geschaffen.

Die geforderten Daten sind auf effektive und zuverlässige Weise erhoben.

Die Messergebnisse sind gemäß der festgelegten Häufigkeit aus den erhobenen Daten erzeugt.

Eine Analyse der Messergebnisse wird in der festgelegten Frequenz durchgeführt.

Die Messergebnisse sind den Verantwortlichen zur Überwachung der Erreichung der qualitativen/quantitativen Ziele mitgeteilt.

GP 4.1.6 Nutzung der Ergebnisse aus der definierten Messung zur Überwachung und Verifizierung, ob die Prozessdurchführungsziele erfüllt werden

Statistische oder ähnliche Verfahren sind angewendet, um Prozessdurchführung und Prozessfähigkeit innerhalb definierter Kontrollgrenzen quantitativ zu verstehen.

Tendenzen des Prozessverhaltens sind ermittelt.

PA 4.2   Prozesskontrolle

Das Attribut Prozesskontrolle ist Maß dafür, inwieweit der Prozess quantitativ gesteuert ist, um innerhalb definierter Grenzen einen stabilen, fähigen und vorhersagbaren Prozess zu erzeugen.

Wenn dieses Attribut voll erfüllt ist, sind

a) in angemessener Weise geeignete Analyse- und Kontrollverfahren bestimmt und angewendet.

b) für die Kontrolle der normalen Prozessdurchführung Prozessstreubereiche festgelegt.

c) die Messdaten auf Ursachen für besondere Abweichungen analysiert.

d) Korrekturmaßnahmen als Reaktion auf Ursachen für besondere Abweichungen vorgenommen.

e) nach den Korrekturmaßnahmen die Kontrollgrenzen (ggf.) neu festgelegt.

GP 4.2.1 Bestimmung der Analyse- und Kontrollverfahren, die für die Kontrolle der Prozessdurchführung angemessen sind

Analysemethoden und -verfahren für die Prozesskontrolle sind definiert.

Die ausgewählten Verfahren sind anhand der Prozesskontrollziele validiert.

GP 4.2.2 Definition von Parametern, die für die Kontrolle der Prozessdurchführung geeignet sind

Die Definition des Standardprozesses ist abgeändert, so dass die ausgewählten Parameter für die Prozesskontrolle aufgenommen werden können.

Die Kontrollgrenzen für die ausgewählten direkten und abgeleiteten Messergebnisse sind definiert.

GP 4.2.3 Analyse der Prozess- und Produkt-Messergebnisse, um Schwankungen in der Prozessdurchführung feststellen zu können

Kennzahlen für die Analyse der Prozessdurchführung sind eingesetzt.

Alle Vorfälle sind protokolliert, in denen die definierten Kontrollgrenzen überschritten wurden.

Jede Überschreitung der Kontrollgrenzen ist untersucht, um die potenzielle(n) Schwankungsursache(n) ermitteln zu können.

Die speziellen Ursachen für die Schwankung der Leistung sind bestimmt.

Die Ergebnisse stehen den für die Ergreifung von Maßnahmen verantwortlichen Personen zur Verfügung.

GP 4.2.4 Ermittlung und Umsetzung von Korrekturmaßnahmen zur Behandlung zurechenbarer Ursachen

Korrekturmaßnahmen zur Behandlung jeder zurechenbaren Ursache sind festgelegt.

Korrekturmaßnahmen zur Behandlung zurechenbarer Schwankungsursachen sind umgesetzt.

Die Ergebnisse der Korrekturmaßnahmen sind überwacht.

Die Korrekturmaßnahmen sind evaluiert, um ihre Effektivität zu bestimmen.

GP 4.2.5 Erneute Festlegung der Kontrollgrenzen nach Korrekturmaßnahmen

Die Prozesskontrollgrenzen sind (nach Bedarf) neu berechnet, da sie Prozessänderungen und Korrekturmaßnahmen widerspiegeln sollen.

BESONDERE Fallstricke

Level 4 ist nur mit dem Einsatz entsprechender Tools zu erreichen, da eine manuelle Bearbeitung von Daten nicht hinreichend zuverlässig ist. Für das Gender Diversity-Management und das Personalmanagement ist eine Schwankungsbreite im Erfolg der eingeleiteten Maßnahmen normal. Die Schwankungen sollten jedoch analysiert und interpretiert werden.
Falls für die operationellen Prozesse keine Reifegradbeurteilung vorliegt, können diese Prozesse nicht abschließend beurteilt werden. Sie müssten mindestens den Reifegrad-Level 2 haben, um gender-gerecht zu sein.

8.2.5 Optimierend – Level 5

Für Level 5 muss eine Strategie zur ständigen Verbesserung der Prozesse zur Erreichung der kurzfristigen und langfristigen Geschäftsziele vorliegen. Aktiv werden neue Verfahren in entsprechenden Veröffentlichungen oder adäquaten Quellen gesucht, auf ihren Nutzen für das Unternehmen untersucht und in Pilotprojekten ausprobiert, bevor sie Bestandteil des Standardprozesses werden. Für die Bewertung des Pilotprojekts werden die Werte, die vor der Einführung der Änderung erreicht wurden, mit denen verglichen, die mit dem Pilotprojekt erzielt werden.

Ein Prozess auf Level 5 unterscheidet sich von Level 4 durch sein aktives, aber schonendes Vorgehen bei der Einführung von Veränderungen, die den Betrieb so wenig wie möglich stören sollen. Bei der Auswahl des Pilotprojekts wird auf die Größe und die Situation im Projekt geachtet, was mit den potenziellen Verbesserungen — wie z. B. einer Effektivitätssteigerung oder Gewinnsteigerungen — im Einklang stehen muss.

Die beiden Prozessattribute PA 5.1 Prozessinnovation und PA 5.2 Prozessoptimierung mit ihren generischen Praktiken sind im Folgenden dargestellt.

> **!**   **WICHTIG**   **Reifegrad-Level 5**[134]

PA 5.1   **Prozessinnovation**

Das Attribut Prozessinnovation ist Maß dafür, inwieweit die Änderungen des Prozesses aus der Analyse der allgemeinen Ursachen für die Leistungsschwankung festgelegt und den Untersuchungen der innovativen Ansätze für die Prozessdefinition und -anwendung festgestellt werden.

Wenn dieses Attribut voll erfüllt ist,

a) sind die Prozessverbesserungsziele definiert, die die relevanten Unternehmensziele unterstützen.

b) sind die entsprechenden Daten analysiert, um die allgemeinen Ursachen für die Schwankungen der Prozessdurchführung zu ermitteln.

c) sind die entsprechenden Daten analysiert, um Möglichkeiten für Best Practice und Innovation zu ermitteln.

d) ist Verbesserungspotenzial ermittelt, das sich aus neuen Technologien und Prozesskonzepten ergibt.

---

[134]   VDA (2007)

e) ist eine Implementierungsstrategie festgelegt, damit die Prozessverbesserungsziele erreicht werden.

GP 5.1.1 Definition der Prozessverbesserungsziele für den Prozess, die die relevanten Unternehmensziele unterstützen

Richtlinien für die Prozessinnovation sind festgelegt.

Neue Geschäftsvisionen und -ziele sind analysiert und liefern eine Hilfestellung für neue Prozessziele und potenzielle Prozessänderungsbereiche.

Quantitative und qualitative Prozessverbesserungsziele sind definiert und dokumentiert.

GP 5.1.2 Analyse der Messdaten des Prozesses zur Ermittlung realer und potenzieller Schwankungen in der Prozessdurchführung

Die Messdaten sind analysiert und zur Verfügung gestellt.

Ursachen für Schwankungen in der Prozessdurchführung sind ermittelt und klassifiziert.

Die allgemeinen Schwankungsursachen sind analysiert, ihr Einfluss ist quantitativ verständlich.

GP 5.1.3 Ermittlung von Verbesserungspotenzialen für den Prozess, die sich auf Innovationen und Best Practices stützen

Branchenspezifische Best Practices sind ermittelt und evaluiert.

Feedback zum Verbesserungspotenzial wird aktiv gesammelt.

Es ist Verbesserungspotenzial ermittelt.

GP 5.1.4 Ableitung von Verbesserungspotenzial für den Prozess aus neuen Technologien und Prozesskonzepten

Der Einfluss neuer Technologien auf die Prozessdurchführung ist ermittelt und evaluiert.

Der Einfluss neuer Prozesskonzepte ist ermittelt und evaluiert.

Verbesserungspotenzial ist ermittelt.

Bei der Ermittlung des Verbesserungspotenzials sind entstehende Risiken berücksichtigt.

GP 5.1.5 Definition einer Implementierungsstrategie basierend auf langfristigen Verbesserungsvorstellungen und -zielen

Das Management der Organsation und die Prozessverantwortlichen demonstrieren ihre Verpflichtung zur Verbesserung.

Die Prozessänderungsvorschläge sind evaluiert und pilotiert, um ihren Nutzen und ihren erwarteten Einfluss auf die definierten Unternehmensziele zu bestimmen.

Die Änderungen sind nach ihrem Einfluss auf die definierten Geschäftsziele klassifiziert und priorisiert.

Messungen, die die Ergebnisse der Prozessänderungen validieren, sind definiert, um die erwartete Effektivität der Prozessänderung zu bestimmen.

Die Implementierung der freigegebenen Änderung(en) ist als ein integriertes Programm bzw. Projekt geplant.

Der Implementierungsplan und der Einfluss auf die Unternehmensziele sind vom Management der Organisation besprochen und überprüft.

PA 5.2 **Prozessoptimierung**

Das Attribut Prozessoptimierung ist Maß dafür, inwieweit Änderungen der Prozessdefinition, des Prozessmanagements und der Prozessdurchführung zu einer effektiven Wirkung führen, durch die die relevanten Prozessverbesserungsziele erreicht werden.

Wenn dieses Attribut voll erfüllt ist,

a) ist die Auswirkung aller Änderungsvorschläge anhand der Ziele des definierten Prozesses und des Standardprozesses bewertet.

b) ist die Implementierung aller vereinbarten Änderungen gesteuert, um sicherzustellen, dass jegliche Störungen der Prozessdurchführung verstanden werden und dass darauf reagiert wird.

c) ist die Effektivität der Prozessänderung auf der Grundlage der tatsächlichen Ausführung anhand der definierten Produktanforderungen und Prozessziele evaluiert, um zu bestimmen, ob die Ergebnisse auf allgemeine oder spezielle Ursachen zurückzuführen sind.

GP 5.2.1 Bewertung der Auswirkung jedes Änderungsvorschlags anhand der Ziele des definierten Prozesses und des Standardprozesses

Zielprioritäten für die Prozessverbesserung sind festgelegt.

Die festgeschriebenen Änderungen anhand der Anforderungen und Ziele für die Produktqualität und Prozessdurchführung sind bewertet.

Die Auswirkung der Änderungen auf andere definierte Prozesse und Standardprozesse ist berücksichtigt.

GP 5.2.2 Steuerung der Umsetzung der vereinbarten Änderungen in ausgewählten Bereichen der definierten Prozesse und Standardprozesse gemäß der Implementierungsstrategie

Ein Mechanismus ist festgelegt, um freigegebene Änderungen effektiv und vollständig in den definierten Prozess und den Standardprozess bzw. in die definierten Prozesse und Standardprozesse aufzunehmen.

Die Faktoren, die die Effektivität und die vollständige Anwendung der Prozessänderungen beeinflussen, sind ermittelt und gesteuert. Dabei kann es sich beispielsweise um folgende Faktoren handeln:

– wirtschaftliche Faktoren (Produktivität, Gewinn, Wachstum, Effizienz, Qualität, Wettbewerb, Ressourcen und Fähigkeit),

– personelle Faktoren (Jobzufriedenheit, Motivation, Arbeitsmoral, Konflikt/Kohäsion, Zielkonsens, Beteiligung, Schulung, Kontrollspanne),

    – Managementfaktoren (Kenntnisse, Verpflichtung, Führerschaft, Wissen, Fähigkeit, Unternehmenskultur und -risiken),

    – technologische Faktoren (Fortschrittlichkeit des Systems, Fachkenntnisse, Entwicklungsmethodologie, Bedarf an neuen Technologien).

Den Prozessanwendern werden Schulungen angeboten.

Alle Beteiligten sind effektiv über die Prozessänderungen informiert.

Aufzeichnungen über die Implementierung der Änderungen sind geführt.

GP 5.2.3   Evaluierung der Effektivität der Prozessänderung auf der Grundlage der tatsächlichen Ausführung anhand der Ziele für die Prozessdurchführung und -fähigkeit sowie anhand der Unternehmensziele

Leistung und Ausführung der geänderten Prozesse sind gemessen und mit vorhandenen Daten verglichen.

Ein Mechanismus für Dokumentation und Berichterstattung der Analyseergebnisse an das Management und die Verantwortlichen des Standprozesses und des definierten Prozesses ist vorhanden.

Die Kennzahlen zur Überprüfung, ob die Ergebnisse auf allgemeine oder spezielle Ursachen zurückzuführen sind, sind analysiert.

Sonstige Rückmeldungen, wie Möglichkeiten für die weitere Verbesserung des Standardprozesses, sind protokolliert.

8.3   Das Assessment-Ergebnis

Für jeden Prozess aus dem Assessment-Modell wird ein eigenes Ergebnis als Reifegrad-Level 0 bis 5 bestimmt. Dabei werden die Prozessattribute (Kapitel 8.2) zur Beurteilung herangezogen. Abbildung 37 zeigt eine Übersicht über die Prozessattribute.

ARBEITSHILFE ONLINE

Level 1	Durchgeführt	
	PA 1.1	Prozessdurchführung
Level 2	Gemanagt	
	PA 2.1	Durchführungs-Management
	PA 2.2	Arbeitsprodukt-Management
Level 3	Etabliert	
	PA 3.1	Prozessdefinition
	PA 3.2	Prozessanwendung
Level 4	Vorhersagbar	
	PA 4.1	Prozessmessung
	PA 4.2	Prozesskontrolle
Level 5	Optimierend	
	PA 5.1	Prozessinnovation
	PA 5.2	Prozessoptimierung

Abb. 37: Reifegrad-Level mit den zugehörigen Prozessattributen (PAs)

Pro Reifegrad-Level gibt es weitere Möglichkeiten der Abstufung, die einen Bereich zusammenfassen (Abbildung 38). Die Prozentangaben beziehen sich nicht auf ein starres Abhaken von Basis- oder generischen Praktiken, sondern beziehen eine qualitative Gewichtung mit ein:

- Bei einer Beurteilung über 51 % lässt der assessierte Prozess eine systematische Vorgehensweise erkennen.
- Wenn keine signifikanten Schwächen bzgl. der Prozessattribute bestehen, sind 86 % erreicht.

Um einen bestimmten Reifegrad-Level zu erreichen, muss der Prozess

- den Level zu mehr als 51 % und
- alle Anforderungen der geringeren Reifegradstufen zu mindestens 86 % erfüllen.

ARBEITSHILFE ONLINE

Erfüllungsgrad	Prozentsatz	Bezeichnung (engl.)
nicht erfüllt	0 – 15 %	N – not achieved
teilweise erfüllt	16 – 50 %	P – partly achieved
größtenteils erfüllt	51 – 85 %	L – largely achieved
vollständig erfüllt	86 – 100 %	F – fully achieved

Abb. 38: Erfüllungsgrad eines Reifegrad-Levels

ARBEITSHILFE
ONLINE

Vertiefende Inhalte

Eine Übersicht und Checkliste für die Durchführung des GeDiCap-Assessments finden Sie als Zusatzmaterial auf unserer Website.

Für die einzelnen Prozesse können sich sehr unterschiedliche Bewertungen ergeben. Im nachfolgenden Fallbeispiel (Abbildung 39) sind die Prozesse Gender Diversity-Management, Personalmanagement und die operationellen Prozesse (alle zusammen als ein Prozessgebiet) bis Level 3 bewertet worden.

ARBEITSHILFE
ONLINE

	Gender Diversity	Personal-management	Operat. Prozesse
Level 5			
Level 4			
Level 3			
Level 2			
Level 1			

Abb. 39: Beispiel von Prozessbewertungen im Diversity-Bereich

Hier konnte lediglich für den Gender Diversity-Prozess Level 3 erreicht werden, d. h. Level 1 und 2 sind vollständig und Level 3 größtenteils erfüllt. Die beiden anderen Prozesse erfüllen Level 2 zwar vollständig, weisen jedoch signifikante Schwächen in Level 1 auf. Deswegen erreichen das Personalmanagement und die operationellen Prozesse nur Level 1.

8.3.1   Ablauf eines GeDiCap-Assessments

Bei der Beauftragung zu einem Assessment muss festgelegt werden,

- welche Prozesse
- bis zu welchem Level
- bei welcher Organisation oder Organisationseinheit untersucht werden sollen.

Die Organisation ist meist ein Unternehmensteil des Auftraggebers/der Auftraggeberin. Assessments können auch im Auftrag eines/einer KundIn für Lieferfirmen gemacht werden, die zur Lieferantenauswahl herangezogen werden. Auf jeden Fall ist Vertraulichkeit über die Assessment-Ergebnisse zwischen den AssessorInnen und der Auftragsfirma zu vereinbaren.

Bei allen Assessments wird wie folgt vorgegangen:

- Planung
- Vorbereitung durch Studium der Prozessdokumente (optional)
- Durchführung des Assessments
- Validierung der gesammelten Indizien und Bewertung nach den Prozessattributen
- Bericht der Assessment-Ergebnisse

Planung

Die AssessorInnen erstellen einen Plan und stimmen ihn mit einem Sponsor des Auftragsunternehmens ab. Im Plan ist festzuhalten:

- Wann und wo findet das Assessment statt?
- Wie sieht die detaillierte Planung des Ablaufs aus?
- Wer wird zu den einzelnen Prozessen befragt?
- WelcheR AssessorIn übernimmt die Befragung für welchen Prozess?
- Welche Dokumente sind vorab an die AssessorInnen zu liefern?
- Welche Daten oder Betriebsmittel (Netzwerkzugang, Präsentationsmedien, etc.) müssen für das Assessment zur Verfügung stehen?
- Was ist das Ziel des Assessments und wie soll es berichtet werden?

Vorbereitung durch Studium der Prozessdokumente (optional)

Den AssessorInnen werden vorab Prozessdokumente zur Orientierung zur Verfügung gestellt. Dieser Schritt ist nur erforderlich, wenn nicht ausreichend Zeit im Assessment für den schrittweisen Einstieg in die Prozesse vorhanden ist.

Durchführung des Assessments

Nach dem vereinbarten Plan werden Interviews mit den Beteiligten durchgeführt. Der erste Programmpunkt ist die Einführung aller Beteiligten in die Systematik des Assessments. Es wird erläutert, wie das Assessment abläuft, was das Ziel ist und was von den Befragten erwartet wird. Pro Prozess wird meist ein Interview mit einem oder mehreren Befragten von ca. zwei Stunden durchgeführt. Die Beteiligten werden von den AssessorInnen über den jeweiligen Inhalt der Befragung pro Prozess aufgeklärt und ausdrücklich ermuntert nachzufragen, wenn die Fragen der AssessorInnen nicht verständlich sein sollten. Die AssessorInnen lassen sich für jedes Indiz einen dokumentierten Nachweis zeigen. Damit Nachweise schnell und sicher gefunden werden, sollten die Befragten ihre Arbeitsumgebung ins Assessment mitbringen oder zur Verfügung stellen.

Validierung der gesammelten Indizien und Bewertung nach den Prozessattributen

Im Anschluss an jede Interview-Session werden die Indizien den Prozessattributen zugeordnet und geprüft, ob sie objektiv nachvollziehbar und konsistent zueinander (Datenvalidierung) sind. Die Zuordnung von Indiz zu Prozessattribut wird dokumentiert, damit nachvollziehbar bleibt, wie es zu der Beurteilung gekommen ist. Pro Prozessattribut ist zu bewerten, welcher Level erreicht wird, und die zugehörige Entscheidungsfindung muss festgehalten werden.

Bericht der Assessment-Ergebnisse

Es kann einen oder mehrere Berichte für das Assessment geben, die mehr oder weniger Information bereitstellen. Ein Bericht muss aber mindestens Folgendes enthalten:

- Datum und Ort des Assessments,
- Identifikation der AssessorInnen,
- die Vereinbarungen zum Assessment (Hinweis auf die Festlegungen, welche Prozesse bewertet werden sollten, wer befragt wurde, usw.),
- Auflistung aller Indizien,
- Beschreibung des Assessmentverfahrens (welches Modell wurde verwendet, …),
- ein Bewertungsprofil pro Prozess (Abbildung 39) des verwendeten Prozess-Modells,
- alles was noch wichtig ist, um die Bewertung zu verstehen.

8.3.2 Ausbildung der AssessorInnen

Solange es noch kein normiertes Verfahren für das Assessment und die Ausbildung der AssessorInnen gibt, ist bei der Beauftragung der AssessorInnen auf deren individuelle Erfahrung im Bereich Gender Diversity und ihre einschlägige Praxiserfahrung mit Assessments zu achten.

Idealerweise sollten zwei AssessorInnen die Bewertung vornehmen, damit der Interpretationsspielraum nicht zu sehr auf eine Person ausgerichtet wird.

ZUSAMMENFASSUNG

Das GeDiCap-Assessment umfasst das gesamte Unternehmen und fördert das Verständnis der Einzelprozesse und deren Beziehung untereinander. Dadurch wird ein stetiger Kreislauf der Verbesserungen angestrebt, der starke Parallelen zum Qualitätsmanagement aufweist.

Gemäß der ISO-Norm wird dabei unterschieden zwischen

- Primärprozessen (Beschaffung, Entwicklung, Lieferung, Betrieb, Wartung),
- organisatorischen Prozessen (Management, Optimierung, Ressourcen, Reuse) und
- unterstützenden Prozessen (Dokumentation, Qualitätssicherung, Verifikation, Validierung, etc.).

Die gender-relevanten Prozesse aus Kapitel 5.7 lassen sich den Prozessgebieten der ISO-Norm eindeutig zuordnen (Abbildung 34).

Für jeden Reifegrad-Level nach ISO-Norm sind jeweils unterschiedliche Prozessattribute definiert, die sich wiederum in mehrere generische Praktiken unterteilen. Auf diese Weise kann eine detaillierte Prüfung erfolgen.

Prozessattribute (Abbildung 37)

- Level 1:
  Prozessdurchführung (PA 1.1)
- Level 2:
  Durchführungsmanagement (PA 2.1)
  Arbeitsproduktmanagement (PA 2.2)
- Level 3:
  Prozessdefinition (PA 3.1)
  Prozessanwendung (PA 3.2)
- Level 4:
  Prozessmessung (PA 4.1)
  Prozesskontrolle (PA 4.2)
- Level 5:
  Prozessinnovation (PA 5.1)
  Prozessoptimierung (PA 5.2)

ARBEITSHILFE
ONLINE

Vertiefende Inhalte

Eine Übersicht der Prozessattribute findet sich auch in Abbildung 37, sowie als Arbeitshilfe online im Zusatzmaterial zu diesem Band.

Assessment-Bogen Gender Diversity Capability Assessment Übersicht

Im Rahmen des GeDiCap-Assessments werden die Bereiche in verschiedenen Stufen pro Level prozentual zusammengefasst und dokumentiert. Dabei erfolgt neben der rein quantitativen Erfassung der generischen Praktiken auch eine qualitative Bewertung.

Zur Erreichung eines Reifegrad-Levels müssen die Kriterien des Levels zu mindestens 51 % erfüllt sein, die der darunter liegenden Level zu mindestens 86 %.

Der Ablauf eines GeDiCap-Assessments umfasst die folgenden Stufen:

- Planung:
  Ort und Zeit, sowie Detailplanung über den Ablauf, Beteiligte, Voraussetzungen, Ressourcen, Ziele des Assessments.
- Vorbereitung:
  AssessorInnen erhalten Vorabinformationen in Form von Prozessdokumenten.
- Durchführung:
  Aufklärung und Information der Beteiligten, Befragungen, dokumentierte Nachweise.
- Validierung und Bewertung:
  Prüfung der Indizien und Nachweise, Zuordnung zu den Prozessattributen, Prüfung auf Konsistenz, Objektivität und Nachvollziehbarkeit, Bewertung.
- Ergebnisbericht:
  umfassende Dokumentation des Assessments, Bewertungsprofil pro Prozess, Erläuterungen.

Da es (noch) kein normiertes Verfahren für das Assessment und die Ausbildung der AssessorInnen gibt, kommt der Qualifikation und Gender-Kompetenz der beauftragten AssessorInnen eine ganz besondere Bedeutung zu. Unternehmen sollten hierauf ein besonderes Augenmerk legen.

9 Erfolgsfaktor Gender Diversity

9	Erfolgsfaktor Gender Diversity	271
9.1	Fazit und Ausblick	277

MANAGEMENT SUMMARY

In den zurückliegenden Kapiteln wurde erläutert, wie Unternehmen modellhaft und systematisch in Einzelteile aufgeteilt und diese einzeln in die Gesamtstrategie Gender Diversity einbezogen werden können. Die praktischen Anleitungen zu jeder einzelnen Basispraktik ermöglichen es, die Situation und den Reifegrad der Gender Diversity-Fähigkeit für jedes Unternehmen individuell zu beurteilen.

Abschließend zeigt das Fallbeispiel einer Umstrukturierung praxisnah, wie die Gender Diversity-Reife eines Unternehmens zu Kontinuität, Nachhaltigkeit und wirtschaftlichem Erfolg beiträgt.

Das Unternehmensmodell und das GeDiCap-Assessment bieten jedem Unternehmen die Chance, die eigene Gender-Fähigkeit selbst einzustufen und den Verbesserungsbedarf zu eruieren. Schritt für Schritt können die Basispraktiken eigenständig eingeführt und über die Qualitätssicherung und den Einbezug von Gender Diversity als Projekt des Qualitätsmanagements eine starke Verankerung von Gender Diversity im Unternehmen erreicht werden. Mit steigendem Gender Diversity-Reifegrad kann das Potential aller MitarbeiterInnen immer besser genutzt werden.

- Legen Sie los!
- Starten Sie am besten noch heute mit Ihrem Unternehmen!
- Fangen Sie an, Ihre Unternehmensprozesse einzeln zu durchleuchten!
- Implementieren Sie mit den hier vorgestellten Verfahren von Messen — Steuern — Regeln erfolgreiche Gender Diversity-Projekte!

Das Unternehmensmodell bildet gemeinsam mit dem Assessment-Schema gleichsam ein Fernrohr, mit dem ein Unternehmen aus der erforderlichen Distanz betrachtet und analysiert werden kann. Es ermöglicht eine Einbindung in die Unternehmensstrategie und verhindert zugleich ermüdende Debatten über den Sinn und Zweck einzelner Aktionen. Die einzelnen Empfehlungen können Sie für sich selbst bewerten und als Ausgangspunkt nehmen oder aber eigene Eckdaten definieren. Das Prozessmodell und die Basispraktiken lassen viele Freiheiten. Es ist jedoch unabdingbar, jede einzelne Basispraktik auch umzusetzen. Als Einstieg können die Beispiele aus den Erläuterungen, Fallbeispielen und Exkursen dienen.

Der Erfolg aller Gender Diversity-Projekte muss permanent überprüft und bei mangelnder Zielerreichung umgehend gegengesteuert werden. Dazu ist es notwendig, die Prozesse auf die jeweils unternehmensspezifische Situation anzupassen. Dieses Tailoring stellt nicht die Basispraktiken als solche in Frage, sondern ist ein notwendiger Justierungsprozess.

Die gesellschaftliche Rollenverteilung zwischen Frauen und Männern ist — auch im internationalen Umfeld — im Umbruch. Aussagen, die heute noch richtig sind, können in einigen Jahren bereits überholt sein. Das Selbstverständnis im Hinblick auf die persönliche Lebensgestaltung und die Rollenstereotype verändert sich. Für die erfolgreiche Implementierung von Gender Diversity im Unternehmen ist deshalb Folgendes wichtig.

> **! ACHTUNG**
>
> ▪ Erlangen Sie ein Grundverständnis von Gender Diversity.
> ▪ Implementieren Sie eine Gender Diversity-Strategie mit einem gender-geschulten Führungsteam.
> ▪ Bleiben Sie immer am Ball.
> ▪ Erhalten Sie ein effizientes Change-Management aufrecht, das Ihr Unternehmen sicher durch alle Neuerungen und Krisen navigiert.

Im Folgenden illustrieren wir an einem Fallbeispiel, wie die einzelnen Mosaiksteine der bisherigen Kapitel zusammenspielen und sich die einzelnen Basispraktiken im Unternehmen bewähren. Wir betrachten dazu den typischen Ablauf einer Umorganisation. Umorganisationen/Restrukturierungen kommen sehr häufig vor, sind insgesamt nicht sehr beliebt und lösen immer auch Ängste aus. In vielen Unternehmen sind sie jedoch zu einem beständigen Begleiter geworden, so dass sich gut aufzeigen lässt, wie sich das Engagement in Sachen Gender Diversity gerade in angespannten Situationen auszahlt[135].

> **▶ FALLBEISPIEL: Gender Diversity bei Umorganisationen**
>
> Stellen Sie sich vor, Sie wollen/müssen ein Unternehmen umorganisieren. Sie wissen, dass Entlassungen wahrscheinlich nicht zu umgehen sind, sehen aber nach der Durststrecke neue Chancen, wieder schwarze Zahlen zu schreiben. Voraussetzung ist, dass es Ihnen gelingt,
> ▪ die Key-Player an Bord zu behalten und
> ▪ Ihre Hauptprojekte einigermaßen störungsfrei weiterzuverfolgen.
> Ein solches Szenario dürfte in fast jedem Unternehmen bekannt sein. Sie kennen vermutlich auch die spontanen Panikreaktionen und emotionalen Diskussionen der MitarbeiterInnen auf den Fluren des Unternehmens. Diese können ausufern, wenn nicht systematisch vorgegangen wird. Betrachten wir nun,

---

[135] Im Handbuch für das Gleichstellungs-Controlling schlagen Catherine Müller und Gudrun Sander vor, Erneuerungsprozesse für die Umsetzung von Gender Diversity und die Implementierung von gender-gerechten Arbeitsweisen zu nutzen. In einigen öffentlichen Verwaltungen ist dieser Ansatz erfolgreich gewesen (Müller, Sander, 2005, S. 115).

wie die Umstrukturierung in Unternehmen auf den unterschiedlichen Reifegrad-Leveln gesteuert und durchgeführt werden und welche Auswirkungen dies auf den Unternehmenserfolg hat.

Level 0-Organisationen

Level 0-Organisationen reagieren in der Regel mit einer möglichst langen Geheimhaltung der bevorstehenden schwierigen Situation. Damit sollen die Aufregung im Team so lange als möglich unterbunden und einige der wichtigsten Projekte fertiggestellt werden. Die Key-Player werden identifiziert und sorgsam beobachtet, um zu verhindern, dass sie das Unternehmen verlassen.

In der Regel sind es jedoch die Key-Player, die als erste (gerüchteweise) von der schwierigen Situation im Unternehmen erfahren. Sie werden deswegen zeitnah eingeweiht und sollen zusammen mit dem Management für einen möglichst schonenden Ablauf der Umorganisation sorgen. Um Entlassungen zu vermeiden, werden alle Kostentreiber analysiert und in Frage gestellt. Dazu gehören auch das Change-Management, Ausbildung für Führungskräfte (inklusive Gender Diversity-Kurse), Qualitätsmanagement, Diversity-Management und andere Stabsstellen.

Level 0-Organisationen haben keine ausreichende Gender Diversity-Strategie und werden in dieser Situation kaum Zeit und Energie haben, über Gender-Aspekte nachzudenken. Selbst wenn ihnen das Thema wichtig erscheint, werden sie es in dieser Situation nicht schaffen, dieses ihren MitarbeiterInnen zu vermitteln. Der Erfolg der Umorganisation hängt davon ab, wie gut es gelingt, alle Stakeholder rechtzeitig und umfassend über die nötigen Details zu informieren. Eine offene Firmen- und Arbeitskultur, die mit Konflikten umgehen kann und von gegenseitigem Respekt und Vertrauen lebt, ist in dieser Situation sehr hilfreich, weil nicht alle Informationen und nicht für alle zur Verfügung stehen können. Falls das Unternehmen sich entschließt, das Change-Management aufrechtzuerhalten, wird dieses beginnen, das Team einzubeziehen und die verschiedenen Phasen der Umorganisation zu begleiten.

Mit dem Einsatz des Change-Managements hat das Unternehmen einen Ansatz gewählt, der auf die Bedürfnisse der MitarbeiterInnen eingeht und den normalen Betrieb möglichst gut aufrechterhält. Ohne ausreichende Gender-Kompetenz und implementierte Gender Diversity sind jedoch folgende Fehler[136] wahrscheinlich:

---

[136] Die Erkenntnis zu Fehlern in den bisherigen Abläufen erschließt sich häufig erst im Vergleich zu den Abläufen, die einem höheren Reifegrad entsprechen.

- Es wird versucht die Key-Player mit allen Mitteln zu halten. Im Notfall müssen weniger spezialisierte Menschen das Unternehmen verlassen. Mit einem organisationsweiten Personalmanagement auf Level 3 werden zwar auch Softskills berücksichtigt, Gender-Aspekte jedoch nicht.
- Für die Umstrukturierung wird ggf. eine spezielle Führungskraft eingestellt, die Erfahrung mit solchen Prozessen hat und als durchsetzungsstark gilt.
- Einige Key-Player, die ihre Karriere nicht unterbrechen wollen, verlassen trotz bevorzugter Behandlung das Unternehmen und viele Angestellte gehen mehr oder weniger freiwillig.
- Für die Restrukturierung werden Prioritäten ohne die Berücksichtigung von Gender-Aspekten gesetzt und führen bei Neubesetzungen oder Verschiebung von Stellen kaum zu innovativen und vielfältigeren Strukturen.

Level 1-Organisation

In einer Level 1-Organisation ergeben sich im Vergleich zu Level 0 folgende Verbesserungen:

- Key-Player werden nach Gender-Aspekten ausgesucht (Kapitel 6.1.3). Dies schließt meist andere Personen ein, da nicht nur die fachlichen Leistungsträger nach traditionellen Rollenstereotypen (z. B. viele Arbeitsstunden, Einbindung in die bestehenden Netzwerke) im Fokus stehen.
- Bei der Bestellung der speziellen Führungskraft für die Umstrukturierung fließen Gender-Aspekte auf der Basis der vorhandenen Gender-Kompetenz (Kapitel 5.2) ein. Da die Gender Diversity-Strategie auf Level 1 noch nicht ausreichend gewichtet und verankert ist, ist jedoch nicht tatsächlich eine andere Wahl zu erwarten als bei Level 0-Organisationen.
- Mit Hilfe einer Risikoanalyse (Kapitel 7.3) werden die für die Zukunft wichtigsten Projekte identifiziert und zur Absicherung des Unternehmens möglichst unbeschadet durch die Umorganisation gebracht. Ein gender-gemischtes Team zur Risikoanalyse prüft die Risiken für die KundInnen und die Aspekte der MitarbeiterInnen ganzheitlich.
- Mit Hilfe einer gender-gerechten Entlassungsstrategie (Kapitel 6.1.1) wird eine Verschlechterung der Gender-Situation im Rahmen der Umorganisation verhindert.
- Key-Player, denen die Karriere wichtiger ist als der Verbleib im Unternehmen, lösen keine weitere Unruhe aus, da über das Skills-Management NachfolgerInnen ermittelt werden (Kapitel 6.3.3).
- Alle Abteilungen des Unternehmens, die über Gender-Fragen diskutieren, stellen ein Einvernehmen zwischen Frauen und Männern her (hohe Gender-Kompetenz). Damit baut sich ein Höchstmaß an gegenseitigem Respekt und Vertrauen auf: Keine Diskussion geht Menschen näher als Gender Diversity.

Alle Bereiche, in denen Gender Diversity gelebt wird, profitieren bei der Umorganisation von der erreichten Offenheit (Kapitel 5.7).

- Frei werdende Stellen werden nach einer rollensterotypfreien Bewertung besetzt (Kapitel 6.2 Der Einstellungsprozess) und tragen zu einer innovativeren Führungskultur (Innovationspotenzial durch Diversity) bei.

Level 2-Organisation

Level 2-Organisation profitieren darüber hinaus von weiteren Qualitätsvorteilen:

- Die Ziele und der Aufwand für Querschnittsfunktionen sind gut bekannt und Diskussionen darüber, auf welche Stabsstellen verzichtet werden kann, finden nicht statt.
- Der Wert des Gender Diversity-Managements (Kapitel 5) wird grundsätzlich anerkannt und es wird verantwortlich über eine Beibehaltung, Reduktion oder Auflösung entschieden.
- Ein definiertes Dateien- und Dokumentenmanagementsystem verhindert den Verlust von Arbeitsprodukten und Informationen auch in Zeiten der Umstrukturierung. Der Neustart nach der Umorganisation kann auf dem erarbeiteten Wissen und bisherigen Ergebnissen aufsetzen.

Level 3-Organisationen

In Level 3-Organisationen wird auf einer gesicherten Datenbasis gearbeitet und die Prozesse sind unternehmensweit etabliert und werden gelebt. Die für die Umorganisation notwendigen Entscheidungen sind damit stabiler. In allen Teilen des Unternehmens werden ähnliche Prozesse und Werte gelebt. Notwendige Verschiebungen von Ressourcen können so problemloser durchgeführt werden. Speziell für Gender Diversity gilt:

- Die Akzeptanz von Gender-Aspekten im Unternehmen ermöglicht die Beschreitung auch innovativer Wege, die nach der Gender Diversity-Strategie systematisch beurteilt und vorbereitet werden (Kapitel 5.2).

  So kann z. B. die Erkenntnis genutzt werden, dass Frauen[137] im mittleren Alter (ca. 50 Jahre), die bereits zwei oder drei Kinder aufgezogen haben, zumeist die notwendige Mischung aus Ruhe, Feingefühl und Durchsetzungskraft mitbringen, um Umstrukturierungen erfolgreich zu gestalten. Ihre Denkweise erlaubt es, dass „am Ende jeder darüber glücklich ist, dass er diesen neuen Platz und diese neue Perspektive im Unternehmen gefunden hat[138]". Diese Lösung sollte nur als eine von vielen betrachtet werden, da

---

[137] Vermutlich ist diese Aussage auch für viele Männer gültig, mir liegen jedoch keine gesicherten Erkenntnisse dazu vor.

[138] Hüther (2004). Professor Hüther ist ein anerkannter Experte auf dem Gebiet der Gehirnforschung und seit 2006 Leiter der Zentralstelle für neurobiologische Präventionsforschung der Universität Göttingen. Er begründet seine Aussage damit, dass die Fähigkeiten zur Kontaktaufnahmen und emotionalen Kompetenz

eine solche Benennung nur mit entsprechend großer Unterstützung gelingen kann. Das Beispiel zeigt jedoch deutlich, wie sich durch Gender Diversity die Handlungsspielräume für ein Unternehmen erweitern können.

- Im ganzen Unternehmen herrscht ein Maximum an gegenseitigem Vertrauen und Offenheit (Kapitel 5.7), das durch Gender-Trainings und Gender-Kompetenz über einschließende Verhaltensweisen (Inclusiveness) erreicht wurde.

Level 4-Organisationen

Reifegrad-Level 4 erlaubt, über einzelne gemessene Metriken festzustellen, welche Strategie für das Unternehmen am sinnvollsten ist. Motivationsprogramme oder die Auswahl von Kriterien für die Stellenbesetzungen/Entlassungen beispielsweise können je nach den gewünschten Effekten ausgesucht werden, um die Umstrukturierung so erfolgreich wie möglich durchzuführen.

Level 5-Organisationen

Der Organisationsreifegrad 5 ist für Umorganisationsphasen nicht entscheidend, da diese zumeist nicht so lange dauern, dass währenddessen nach besseren Verfahrensweisen gesucht wird. Wenn Level 5 erreicht ist, kann allerdings stetig mit eher innovativen Vorschlägen und Ideen gerechnet werden, da immer die neusten Lösungsansätze in Betracht gezogen werden.

9.1   Fazit und Ausblick

Das Unternehmensmodell und das GeDiCap-Assessment bieten jedem Unternehmen die Chance, die eigene Gender-Fähigkeit selbst einzustufen und den Verbesserungsbedarf zu eruieren. Schritt für Schritt können Sie selbst die Basispraktiken einführen und über Ihre Qualitätssicherung und den Einbezug von Gender Diversity als Projekte des Qualitätsmanagements eine starke Verankerung von Gender Diversity in Ihrem Unternehmen erreichen. Mit steigendem Gender Diversity-Reifegrad werden Sie das Potential Ihrer MitarbeiterInnen immer besser nutzen können. Ihre Teams werden mit dem Anderssein generell positiver umgehen und bieten damit optimale Voraussetzungen für die Integration von anderen Kulturen, Natio-

---

nicht von Menschen erworben werden können, die als ManagerInnen im Wettbewerb ständig Höchstleistungen erbringen muss. Macht über andere erreicht man nur, wenn man andere zum Objekt macht. Damit ist eine enge Verbundenheit nicht mehr möglich. Diese Aussagen sind Teil eines Interviews, das von Kutschenbach mit Hüther geführt und in seinem Buch „Frauen Männer Management" beschrieben hat (Kutschenbach 2004, S.193–195).

nalitäten, Religionen und jeder anderen Diversity-Kategorie. Mit Gender Diversity erreichen sie eine optimale Grundlage für alle anderen Diversity-Dimensionen.

Sobald Ihr Unternehmen Gender Diversity erfolgreich implementiert hat, werden Sie kaum noch nachvollziehen können, wie dieses Thema jemals zu Streitigkeiten und emotionalen Diskussionen führen konnte.

> **!** **ACHTUNG**
>
> Legen Sie los!
> Starten Sie am besten noch heute mit Ihrem Unternehmen!
> Fangen Sie an, Ihre Unternehmensprozesse einzeln zu durchleuchten!
> Implementieren Sie mit den Verfahren von Messen — Steuern — Regeln erfolgreiche Gender Diversity-Projekte!

Falls Sie Unterstützung brauchen, wenden Sie sich gerne an uns. Über ein Feedback zu den Empfehlungen, Rückmeldung von Erfolgen oder innovativen Ideen zu Gender Diversity würden wir uns ebenfalls sehr freuen.

ARBEITSHILFE
ONLINE

Vertiefende Inhalte

Eine Übersicht über das Portfolio von Quality and Gender Consulting finden Sie auch bei den Arbeitshilfen online. Wir beraten und unterstützen Sie gerne!

10 Anhang

10 Anhang   **279**

10.1 Nützliche Internetlinks   280

10.2 Glossar   288

10.3 Verzeichnis der Arbeitshilfen online   299

10.4 Literatur- und Quellenverzeichnis   301

10.1 Nützliche Internetlinks

ARBEITSHILFE ONLINE

Vertiefende Inhalte

Diese Linkliste ist auch als Zusatzmaterial auf der Website verfügbar.

Allgemeines Gleichbehandlungsgesetz

http://www.gesetze-im-internet.de/bundesrecht/agg/gesamt.pdf

Berufsstereotype

http://www.youtube.com/watch?v=6xvksheoyBE

http://www.youtube.com/watch?v=Q1Z44bdgNIA

http://www.youtube.com/watch?v=gzaSvR7mujs&list=PL187CBD2D62835CAB

http://www.youtube.com/watch?v=iCXtV6gNkYw

http://www.dw.de/dw/article/0,,15807670,00.html

Catalyst

Organisation, die seit 1962 Studien zu Gender-Themen erstellt. Unternehmen können Mitglied werden.

http://www.catalyst.org/

Checkliste für gender-gerechte Presse- und Öffentlichkeitsarbeit

http://www.bmfsfj.de/RedaktionBMFSFJ/Abteilung4/Pdf-Anlagen/gender-main-streaming-bei-ma_C3_9Fnahmen-der-presse-und-oeffentlichkeitsarbeit,property=pdf,bereich=bmfsfj,sprache=de,rwb=true.pdf

Corporate Social Responsibility

http://www.csrforum.eu

http://www.csr-in-deutschland.de

http://www.nachhaltigwirtschaften.net

Cordelia Fine: Delusions of Gender

http://fora.tv/2010/10/02Cordelia_Fine_Delusions_of_Gender

Datenreport Rollenmodelle

http://www.boeckler.de/cps/rde/xchg/hbs/hs.xsl/38252_38262.htm

Entgeltgleichheit prüfen

http://www.eg-check.de/index.htm

Erfolgsfaktor FRAU e.V. — Impulse für Wirtschaft und Gesellschaft

http://www.erfolgsfaktor-frau.de

Fallbeispiel: Diversity Strategie Daimer AG

http://nachhaltigkeit.daimler.com/reports/daimler/annual/2010/nb/German/4060/diversity.html

Film: Blue Eyed — Diskriminierungsmechanismen

http://www.denkmal-film.com/abstracts/BlueEyedInh.html

Anhang

Frauen in Karriere

http://www.frauen-in-karriere.de/

http://www.isf-muenchen.de/pdf/boes-bultemeier-Spitzenfrauen.pdf

Frauennetzwerke in Deutschland allgemein (Auswahl)

Bundesverband der Frau in Business & Management (B.F.B.M.) http://www.bfbm.de/

Business and Professional Women Germany (BPW Germany) http://www.bpw-germany.de/

Deutscher Akademikerinnen Bund (DAB) http://www.dab-ev.org/

Deutscher Juristinnen Bund (DJB) http://www.djb.de/

Vereinigung für Frauen im Management (FIM) http://www.fim.de/

webgrrls, Frauen in den neuen Medien http://www.webgrrls.de/

European Women Management Development (EWMD) http://www.ewmd.org/

erfolgsfaktor FRAU http://www.erfolgsfaktor-frau.de

Frauennetzwerke in technischen Berufen

Deutscher Ingenieurinnen Bund (dib) http://www.dibev.de/

Gesellschaft für Informatik, Fachgruppe Frauen und Informatik (GI Frauen und Informatik) http://www.frauen-informatik.de/

Planerinnen, Ingenieurinnen und Architektinnen (PIA) http://www.pia-net.de/

Frauen in Naturwissenschaft und Technik, e.V. http://www.nut.de/

Frauenquoten

http://www.flexi-quote.de

http://www.pro-quote.de

http://www.spiegel.de/wirtschaft/soziales/eu-kommission-beschliesst-frauen-quote-fuer-aufsichtsraete-a-867142.html

Gender-Datenreport

Erster Datenreport zur Gleichstellung von Frauen und Männern in der Bundesrepublik

http://www.bmfsfj.de/doku/Publikationen/genderreport/root.html

Gender Diversity-Maßnahmen

http://www.girls-day.de/

http://www.boys-day.de/

Gender Mainstreaming

Begriffsklärung und Arbeitshilfen zum Thema

http://www.gender-mainstreaming.net/

Gender-Kompetenz

http://www.genderkompetenz.info/genderkompetenz/

Gender-Kompetentes Arbeitgeberbranding

http://www.telekom.com/company/human-resources/diversity/58788

Anhang

http://career.daimler.com/dhr/index.php?ci=110&language=1&DAIMLERHR=0b59d25ee4a6e8bd4bed9bd69c0e9301

www.internetdienste.verwaltung.uni-muenchen.de/stellenangebote/allg_hinweise/index.html

http://www.schulministerium.nrw.de/BP/Lehrer/Gleichstellung/Gleichstellungsbeauftragte/AufgabenInSchuleUndStudienseminar/Personalauswahlverfahren.pdf

Gender-Zusatztool für Word 2010

http://gendering.codeplex.com/

Geschäftspartner und Zulieferfirmen

http://www.plm.automation.siemens.com/de_de/about_us/facts_philosophy/diversity/diversity_supplier_program/

http://www.argez.de/library/documents/BMW_28523.pdf

Geschlechtergerechte Sprache

http://www.chancengleichheit.uni-konstanz.de/downloads

Gläserne Decke

http://www.youtube.com/watch?v=XSt914MJUeM&list=PLK3yPgVWaaEoWnwrvAkgliRXsfG_5cn8Q

http://www.euractiv.de/soziales-europa/artikel/eu-frauenquote-einreien-der-glasernen-decke-006917

Herr-liche Orchester?

http://www.osborne-conant.org/dietrich.htm

Integrierte Unternehmensstrategie/International Integrated Reporting Committees (IIRC)

www.theiirc.org

Internationale Impulse — USA

http://www.wbenc.org/Government/

Implicit Association Test (IAT)

Forschung und Test über unbewusste Annahmen (Vorurteile) und ihre Hartnäckigkeit. Mit dem Test kann jedeR selbst erfahren, dass Erfahrungen sich in das Gehirn „einbrennen" und schwer zu ändern sind.

https://implicit.harvard.edu/implicit/

Kompetenzzentrum Technik-Diversity-Chancengleichheit

Seit 2001 organisiert dieser Verein den deutschlandweiten Girls' Day, seit 2009 den Boys' Day und beteiligt sich an MINT-Projekten.

http://www.kompetenzz.de/

Logib-D

Ein Tool für die Ermittlung von Lohnlücken zwischen Frauen und Männern im eigenen Unternehmen.

http://www.logib-d.de/

Mentoring-Programme

www.buecherfrauen.de/index.php?id=17

http://www.crossmentoring-nuernberg.de

Anhang

http://www.crossconsult.biz/programme/crossmentoringmuenchen.html

http://www.soroptimist.de/mentoring-programm/

Publikationen des BMFSF zum Thema Gleichstellung

http://www.bmfsfj.de/BMFSFJ/Service/Publikationen/publikationsliste,did=174358.html

http://www.bmfsfj.de/BMFSFJ/Service/Publikationen/publikationsliste,did=195710.html

http://www.bmfsfj.de/BMFSFJ/Service/Publikationen/publikationsliste,did=134254.html

Recruiting-Maßnahmen und -Messen

http://karriere.lanxess.de/de/career-opportunities-hr/ihr-einstieg/senior-trainee-programm/

http://www.youtube.com/watch?v=RrjHQEKDTu0

http://www.womenandwork.de/

SIEgER

Neues Zertifikat für Unternehmen in Bayern

http://www.sieger-bayern.de/

SPICE-Assessment

http://www.vda-qmc.de/fileadmin/redakteur/Publikationen/Download/VDA-Spice__-_deutsch.pdf

Total E-Quality

Anerkanntes Selbstbewertungsschemata für Chancengleichheit im Unternehmen http://www.total-e-quality.de/

Women Matter — McKinsey

http://www.mckinsey.de/html/publikationen/women_matter/index.asp

http://www.mckinsey.de/downloads/publikation/women_matter/Women_Matter_1_brochure.pdf

http://www.mckinsey.de/downloads/publikation/women_matter/Women_Matter_2_brochure.pdf

http://www.mckinsey.de/downloads/publikation/women_matter/women_matter_3_brochure.pdf

http://www.mckinsey.de/downloads/publikation/women_matter/Women_Matter_4_brochure.pdf

Work-Life-Balance

http://tv.telekom.com/index.php/lang/de_DE/video/2484/werde-chef-deines-lebens

http://www.beruf-und-familie.de

http://www.beruf-und-familie.de/index.php?c=52&c2=7

http://www.erfolgsfaktor-familie.de/default.asp?id=368

http://www.erfolgsfaktor-familie.de/default.asp?id=520

http://www.lokale-buendnisse-fuer-familie.de/ueber-die-initiative/die-initiative.html

http://www.boeckler.de/40940_40962.htm

10.2 Glossar

ARBEITSHILFE
ONLINE

Vertiefende Inhalte

Das Glossar ist auch als Zusatzmaterial auf der Website verfügbar.

Ähnlichkeitsprinzip

Das Ähnlichkeitsprinzip in der Stellenbesetzung sagt aus, dass diejenigen, die eine Stelle innehaben, sich als NachfolgerInnen stets sehr ähnliche Personen wünschen und suchen. Es kommt dann zu einer ständigen Reproduktion des gleichen Menschentyps (homosozial) für bestimmte Stellen oder Berufszweige.

Allgemeines Gleichbehandlungsgesetz — AGG

Das AGG gilt in der Bundesrepublik Deutschland seit 2006. Es verbietet konkret die Diskriminierung von Menschen nach allen Diversity-Dimensionen.

Anwesenheitskultur

Die Anwesenheitskultur in einem Unternehmen besagt, dass die Anwesenheit aller MitarbeiterInnen vor Ort stets als erforderlich erachtet wird. Sie vereinfacht die Organisation durch Zuruf und persönliche Ansprache. Merkmale der Anwesenheitskultur sind lange Arbeitstage, viele Meetings und Dienstreisen sowie eine gute Vernetzung aller KollegInnen, die sich der Kultur anpassen. Als Managementphilosophie liegt das „Management by Walking" oder die „direkte Ansage" zugrunde.

Arbeitsprodukt

Mit Arbeitsprodukt werden alle Ergebnisse, Teilergebnisse oder verwendete Materialien bezeichnet, die im Produktionsablauf oder bei der Service-Erbringung erzielt oder verwendet werden. Dazu gehören alle Dokumente, wie z. B. das Angebot und der Service-Vertrag, oder auch Materialien, wie z. B. Software-Tools, genaue Spezifikation von verwendeten Materialien mit Härtegrad oder chemischer Zusammensetzung.

Assessment-Modell

Das Assessment-Modell beschreibt ein Unternehmensmodell, das den AssessorInnen als Grundlage für die Beurteilung dient.

Basispraktiken

In dem Prozessmodell für die Bewertung nach ISO 15504 sind Basispraktiken (=grundlegende Arbeitsschritte) definiert, die ausgeführt werden müssen, um den Level 1 zu erreichen. Über erzeugte Arbeitsprodukte (Indizien) kann nachgewiesen werden, dass die Basispraktiken durchgeführt wurden.

Berufsstereotyp (synonym mit Berufsklischee)

Berufe werden von Personen mit bestimmten Fähigkeiten ausgeübt. Den sozialen Status eines Berufes bestimmt die Gesellschaft. Dieser kann somit von Kultur zu Kultur sehr unterschiedlich sein. Zugleich werden damit Berufsstereotype festgelegt, die der zuerkannten Wertigkeit und nicht unbedingt den realen Anforderungen des Berufs entsprechen.

Big-Five-Modell

Das Big-Five-Modell[139] beschreibt fünf Hauptdimensionen der Persönlichkeit, durch die sich Führungskräfte im Sinne des Integrationsmodells auszeichnen sollen:

- fehlender Neurotizismus,
- Extrovertiertheit,
- Offenheit,
- Verträglichkeit und
- Gewissenhaftigkeit.

Binnen-I

Das Binnen-I bezeichnet eine Schreibweise für weibliche und männliche Personenbezeichnungen. Dies hebt die von der deutschen Sprache auferlegte Trennung der Geschlechter für männliche Personenbezeichnungen, die auf „er" enden, auf, ohne die weibliche Form als ‚Anhängsel' erscheinen zu lassen. Beispiel: ManagerInnen (gesprochen: Manager und Managerinnen)

BPW

Business Professional Women

---

[139] Saum-Aldehoff (2007)

Change-Management

Change-Management wird auch häufig mit Veränderungsmanagement übersetzt. Darunter werden alle Tätigkeiten verstanden, die zur Begleitung von weitreichenden Veränderungsprozessen zur Einführung neuer Strategien oder Strukturen in einem Unternehmen eingesetzt werden.

Corporate Social Responsibility (CSR)

Die Corporate Social Responsibility wird im Deutschen auch „Unternehmerische Gesellschaftsverantwortung" genannt. Sie umfasst drei Bereiche:

- die ökonomische, langfristige Ausrichtung des Unternehmens,
- ökologische Aspekte und
- die soziale Verantwortung innerhalb der Geschäftstätigkeit im Zusammenspiel mit den Stakeholdern.

Diversity

Diversity beschreibt die Vielfalt der Menschen und die Offenheit und Toleranz, diese Vielfalt anzuerkennen[140]. Im Kontext von Unternehmen bezieht sich Diversity auf das Management von Menschen, die entsprechend ihren jeweiligen Interessen und Fähigkeiten gewinnbringend für das Unternehmen eingesetzt werden. Es werden verschiedene Diversity-Dimensionen unterschieden, die gesellschaftliche Minderheiten mit speziellen Ausprägungen an Eigenschaften gruppieren.

Diversity-Dimensionen

Die Diversity-Dimensionen sind: Geschlecht (Gender), Alter, Kultur (Ethnie), Nation, Religion und sexuelle Orientierung.

DIW

Deutsches Institut für Wirtschaftsforschung

EEO

Equal Employment Opportunity

---

[140] Bendl (2004)

efF — erfolgsfaktor FRAU e.V.

erfolgsfaktor FRAU e.V. — Impulse für Wirtschaft und Gesellschaft. Verein, der die Gleichstellung und Akzeptanz von Frauen in Fach- und Führungspositionen verbessern und Impulse für Gesellschaft und Wirtschaft setzen möchte, um dem Gesamtwohl der Gesellschaft zu dienen.

Frauenförderung

Frauenförderung konzentriert sich ausschließlich auf Frauen und versucht die Bedingungen für Frauen zu verbessern und Frauen zu unterstützen. Häufig beschränkt sich das auf die Einrichtung von Kinderbetreuung und dem Anbieten von Kursen für ein selbstbewussteres Auftreten von Frauen.

Gatekeeper (für die geschlechtliche Segregation)

Mit Gatekeepern werden Menschen bezeichnet, die den politisch korrekten Diskurs zu Gender Diversity beherrschen, aber über informelle Mechanismen Frauen und Männern ungleiche Chancen einräumen.

GeDiCap

Gender Diversity Capability

Gender

Im Unterschied zum biologischen Geschlecht (‚sex‘) bezeichnet ‚gender‘ das soziale und kulturelle Geschlecht, das sind die Rollenfunktionen, die mit einem bestimmten Geschlecht verbunden werden. Das soziale Geschlecht ist nicht angeboren, sondern wird erlernt und ist somit auch veränderbar.

Gender Diversity-Management

Die Vielfalt durch Gender wird in Unternehmen zielgerichtet für den Unternehmenserfolg eingesetzt. Es ist häufig ein Bestandteil des Personalmanagements.

Gender-Kompetenz

Gender-Kompetenz ist die Fähigkeit, zu verstehen, wie die soziale Kategorie Geschlecht (Gender) gesellschaftliche Verhältnisse organisiert — Körper, Subjektivität und Beziehungsformen, aber auch Wissen, Institutionen sowie Organisationsweisen und Prozesse[141].

Gender Mainstreaming (GM)

Der Begriff wurde auf der 3. Weltfrauenkonferenz der Vereinten Nationen als politische Strategie diskutiert und 1999 von der Bundesregierung als Leitgedanke in dem gleichnamigen Wissensnetz definiert[142]. Gender Mainstreaming beschreibt eine Strategie, die Interessen von Frauen und Männern in allen Entscheidungen der Gesellschaft zu berücksichtigen.

Generische Praktiken

Generische Praktiken sind im Assessment-Modell für einzelne Prozessattribute definiert. Diese allgemeinen Ausführungsschritte sind unabhängig von dem einzelnen Prozess (generisch) und für alle Prozesse gültig.

Gesellschaftliche Brille

Der Begriff bezeichnet die verzerrte Wahrnehmung der individuellen Eigenschaften und Fähigkeiten von Menschen, die durch die Rollenstereotype verursacht wird.

Gläserne Decke

Die gläserne Decke bezeichnet die unsichtbaren Hindernisse, die Frauen in ihrem Berufsleben begegnen und sie an einer erfolgreichen Karriere hindern.

Gläserner Aufzug

Der gläserne Aufzug beschreibt das Phänomen, dass Männer, die in den sogenannten Frauenberufen arbeiten, dort Karriere machen, obwohl viele gut qualifizierte Frauen zur Verfügung stehen.

Graue Eminenz

Neben der offiziellen Führung von Teams (Linie), der Projektleitung (Matrix) und offiziellen FachexpertInnen gibt es inoffizielle Führungspersonen (informal leader), die

---

[141] Gender-Kompetenzzentrum (2011)
[142] Tuchfeldt (2008)

einen nicht zu vernachlässigenden Einfluss im Unternehmen haben können. Diese nicht offiziellen Führungskräfte werden als graue Eminenzen bezeichnet. Diese (meist langjährigen) MitarbeiterInnen sind sehr gut im Unternehmen vernetzt (meist bis zur Geschäftsführung) und nutzen ihre informelle Machtposition geschickt.

Homosoziale Kooptation

Kooptation bezeichnet die Nachfolgeregelung innerhalb von Gruppen, die Eigenschaften ihrer eigenen Gruppenidentität bevorzugen. Homosozialität ist das Phänomen, dass Männer und Frauen bei der Wahl ihrer Freunde Angehörige des eigenen Geschlechts bevorzugen. Die Kombination von beiden tritt in Gruppen auf, die lediglich aus Mitgliedern eines Geschlechts bestehen.

Integrationsfähigkeit

Integrationsfähigkeit ist erforderlich, um Menschen unterschiedlichster nationaler oder sozialer Herkunft, mit unterschiedlichen Charakteren oder Denkweisen effektiv zusammen arbeiten zu lassen. Integration wird durch Persönlichkeiten gefördert, die alle Eigenschaften nach dem Big-Five-Modell bieten können.

Integrationsmodell

Das Integrationsmodell stellt bei der Auswahl von Führungskräften die Integrationsfähigkeit von unterschiedlichen Menschen zu einem funktionierenden Team in den Vordergrund. Von den Führungskräften wird erwartet, dass sie situativ und offen führen und auf die Bedürfnisse der einzelnen Teammitglieder eingehen. Um das Team optimal im Unternehmen einbinden und vertreten zu können, wird eine gute Vernetzung in das Unternehmen hinein verlangt.

International Integrated Reporting Committees — IIRC

Das IIRC ist eine Vereinigung von führenden Persönlichkeiten aus Unternehmen, Finanzsektor, Hochschulen und Standardisierungsgremien, die eine weltweit anerkannte Berichterstattung von CSR-Performance-Indikatoren erreichen wollen.

International Organization for Standardization — ISO

Die internationale Organisation für Standardisierung (Normung) ist u. a. für die Managementstandards ISO 26000 — Social Responsibility und ISO 9000 — Quality Management verantwortlich. Mit der IEC (International Electrotechnical Commission) zusammen werden Normen für Elektrotechnik und auch Software-Entwicklung herausgebracht.

Konfigurationsmanagement

Das Konfigurationsmanagement bezeichnet alle Vorgehensweisen zur gesicherten Datenablage. Ziel ist es, Daten aller Art für die jeweiligen Stakeholder jederzeit aktuell zur Verfügung zu haben.

Leistungskultur

In einem Unternehmen mit einer Leistungskultur wird die Leistung in Form von Arbeitsergebnissen erbracht. Ziel ist eine Organisationsform, die den Arbeitsfluss auch ohne Anwesenheit ermöglicht. Dabei stehen Teamarbeit mit klaren Arbeitsstrukturen und eine gesunde Work-Life-Balance im Fokus. Die Leistungskultur ist geprägt von flexiblen Arbeitszeiten, Hinterfragung aller Meetings und dem Ersatz von Reisen durch Telefonkonferenzen, etc. Das Management by Objectives wird in der Regel schriftlich fixiert, Vernetzung findet nur statt, sofern es für die Arbeit erforderlich ist.

MA

Mitarbeiter oder Mitarbeiterin

Managing Diversity — MD

Managing Diversity entspricht dem Diversity-Management-Ansatz, der Diversity vor allem unter wirtschaftlichen Aspekten betrachtet. In der Personal- und Organisationsentwicklung wird der Verschiedenheit der MitarbeiterInnen Rechnung getragen. Dies führt zu Kostenersparnissen durch proaktives Handeln gegenüber der Globalisierung, dem demographischen Wandel und der Orientierung auf vielseitige Kundengruppen[143].

Meister

Der/die MeisterIn ist ein Titel in gewerblich-technischen Berufen, der nach einer mehrjährigen Ausbildung erworben werden kann. Durch die Meisterausbildung werden GesellInnen zu ExpertInnen, AusbilderInnen und UnternehmerInnen.

Meistermodell

Das Meistermodell betrachtet die fachliche Kompetenz einer Person als vorrangig, um eine Führungsaufgabe annehmen zu können. In dieser Denkweise sind Führungskräfte in erster Linie FachexpertInnen, die ihre MitarbeiterInnen anleiten und ausbilden können.

---

[143] Tuchfeldt (2008)

MINT

Mathematik, Informatik, Naturwissenschaften und Technik

Pilotprojekt

Für die Einführung neuer Verfahren oder bei der Verwendung neuer Produkte im Geschäftsablauf wird eine Versuchsphase mit einem kleinen, überschaubaren Projekt durchgeführt. Dieses Projekt wird Pilotprojekt genannt und sollte in der Regel aus wenigen Leuten bestehen und nicht zu lange dauern, damit eine Entscheidung bald getroffen werden kann. Wie groß das betroffene Team ist oder wie lange das Pilotprojekt dauert, ist je nach Art der Änderung zu bestimmen. Typisch sind zwei bis fünf Personen und eine Projektlaufzeit von ein bis sechs Monaten.

Prozess

Ein Prozess ist eine Abfolge von Arbeitsschritten, die implizit durchgeführt werden kann oder in einem Dokument beschrieben und festgelegt sein kann. Mit jedem Prozess ist ein Zweck oder Ziel verbunden, der mit den Arbeitsschritten erreicht werden soll.

Prozessattribut

Ein Prozessattribut ist ein Attribut für einen Prozess im Assessment-Modell. Jedes Prozessattribut wird durch generische Praktiken näher beschrieben. Bis auf Level 1 gibt es für jeden Reifegrad-Level zwei Prozessattribute.

Qualität

Qualität ist ein Grad, in dem ein Satz inhärenter Merkmale Anforderungen erfüllt[144].

Qualitätsmanagement/Qualität

Abgestimmte Tätigkeiten zum Leiten und Lenken einer Organisation bezüglich Qualität. Diese umfassen üblicherweise das Festlegen einer Qualitätspolitik und der Qualitätsziele, die Qualitätsplanung, die Qualitätssicherung und die Qualitätsverbesserung[145].

---

[144] ISO 2005
[145] DIN EN ISO 2005

Rollenstereotyp (hier synonym mit Rollenklischee)

Ein Rollenstereotyp ist eine klischeehafte Erwartung, die wir an eine Person haben, die eine bestimmte soziale Rolle einnimmt. Soziale Rollen wandeln sich, während Rollenstereotype auf tradierte Werte verweisen und Veränderungen erschweren.

Senioritätsprinzip

Das Senioritätsprinzip gibt bei Stellenbesetzungen den MitarbeiterInnen einen Vorrang, die am längsten im Beruf arbeiten oder dem Unternehmen angehören (Betriebszugehörigkeit).

Sich selbst erfüllende Prophezeiung

Die sich selbst erfüllende Prophezeiung bedeutet die Zunahme der Wahrscheinlichkeit, dass ein bestimmtes Ereignis eintritt, wenn es vorher bereits erwartet wird. In bestimmten Fällen verhalten sich Menschen so, wie es vorhergesagt wird. Bewusst oder unbewusst verhalten sie sich, wie in der selbsterfüllenden Prophezeiung vorausgesagt, weil sie keine soziale Unterstützung erfahren, wenn sie anders agieren möchten. Selbsterfüllende Prophezeiungen tragen damit zur Reproduktion der Rollenstereotypen bei.

Soziale Rolle

Eine soziale Rolle ist ein Bündel von Verhaltenserwartungen (Rollenerwartungen), die die Umwelt an ein Individuum stellt. Eine Rolle umfasst in der Regel mehrere Segmente, die sich aus den verschiedenen Bezugsgruppen ergeben, mit denen das Individuum zu tun hat. Es gibt Muss-, Kann- und Soll-Erwartungen. Werden Muss-Erwartungen nicht erfüllt, verliert das Individuum zumeist seine soziale Stellung und hat mit Sanktionen zu rechnen[146].

Sozialisation

Sozialisation ist ein lebenslanger Prozess, bei dem ein Mensch in ständiger, aktiver Auseinandersetzung mit seiner Umwelt die gültigen Werte, Normen, Verhaltens- und Handlungsmuster einer Gesellschaft übernimmt (Verinnerlichung) und somit an ihr partizipieren kann. Die primäre Sozialisation wird in der Familie geleistet.

---

[146] Applis u.a. (2009), S. 147

An der sekundären Sozialisation wirkt eine Vielzahl gesellschaftlicher Institutionen mit, wie etwa Schule, Peer-Group, Hochschule oder die Medien.[147]

SponsorIn

Die SponsorIn ist eine Rolle im GeDiCap-Assessment. Er oder sie ist die Person, die für die Ausführung des Assessments im assessierten Unternehmen verantwortlich ist. Die SponsorIn ist die/der direkte AnsprechpartnerIn für die AssessorInnen. Für die Organisation des Assessments kann eine weitere Person im Unternehmen benannt werden.

Stakeholder

Eine natürliche oder juristische Person, die Interesse an einer Sache hat. Zu den Stakeholdern gehören in der Geschäftswelt MitarbeiterInnen, KundInnen, LieferantInnen, ProjekleiterInnen, AktionärInnen (bei Aktiengesellschaften) und viele mehr.

Standardprozess

Der Standardprozess ist ein organisationsweit eingeführter Prozess, der bei Bedarf zugeschnitten werden kann (ausgeführter Prozess). Die Möglichkeit, einen Prozess anzupassen, wird auch Tailoring genannt.

Stereotyp

Ein Stereotyp ist eine stark vereinfachte Verallgemeinerung, die mit einer festgelegten Beurteilung einhergeht. Die Mitglieder einer Gruppe werden so vereinfacht, ohne ihre individuellen Fähigkeiten zu sehen und zu beurteilen. Häufig werden auch die Begriffe ‚Klischee' und ‚Vorurteil' anstelle von Stereotyp verwendet.

Tailoring

Das Tailoring beschreibt den Vorgang, einen Standardprozess nach vordefinierten Regeln für ein spezielles Projekt anzupassen.

---

[147] Applis u.a. (2009), S. 145

Technisierung

Der Begriff bezeichnet den ständig wachsenden Einsatz von technischen Hilfsmitteln, im täglichen Leben und auch in Arbeitsprozessen, die bisher ausschließlich der geistigen oder handwerklichen Tätigkeit des Menschen vorbehalten waren. Zur Technisierung gehören im Einzelnen Mechanisierung, Maschinisierung und Automatisierung[148].

TÜV

Technischer Überwachungsverein

Wahrnehmungsschere

Die Wahrnehmungsschere wirkt unbewusst bei der Bewertung von Menschen. Es ist schwierig, die tatsächlichen Fähigkeiten von Menschen zu erkennen, deshalb wird nach Rollenstereotypen beurteilt. Menschen, denen gemäß dem jeweiligen Rollenstereotyp eine bestimmte Fähigkeit zugesprochen wird, werden ganz automatisch besser beurteilt. Menschen, denen gemäß dem Rollenstereotyp die Fähigkeit nicht zugeschrieben wird, werden wie folgt beurteilt: Haben sie geringe Fähigkeiten, werden diese überdeutlich wahrgenommen, weil sie die Annahme über die Unfähigkeit bestätigen. Ist eine Person besser, als es ihrem Klischee entspricht, wird sie überkritisch betrachtet und mit zusätzlichen Kriterien als „zufällig gut" oder nicht ihrer Norm entsprechend abgewertet (z. B. „der verhält sich altklug", „die ist ja auch mehr ein Mann als eine Frau").

---

[148] Voigt (2011)

10.3 Verzeichnis der Arbeitshilfen online

Vertiefende Inhalte

Ergänzend zu diesem Band sind folgende Arbeitshilfen online auf der Website des Buches erhältlich:

 Assessment-Bogen Gender Diversity-Management (zu Kapitel 5)

 Assessment-Bogen Personalmanagement (zu Kapitel 6)

 Assessment-Bogen Operationelle Prozesse (Kapitel 7)

 Assessment-Bogen Gender Diversity Capability Assessment Übersicht (zu Kapitel 8)

 Sämtliche Abbildungen des Bandes

 Linkliste der aufgeführten Quellen

Anhang

 Best-Practice-Beispiele für Stellenanzeigen

 Diversity Broschüre Daimler AG

 Dokumentation zum Mentoring-Programm der Soroptimisten

 Glossar online

 Portfolio der Autorin

10.4 Literatur- und Quellenverzeichnis

Adeli, Jennifer (2012): Women Owned Small Business Opportunities in Federal Contracting. 23. Januar. http://www.thesolopreneurlife.com/women-owned-small-business-opportunities-in-federal-contracting/ (Zugriff am 13. Juni 2012).

Amon, Ingrid (2011): Die Macht der Stimme. Persönlichkeit durch Klang, Volumen und Dynamik. 6. Auflage, München: Redline Verlag.

Applis, Stefan u. a. (2009): ethikos 11, Arbeitsbuch für den Ethikunterricht in der Oberstufe. München: Oldenbourg Schulbuchverlag.

Badunenko, Oleg; Barasinska, Nataliya; Schäfer, Dorothea (2009): Geldanlage: Frauen sind vorsichtiger als Männer — weil sie weniger Vermögen haben. Herausgeber: DIW. 25. November 2009. http://www.diw.de/documents/publikationen/73/diw_01.c.343847.de/09-48.pdf (Zugriff am 23. Oktober 2012).

Bartke, Stephan (2006): Bestimmungsfaktoren individueller Risikopräferenzen im internationalen Vergleich (Diplomarbeit). Norderstedt: Books on Demand.

Basili, Victor R.; Weiss, David . M. (1984): A Methodology for Collecting Valid Software Engineering Data. IEEE Transaction on Software Engineering, No. 6 1984: 728-738.

Belbin, R. Meredith (1996): Managementteams: Erfolg und Misserfolg. Bergander Team- und Führungsentwicklung.

Bendl, Regine (2004): Gender Mainstreaming und Gender-Diversitätsmanagement. Ein Vergleich der verschiedenen Ansätze. In: Bendl, Regine; Hanappi-Egger, Edeltraut; Hofmann, Roswitha: Interdisziplinäres Gender- und Diversitymanagement. Wien: Linde Verlag: 43-72

Bentele, Günter; Piwinger, Manfred; Schönborn, Gregor (2001): Kommunikationsmanagement. Köln: Hermann Luchterhand Verlag.

Berufundfamilie GmbH (2011): berufundfamilie. http://www.beruf-und-familie.de (Zugriff am 30. August 2012).

BMFSFJ (2012): Erfolgsfaktor Familie — Datenbank der guten Beispiele — Filialleitung. Januar. http://www.erfolgsfaktor-familie.de/default.asp?id=520&gbid=179 (Zugriff am 14. Januar 2012).

BMFSFJ (2011): Erfolgsfaktor Familie — Datenbank der guten Beispiele — Niederlassungsleiter. Dezember. http://www.erfolgsfaktor-familie.de/default.asp?id=520&gbid=178 (Zugriff am 13. Januar 2012).

BMFSFJ (2012): Flexi-Quote. August. http://www.flexi-quote.de (Zugriff am 28. August 2012).

BMFSFJ (2005): Gender Datenreport. Mai. http://www.bmfsfj.de/doku/Publikationen/genderreport/root.html (Zugriff am 8. Oktober 2012).

BMFSFJ (2005): Checkliste Gender Mainstreaming bei Maßnahmen der Presse- und Öffentlichkeitsarbeit http://www.bmfsfj.de/RedaktionBMFSFJ/Abteilung4/Pdf-Anlagen/gender-mainstreaming-bei-ma_C3_9Fnahmen-der-presse-und-oeffent-lichkeitsarbeit,property=pdf,bereich=bmfsfj,sprache=de,rwb=true.pdf. (Zugriff am 25. Mai 2012).

BMFSFJ (2011): Gleichstellungsbericht. Berlin.

BMFSFJ (2011): Logib-D. www.logib-d.de (Zugriff am 10. Mai 2012).

BMFSFJ (2011): Lokale Bündnisse für Familie. http://www.lokale-buendnisse-fuer-familie.de/ueber-die-initiative/die-initiative.html (Zugriff am 14. Januar 2012).

BMFSFJ (2001): Was ist Gender Mainstreaming? http://www.gender-mainstreaming.net/gm/Wissensnetz/was-ist-gm.html (Zugriff am 21. Juli 2012).

BMFSFJ (2005): Work Life Balance — Motor für wirtschaftliches Wachstum und gesellschaftliche Stabilität. Rostock: Publikationsversand der Bundesregierung.

Boes, Andreas; Bultemeier, Anja; Kämpf, Tobias (2012): Frauen in Karriere — Strukturen und Spielregeln in modernen Unternehmen. Vers. Arbeitspapier 2. Institut für Sozialwissenschaftliche Forschung e.V. — ISF München. http://www.frauen-in-karriere.de/cms/front_content.php?idart=260.

Boes, Andreas; Bultemeier, Anja (2011): Karrierestrategien — Fachforum im Rahmen des Wirtschaftskongresses Spitzenfrauen, Stuttgart. Institut für Sozialwissenschaftliche Forschung e.V. — ISF München. 13. Mai. http://www.isf-muenchen.de/pdf/boes-bultemeier-Spitzenfrauen.pdf (Zugriff am 23. Oktober 2012).

Bultemeier, Anja; Boes, Andreas (2011): Neue Spielregeln in modernen Unternehmen: Wie können Frauen davon profitieren? Institut für Sozialwissenschaftliche Forschung e.V. — ISF München: München.

Bund, Kerstin; Heuser, Jan Uwe; Tatje, Claas (2012): Die Super-Männchen. In: DIE ZEIT, Nr. 27, 2012: 26.

Catalyst (2011): Increasing Gender Diversity on Boards: Current Index of Formal Approaches. November http://www.catalyst.org/system/files/approachestoincreasinggenderdiversityonboards-april.pdf (Zugriff am 25. Mai 2012).

Catalyst (2011): YouTube — Barriers. http://www.youtube.com/watch?v=kT9Zc9D1Big&feature=related (Zugriff am 1. September 2012).

Catchpol, Peter (2006): Qualitätsoffensive von der BMW Group und seinen Zulieferern. http://www.argez.de/library/documents/BMW_28523.pdf (Zugriff am 23. Oktober 2012).

Cyquest (2012): eAssessment, SelfAssessment & Employer Branding Blog. http://blog.recrutainment.de/2011/11/29/berufsbilder-gegen-den-kamm-geburstet-vielfalt-mannaktion-fur-mehr-mannliche-erzieher-in-hamburger-kitas/ (Zugriff am 24. August 2012).

Daimler (2010). 360 Grad — Fakten zur Nachhaltigkeit — Diversity. http://nachhaltigkeit.daimler.com/reports/daimler/annual/2010/nb/German/4060/diversity.html (Zugriff am 18. Mai 2012).

Desvaux, Georges; Devillard-Hoellinger, Sandrine; Baumgarten, Pascal (2007): Women Matter — Performanzsteigerung durch Frauen an der Spitze. McKinsey&Company, http://www.mckinsey.de/downloads/publikation/women_matter/Women_Matter_1_brochure.pdf.

Dietrich, Nadine (2007): Herr-liche Orchester? Über die Situation von Frauen im Orchester. September. http://www.osborne-conant.org/dietrich.htm (Zugriff am 2. Januar 2012).

DIN EN ISO. 9000:2005 (2005): Qualitätsmanagementsysteme — Grundlagen und Begriffe. Bern: ISO.

Ebert, Helmut (2006): War doch nur ein Vorschlag, kein Auftrag. Interview geführt von Silke Lode. (21. April).

Eckerle, Inés (2007): Magisterarbeit: Geschlechtergerechte Verwendung von Personenbezeichnungen in Hochschulpublikationen. http://www.chancengleichheit. uni-konstanz.de/index.php?eID=tx_nawsecuredl&u=0&file=fileadmin/zentral/ universitaet/chancengleichheit/pdf/Geschlechtergerechte_Personenbezeichnungen%20MA.pdf&t=1319779500&hash=cf62c9a40c984488c96f269e4091e38613cf 50a9. Konstanz: Uni Konstanz, Dezember.

Erler, Gisela A. (2012): Schluss mit der Umerziehung. München: Wilhelm Heyne Verlag.

Feuersenger, Wiebke; Schwieger, Bettina (2012): Männerberufe — Frauenberufe. Deutsche Welle. 14. März. http://www.dw.de/dw/article/0,,15807670,00.html.

Fine, Cordelia (2012): Die Geschlechterlüge: die Macht der Vorurteile über Frauen und Männer. Stuttgart: Klett-Cotta.

Fine, Cordelia (2010): Delusions of Gender — the real science behind sex differences. London: ICON Books.

Franck, Egon; Jungwirth, Carola (1998): Vorurteile als Karrierebremse? Zeitschrift für betriebswirtschaftliche Forschung, 1998: 1083-1097.

Gender-Kompetenzzentrum (2011): Gender-Kompetenz & Queerversity. Februar. http://www.genderkompetenz.info/genderkompetenz/ (Zugriff am 14. Januar 2012).

Gladwell, Malcolm (2005): Blink — Die Macht des Moments. New York: Campus.

Greenwald, Anthony G.; Banaji, Mahzarin; Nossek, Brian (o.J.): Impliziter Assoziationstest. https://implicit.harvard.edu/implicit/germany/ (Zugriff am 8. Januar 2012).

Hans Böckler Stiftung (2011): Klassische Rollenverteilung als Auslaufmodell. http://www. boeckler.de/cps/rde/xchg/hbs/hs.xsl/38252_38262.htm (Zugriff am 23. Oktober 2012).

Hofbauer, Johanna (2004): Distinktion — Bewegung an betrieblichen Geschlechtergrenzen. In: Pasero, Ursula (Hrsg.): Organisationen und Netzwerke: Der Fall Gender. Wiesbaden: VS Verlag für Sozialwissenschaften: 47-49.

Hoffmann, A. (2005): Schlüsselqualifikationen — Ein Beitrag zur Professionalisierung. http://www.pflegeboard.de/30337-schluesselqualifikationen-ein-beitrag-zur-professionalisierung.html (Zugriff am 28. Juni 2012).

Höhler, Gertrud (2002): Die Sinn-Macher — wer siegen will, muss führen. München: ECON.

Hüther, Gerald (2004): hr2-Doppel-Kopf, 21. Dezember, Interview geführt von Doris Weber.

IIRC (2011): Integrated Reporting. http://www.theiirc.org/ (Zugriff am 27. Juli 2012).

ISO (2001): ISO 9126 — Software Engineering — Product quality — Part 1: Quality Model. ISO/IEC.

ISO (2011): ISO 26262 — Road vehicles — Functional safety. ISO, 14. November. http://www.iso.org/iso/search.htm?qt=ISO+26262&searchSubmit=Search&sort=rel&type=simple&published=on.

ISO (2005): Qualitätsmanagementsysteme — Grundlagen und Begriffe (ISO 9000:2005). DIN.

Köppel, Petra; Sander, Dominik (2008): Synergie durch Vielfalt. Praxisbeispiele zu Cultural Diversity in Unternehmen. Gütersloh: Bertelsmann Stiftung.

Krell, Gertraude; Ortlieb, Renate; Sieben, Barbara (Hrsg.) (2011): Chancengleichheit durch Personalpolitik, 6. Auflage, Wiesbaden: Gabler-Verlag.

Krell, Gertraude (Hrsg.) (2005): Betriebswirtschaftslehre und Gender Studies. Wiesbaden: Gabler Verlag.

Krell, Gertraude; Sieben, Barbara (2010): Diversity Management. In: Massing, Peter: Gender und Diversity. Vielfalt verstehen und gestalten. Schwalbach: Wochenschau Verlag: 45-58.

Krell, Gertraude; Winter, Regine (2011): Chancengleichheit durch Personalpolitik. In: Krell, Gertraude; Ortlieb, Renate; Sieben, Barbara (Hrsg.): Chancengleichheit durch Personalpolitik, 6. Auflage, Wiesbaden: Gabler-Verlag

Kunwald, Andrea (2012): MINT Zukunft schaffen. http://www.mintzukunftschaffen.de (Zugriff am 1. September 2012).

Kutschenbach, Claus von (2004): Frauen Männer Management — Führung und Team neu denken. Leonberg: Rosenberger Fachverlag.

Lammers, Brigitte (2012): Unconscious Bias. In: djbZ — Zeitschrift des deutschen Juristinnenbundes 2 (2012): 53-55.

Lanxess (2012): Senior Traineeprogramm. http://lanxess.de/de/career-opportunities-hr/ihr-einstieg/senior-traineeprogramm/ (Zugriff am 8. Juni 2012).

LMU (2012): Allgemeine Hinweise für die Erstellung von Stellenangeboten. www.internetdienste.verwaltung.uni-muenchen.de/stellenangebote/allg_hinweise/index.html (Zugriff am 27. Januar 2012).

Massing, Peter (Hrsg.) (2010): Gender und Diversity. Eine Einführung. Schwalbach: Wochenschau Verlag.

McKinsey (2008): „Women matter.", http://www.mckinsey.de/html/publikationen/women_matter/index.asp.

Modler, Peter (2010): Das Arroganzprinzip — so haben Frauen mehr Erfolg im Beruf. Frankfurt am Main: S. Fischer Verlag.

Müller, Catherine; Sander, Gudrun (2005): Gleichstellungs-Controlling. Herausgeber: Verband des Personals öffentlicher Dienst vpod und Schweizer Syndikat Medienschaffender SSM. Zürich: vdf Hochschulverlag AG an der ETH Zürich.

NRW, Schulministerium (2007): Chancengerechtigkeit für Frauen und Männer in Personalauswahlverfahren an Schulen. August. http://www.schulministerium.nrw.de/BP/Lehrer/Gleichstellung/Gleichstellungsbeauftragte/AufgabenInSchuleUndStudienseminar/Personalauswahlverfahren.pdf (Zugriff am 13. Januar 2012).

Ophardt, Dietmut (2006): Professionelle Orientierungen von Lehrerinnen und Lehrern unter den Bedingungen einer Infragestellung der Vermittlungsfunktion. Kapitel 1: Lehrerprofessionalität aus der Perspektive professionstheoretischer Ansätze. (Dissertation) http://www.diss.fu-berlin.de/diss/servlets/MCRFileNodeServlet/FU-DISS_derivate_000000002338/2_kap1.pdf (Zugriff am 20. Februar 2013).

Pichler, Roman (2008): Scrum — Agiles Projektmanagement erfolgreich einsetzen. Heidelberg: dpunkt.

Ringger, Heini (1997): Editorial: Bilder im Kopf. unimagazin der ETH Zürich. http://www.kommunikation.uzh.ch/static/unimagazin/archiv/2-97/editorial.html (Zugriff am 20. Februar 2013)

Saum-Aldehoff, Thomas (2007): Big Five — Sich selbst und andere erkennen. Düsseldorf: Patmos.

Siemens (2012): Diversity Supplier Program. http://www.plm.automation.siemens.com/de_de/about_us/facts_philosophy/diversity/diversity_supplier_program/ (Zugriff am 13. Juni 2012).

Spanhel, Fabian (2010): Der Einfluss der Körpergröße auf Lohnhöhe und Berufswahl: Aktueller Forschungsstand und neue Ergebnisse auf Basis des Mikrozensus. Statistisches Bundesamt. https://www.destatis.de/DE/Publikationen/Wirtschaft-Statistik/Gastbeitraege/KoerpergroesseBerufswahl.pdf?__blob=publicationFile (Zugriff am 23. Oktober 2012).

Statistisches Bundesamt (2011): Migration und Integration. http://www.destatis.de/jetspeed/portal/cms/Sites/destatis/Internet/DE/Navigation/Statistiken/Bevoelkerung/MigrationIntegration/MigrationIntegration.psml (Zugriff am 9. Januar 2012).

Statistisches Bundesamt (2010): Väterbeteiligung beim Elterngeld steigt auf 23%. 1. Dezember. https://www.destatis.de/DE/PresseService/Presse/Pressemitteilungen/2010/12/PD10_442_22922.html (Zugriff am 23. Oktober 2012).

Stefanowitsch, Anatol (2011): Sprache diskriminiert. SciLogs — Wissenslogs. 30. November. http://www.scilogs.de/wblogs/blog/sprachlog/sprachstruktur/2011-11-30/sprache-diskriminiert (Zugriff am 18. August 2012).

Thorslund, Jennie Granat (2011): Innovation Management — Boosting Innovation by Integrating a Gender Perspective. 30. Juni. http://www.innovationmanagement.se/2011/06/30/boosting-innovation-by-integrating-a-gender-perspective/ (Zugriff am 1. Oktober 2012).

Tondorf, Karin (2012): Entgeltgleichheit prüfen mit eg-check. 04. Januar. http://www.eg-check.de/index.htm (Zugriff am 5. Januar 2012).

Tondorf, Karin (2012): Viele Tarifverträge diskriminieren Frauen systematisch. Interview geführt von Badische Zeitung/bür (Ausgabe vom 4. Januar).

Tuchfeldt, Shirley W.D. (2008): Gender Mainstreaming und Diversity Management — Ein konzeptioneller Vergleich im Rahmen betriebswirtschaftlicher Umsetzung. Leipzig: Universität Leipzig.

Technische Universität Wien (2011): Presseaussendung 44/2011. http://www.tu-wien.ac.at/aktuelles/news_detail/article/7054/ (Zugriff am 14. Januar 2012).

Universität Konstanz (o.J.) Chancengleichheit. http://www.chancengleichheit.uni-konstanz.de/downloads/ (Zugriff am 25. Mai 2012).

VDA (2007): VDA SPICE. 5. Mai. http://www.vda-qmc.de/fileadmin/redakteur/Publikationen/Download/VDA-Spice__-_deutsch.pdf (Zugriff am 3. September 2012).

Voigt, Kai-Ingo (2011): Gabler Wirtschaftslexikon — Technisierung. http://wirtschaftslexikon.gabler.de/Definition/technisierung.html (Zugriff am 8. Oktober 2012).

Wassermann, Wolfram; Rudolph, Wolfgang (2007): Frauen bringen neuen Arbeitsstil. In: dies.: Zur Repräsentanz von Männern und Frauen in Betriebsräten kleiner Betriebe. Hans-Böckler-Stiftung, Februar. Böckler Impuls 04/2007 (www.böcklerimpuls.de).

Watzlawick, Paul (2012): Anleitung zum Unglücklichsein. 13. Auflage, München: Piper.

WBENC (2010): WBENC. http://www.wbenc.org/Government/ (Zugriff am 13. Juni 2012).

Welpe, Ingelore; Welpe, Isabell (2003): Frauen sind besser, Männer auch. Das Gender-Management. Garching: Signum Wirtschaft.

Wikipedia (2010): Homosexualität. http://de.wikipedia.org/wiki/Homosexualit%C3%A4t (Zugriff am 10. Mai 2011).

Wikipedia (2011): IBM Fellow. http://en.wikipedia.org/wiki/IBM_Fellow (Zugriff am 11. Juni 2012).

Abbildungsverzeichnis

Abb. 1: Diversity – vom internen zum internationalen Erfolg 37

Abb. 2: Die gesellschaftliche Brille 41

Abb. 3: Von der Lernbereitschaft zu den Fähigkeiten mit Störung durch geringe Anerkennung 45

Abb. 4: Gender Diversity in der Gesellschaft 57

Abb. 5: Das „magische Dreieck" 58

Abb. 6: Basispraktiken und ihre Reifegrade (Fähigkeit) 60

Abb. 7: Das Gender Diversity-Unternehmensmodell 61

Abb. 8: Einordnung von Gender Diversity in CSR 63

Abb. 9: Der Einfluss von (Arbeits-)Technologie auf QM 69

Abb. 10: Quelle: www.CartoonStock.com 71

Abb. 11: Die Beziehungen zwischen Qualität/QM und Gender Diversity 72

Abb. 12: Wandel der Firmen- und Unternehmenskulturen 74

Abb. 13: Das Dreieck Qualität/QM – Technologie – Gender Diversity 76

Abb. 14: Gender Diversity-Management im Unternehmenskontext 82

Abb. 15: Diversity-Strategie der Daimler AG, seit 2005 (Daimler 2010) 86

Abb. 16: Veränderung von Rollenbildern 96

Abb. 17: Verteilung einer „weiblichen" Eigenschaft bei Frauen und Männern 99

Abb. 18: Beispiel für die Ableitung von Metriken aus Geschäftszielen 107

Abb. 19: Projektüberblick durch Cockpit-Chart 110

Abb. 20: Die vier Ansätze für Change-Management 119

Abb. 21: Change-Management begleitet die Veränderung der Unternehmenskultur .. 120

Abb. 22: Personalmanagement im Unternehmenskontext 128

Abb. 23: Doppelbelastung durch Rollenstereotype bei der Bewertung von Fähigkeiten .. 167

Abb. 24: Wahrnehmungsschere von Führungseigenschaften bei Frauen 179

Abb. 25: Beispiel verschiedener Karrierepfade (Querbeförderungen sind nicht dargestellt) .. 187

Abb. 26: Einordnung der operationellen Prozesse für Gender Diversity-Fähigkeit .. 195

Abb. 27: Kriterien von Qualitätsprodukten und -dienstleistungen 197

Abb. 28: Beispiel für eine Prozessbeschreibung (ohne Methodenbeschreibung) .. 205

Abb. 29: Gender-sensible Bereiche des Anforderungsmanagements in komplexen Systemen .. 208

Abb. 30: Beispiel für eine Risikomatrix 209

Abb. 31: Gender-sensible Bereiche im Projektverlauf 216

Abb. 32: Plakat der Werbekampagne „Werde Chef deines Lebens" mit der Telekom-
Mitarbeiterin und Profi-Fußballspielerin Katharina Baunach 228

Abb. 33: Assessment im Kreislauf der Verbesserungen 235

Abb. 34: Zuordnung der Gender Diversity-relevanten Prozesse zu den Prozessgebieten .. 237

Abb. 35: Die Pyramide der Reifegradstufen   239

Abb. 36: Gliederung eines Prozessattributes in mehrere generische Praktiken   240

Abb. 37: Reifegrad-Level mit den zugehörigen Prozessattributen (PAs)   264

Abb. 38: Erfüllungsgrad eines Reifegrad-Levels   264

Abb. 39: Beispiel von Prozessbewertungen im Diversity-Bereich   265

Stichwortverzeichnis

A

Abbau der Rollenstereotype   95

Ablauf eines GeDiCap-Assessments   266

Ableitung von Metriken   107

Ähnlichkeitsprinzip   177, 288

Allgemeines Gleichbehandlungsgesetz (AGG)

21, 27, 57, 81, 156, 280, 288

Anforderungsmanagement   205

Anwesenheitskultur   53, 54, 70, 73, 74, 200, 201,

241, 288

Arbeitsprodukt   196, 198, 238, 242, 246, 288

Arbeitsproduktmanagement   268

Arbeitsprozesse   69

Arbeitszeitmodelle   146

Assessment-Center   154

Assessment-Ergebnis   263

Assessment-Modell   233, 288

Ausbildung der AssessorInnen   267

Auswahlgremien   157

Auswahl von GeschäftspartnerInnen   222

B

Basispraktiken   31, 56, 60, 61, 77, 83, 123, 129,

150, 151, 174, 192, 195, 230, 289

Bayerisches Gleichstellungsgesetz (BayGlG)   166

Berufsklischee   101, 166, 289

Berufsstereotyp   90, 100, 101, 115, 152, 155, 160,

161, 163, 166, 280, 289

Berufsstereotypen

Beschleunigung von Arbeit   75

Bewerbungsgespräch   153

Big-Five-Modell   184, 289

Binnen-I   49, 103, 165, 289

BPW   113, 114, 131, 282, 289

C

Change-Management   118, 119, 273, 290

Cockpit-Chart   110

Corporate Social Responsibility (CSR)   26, 56,

62, 64, 281, 290

D

Die Stufen des Reifegrads   238

Diversity   36, 290

Diversity-Abteilungen   122

Diversity-Dimensionen   36, 37, 39, 81, 175, 278

DIW   211, 290

Doppelbelastung durch Rollenstereotype   167

E

EEO   81, 290

Effekt des Natürlichen   51

Effizienz durch Frauen   202

Einstellungsprozess   150

Einstellungsstrategie   141, 151

Equal Employment Opportunity (EEO)   81

Erfolg durch Diversity   37

Erfolgsfaktor Frau   113, 114, 281, 282, 291

F

Familienfreundliche Unternehmensstrukturen

144

Frauenförderung   18, 27, 32, 89, 90, 122, 128,

185, 291

Frauennetzwerke   111

Frauen und Männer explizit ansprechen   164

Führung in Teilzeit   146

G

Gatekeeper   50, 291

Gender Diversity Capability (GeDiCap)

Assessment   66, 77, 231, 233, 234, 265, 291

Gender   38, 291

Gender-Diversity   38

Gender Diversity-Management   33, 61, 79, 81, 82, 291

Gender-gerechte Sprache   47

Gender-Kompetenz   89, 291

Gender Mainstreaming (GM)   33, 283, 292

Gender-Studies   51

Generische Praktik   240, 268, 292

Gesellschaftliche Brille   41, 95, 137, 157, 176, 292

Gläserne Decke   176, 182, 284, 292

Gläserner Aufzug   176, 179, 292

Gleichstellungsbeauftragte   122

Goal-Question-Metric   106

Graue Eminenz   200, 201, 292

H

Headhunter   154

Herangehensweisen, unterschiedliche von Frauen und Männern zur Technik   91

Homosoziale Kooptation   177, 293

I

IIRC 285

Innovation   70

Integrationsfähigkeit   159, 183, 184, 215, 293

Integrationsmodell   183, 184, 192, 211, 289, 293

IInternational Integrated Reporting Committees (IIRC)   88, 285, 293

International Organization for Standardization — ISO   233, 293

K

Karriere durch Netzwerke   180

Karriere in verschiedenen Organisationsformen   181

Karrierepfade   186

Karriereplanung   174

Kennzahlenermittlung   217

Klare Datenlage   105

Klare Verantwortung   121

Konfigurationsmanagement   237, 294

Kopfzahlen   142

Kreativität   70

Kundenorientierung   203

L

Leistungskultur   73, 294

M

magisches Dreieck   58

Managing Diversity — MD   36, 80, 294

Marketing   225

Meister   294

Meistermodell   138, 183, 192, 211, 294

Mentoring   85

Metrik   106

O

Offenheit und Querdenken   114

Operationelle Prozesse   194

P

Personalmanagement   127

Personalmanagement-Strategie   129

Pilotprojekt   258, 295

Professionalität   67

Projektmanagement   212

Prozess   295

Prozessattribut   240, 295

Psychologische Awareness-Trainings   92

Q

Qualität   295

Qualitätsmanagement   30, 67, 68, 70, 295

Qualitätssicherung   195

Quereinstiege   138

R

Regelmäßige Berichterstattung   109

Risikomanagement   208

Rollenklischee 296

Rollenstereotyp 18, 20, 22, 40, 44, 296

Rückgriff auf das vermeintlich Natürliche 51

S

Seminare zu Verhaltensänderungen 93

Senioritätsprinzip 187, 296

Sich selbst erfüllende Prophezeiung 44, 46, 296

SIEgER 65

Sinnstiftung 71

Skills-Management 189

Soziale Rolle 40, 296

Sozialisation 41, 116, 210, 296

SponsorIn 297

Stakeholder 105, 139, 297

Standardprozess 232, 249, 297

Stereotyp 169, 297

stille Reserve 161

T

Tailoring 239, 248, 272, 297

Technisierung 58, 73, 298

technologischer Fortschritt 67

Total E-Quality 64

TÜV 213, 298

V

Veränderbarkeit von Rollenverhalten 98

Verzerrung der Wirklichkeit 42

W

Wahrnehmungsschere 178, 179, 298

Warum Reifegrad-Level 2? 196

Wertschätzung der Familienarbeit 147

Work-Life-Balance 145

Z

Zertifikat Beruf-und-Familie 149

Ziele eines GeDiCap Assessments 234

Zielorientiertes Arbeiten 147

Zielquoten festlegen 160

Zu guter Letzt - Danksagung

Die Beschreibung und Erklärung der Abläufe in großen Unternehmen in allen Facetten der Arbeitsorganisation, aber auch der soziologischen und psychologischen Effekte ist nicht möglich, ohne die Erfahrung Dritter mit einzubeziehen. Auch eigene „blinde Flecken" stehen der Erkenntnis häufig im Weg und erst die Diskussion mit anderen ermöglicht eine komplexere Erfassung. In der beruflichen Praxis und in Frauennetzwerken wurden mir Zusammenhänge geschildert, die mir die Augen geöffnet haben, deren Quelle ich aber nicht mehr exakt angeben kann. In den letzten drei Jahren der Vorbereitung gab es jedoch einige Diskussionen und Beiträge, die unmittelbar in dieses Buch mit eingeflossen sind.

Ich danke allen Mitgliedern von Erfolgsfaktor FRAU e.V., die bei der Erarbeitung der Basispraktiken mitgewirkt haben. Namentlich zu nennen sind dabei: Frau Claudia Specht, Frau Sigrid Hauenstein, Frau Annemarie Rufer, Frau Daniela Scheurlen, Frau Helga Mazilescu, Frau Dagmar Kiener und Herr Eberhard Reichel, mit denen ich seit vielen Jahren eng zusammen arbeite.

Bei den Überlegungen über den Zusammenhang zwischen Qualität und Gender Diversity haben mir die Anmerkungen von Frau Prof. Dr. Laila Hofmann sehr geholfen, die Ideen abzurunden. Herr Uwe Lockenvitz hat seine Expertise über psychologisch aufgebaute Trainings beigetragen, die ich als Teilnehmerin zwar erfahren hatte, deren Hintergründe mir jedoch nicht bekannt waren.

Meiner Schwester, Frau Claudine Schulz, danke ich für die ersten redaktionellen Überarbeitungen des Textes, die mir geholfen haben, einen passenden Einstieg zu finden. Sie stand mir stets als Diskussionspartnerin für Arbeits- und Organisationspsychologie zur Verfügung und hat so meine Expertise erweitert.

Meine Lektorin, Frau Christine Engel-Haas, hat mit ihrem Sachverstand nicht nur die Lesbarkeit des Buches erhöht, sondern auch Anregungen für sinnvolle Erweiterungen gegeben.

Ganz zum Schluss ist es mir eine Freude, meinem Mann und meiner Tochter zu danken, die mich stets unterstützt haben, obwohl ich viel Zeit, die üblicherweise der Familie vorbehalten ist, am Laptop verbracht habe.